디지털 비즈니스 디자인

전환시대총서 2

지금 바로 시작해야 할

디지털
비즈니스
디자인

아모르문디

지금 바로 시작해야 할
디지털 비즈니스 디자인

초판 펴낸 날 2022년 10월 28일

지은이 | 진 W. 로스, 신시아 M. 비스, 마틴 모커
옮긴이 | 노규성, 남수현, 이서령, 이승희, 표창균
펴낸이 | 김삼수 편집 | 김소라 디자인 | 권대흥
펴낸곳 | 아모르문디 등록 | 제313-2005-00087호
주소 | 서울시 마포구 월드컵북로5길 56 401호
전화 | 0505-306-3336   팩스 | 0505-303-3334
이메일 | amormundi1@daum.net

ISBN 979-11-91040-23-4 04320

서문과 감사의 말

소비자로서, 우리는 디지털 기술을 당연하게 여긴다. 언제 어디서든 쇼핑하고, 차를 빌리고, 식당을 예약하고, 계산을 하고, 좋아하는 영화를 보고, 새로운 레시피를 찾거나 최신 질병에 대한 대중적인 치료법을 배울 수 있다는 사실에 감명을 받는 사람은 아무도 없다. 우리는 어떻게 이런 일이 가능한지 궁금해하지 않는다. 그저 응당 가능할 거라고 생각한다.

여러분이 '크고 오래된' 회사에서 일하고 있다면, 비즈니스에 디지털 기술을 도입하는 것이 자연스럽게 이루어지지 않는다는 사실을 알 것이다. 운영을 개선하고 새로운 가치 제안을 창출하기 위해 디지털 기술을 도입하는 것은 매우 어려운 일임이 입증되었다. 이 사실은 다음과 같은 의문을 불러일으킨다. 디지털 기술이 지속적으로 우리 소비자의 생활을 더 편리하게 해주고 있다면, 어째서 비즈니스에서 더 쉽게 성공하게 해주지는 않을까? 비즈니스 리더들은 왜 새롭고 흥미로우며 끊임없이 개선되는 디지털 솔루션을 고객들에게 얼마나 빨리 제공할 수 있는지 경탄하기보다 디지털이 불러올 혼란에 대해 더 염려할까?

5년간의 연구 끝에 우리는 이런 질문에 대한 답은 바로 이것이라고 생각하게 되었다. **크고 오래된 회사들은 디지털에 맞게 디자인되지 않은 것뿐이다.**

비즈니스 리더들은 오랫동안 회사의 성공을 위해 전략을 수립하고, 구조를 만들고, 결과를 평가하는 책임을 맡아왔다. 그들은 회사가 새로운 디지털 전략을 실행할 수 있게끔 하기 위해 직원들과 프로세스, 기술 사이의 상호작용을 디자인하는 책임에는 덜 관여하는 것 같다. (역주: 그러나 2019년 이후 발생한 코로나 팬데믹으로 인해 많은 기업들이 서둘러 디지털 전환을 추진하고 있다.) 우리의 주장은, 회사의 모든 활동들이 긴밀히 통합되어 고객의 문제를 해결하고 디지털 기술에서 영감을 얻은 새로운 가치 제안을 신속하게 제공하는 방법을 터득할 수 있게 해주기를 비즈니스 리더들이 바라고만 있을 수는 없다는 것이다. 디지털 성공을 위해 그들은 회사를 디자인해야 한다.

이것이 우리가 이 책을 쓴 이유이다. 대기업들에 대한 연구를 통해 우리는 디지털은 온전히 속도에 관한 것이지만 디지털 전환(digital transformation)은 긴 여정이라는 사실을 알게 되었다. 디지털 전환은 여러분이 회사의 업무 방식을 (다시) 디자인하도록 요구하기 때문이다. 그 여정 전체를 완료한 회사는 없지만, 소수의 기업들은 이를 주도하고 있다. 그들의 복합적인 이야기를 공유하고 그들의 경험을 분석함으로써, 여러분의 여정에 어느 정도 방향을 제시하고자 하는 것이 우리의 바람이다.

디지털 기술은 게임의 판도를 바꾸고 있다. 크고 오래된 회사의 리더들은 낡은 규칙에 의존해서는 이 새로운 게임에 참여할 수 없다. 과거에 여러분의 회사를 성공으로 이끌었던 인재, 기술, 프로세스, 시스템, 역할은 빠르게 무의미해지고 있다. 여러분의 크고 오래된 회사가 디지털 경제 내에서 경쟁하고자 한다면, 여러분은 디지털을 위해 다시 디자인해야 한다. 이것이 쉽다고 얘기하는 사람은 없다. 하지만 바로 지금이 시작해야 할 때이다.

연구의 시작과 과정

우리는 엔터프라이즈 아키텍처, 즉 기업이 전략을 실행하기 위해 디자인(설계)되는 방식에 매력을 느껴 이 연구를 시작했다. 대부분의 IT 리더들은 기업의 IT 투자와 비즈니스 프로세스 변화를 매핑하는 방식으로 엔터프라이즈 아키텍처를 수용했지만, 다른 리더들은 이 주제에 관심을 덜 보였다. 우리는 디지털 비즈니스가 시작되면서 엔터프라이즈 아키텍처가 고위 경영진의 주요 관리 수단으로 폭넓게 수용될 거라고 기대했다. 그래서 그 현상을 연구하기 시작했다.

솔직히 말하자면, 상황은 그렇게 전개되지 않았다. 적어도 대다수 기업에서 그런 일은 일어나지 않았다. 우리는 2014년 40개의 대기업에서 비즈니스 아키텍처에 어떻게 접근하고 있는지를 인터뷰하는 것으로 이 연구를 시작했다. 예외 없이, 우리는 최고 경영진의 일원이 아니라 IT 부서의 비즈니스 설계자들을 만났다. 이 연구의 첫 번째 단계에서 발견한 가장 중요한 사실은 그 설계자들이 대단히 희망에 차 있으며, 동시에 그들의 노력이 회사에 중요한 영향을 미치지 않는다고 느끼는 일 역시 대단히 흔하다는 것이었다.

우리는 이 일련의 인터뷰에 이어 2015년과 2016년에 27개 회사에서 소규모 사례 연구를 실시했다. 우리는 BCG(Boston Consulting Group)와 함께 각각의 기업에서 세 번의 인터뷰를 했는데, 대개 고위 비즈니스 임원, 고위 IT 임원, 디지털 전략 수립에 참여한 제3의 인사를 만났다. 이 단계의 연구와 관련된 대다수 기업들은 디지털 전략을 명확하게 표현하기 시작했고 이를 실행하기 위한 몇 가지 초기 단계를 밟고 있었다. 2016년 여름, 우리는 최근 상황을 더 잘 이해하기 위해 171명의 비즈니스 리더를 대상으로 설문조사를 실시했다.

2017년과 2018년에는 디지털 여정에 진전이 있는 기업들을 심층적으로 살펴보았다. 우리는 로열 필립스(Royal Philips), 레고(LEGO), 슈나이더 일렉트릭(Schneider Electric), 아우디 AG(AUDI AG), 프린시펄 파이낸셜 그룹(Principal Financial Group), 노스웨스턴 뮤추얼(Northwestern Mutual)을 포함하여 이러한 기업들의 여정을 설명하는 사례 연구를 진행했다. 그리고 사례 연구를 진행하던 곳들과 카맥스(CarMax), 토요타(Toyota), DBS 은행, USAA를 포함한 다른 많은 회사에서 추가 인터뷰를 진행하여 이러한 서면 연구를 보완했다. 2018년 여름, 우리는 연구 현장에서 우리가 알아낸 것과 관련하여 최근 상황이 어떠한지 다시금 더 잘 이해하기 위해, 그리고 2016년 이후 얼마나 많은 것이 변화했는지 평가하기 위해 150명의 크고 오래된 기업 임원들을 대상으로 설문조사를 실시했다.

우리의 심층 사례 연구 및 조사 보고서는 MIT 슬론 정보시스템연구센터(MIT Sloan Center for Information Systems Research, CISR)에서 워킹 페이퍼로 제공하고 있다. 이 책은 지난 5년간의 모든 연구를 종합하여 펴낸 것이다.

여러분이 앞으로 다가올 상황에 대비할 수 있도록, 우리는 많은 기업들이 두 가지 전환을 겪는 중이라는 사실을 지적하고 싶다. 하나는 기업을 **디지털화**하는 전환(운영 효율성을 높이기 위해 디지털 기술을 사용하는 것)이고, 다른 하나는 새로운 **디지털 가치 제안**을 추구하는 전환(새로운 디지털 제품을 신속하게 혁신하기 위해 디지털 기술을 사용하는 것. 이 책의 초점이기도 하다)이다. 이 이중의 전환은 디지털 경제에서 경쟁하기 위한 필수 요건으로 보인다. 그리고 이것은 조직을 새로이 디자인하는 과제를 그만큼 더 어렵게 만들기도 한다.

우리가 디지털 전환에 관해 알게 된 것을 여러분이 적용하는 데 도움을 주기 위해, 이 책은 우리의 핵심적 연구 결과와 그에 관련된 상세한 이야기를 함께 실었다. 여러분에게 이러한 내용이 유용하게 쓰이기를 바란다.

누가 이 책을 읽어야 하는가?

이 책은 디지털 제품들에 의해 어쩔 수 없이 변화를 겪는 것이 아니라 디지털 혁신을 통한 변화를 일으키고 싶어하는, 그리고 그것을 정확히 해낼 방법을 더 잘 이해하길 원하는 (소위 "크고 오래된", 또는 "성공적인") 기존 기업들의 경영진을 위해 저술하였다.

우리는 기업의 디지털 전환을 위한 빌딩 블록들을 설명하였다. 디지털 방식을 도입한 새로운 가치 제안에 대한 비전의 창출부터 고객들이 어떤 디지털 제품에 기꺼이 지갑을 여는지에 관한 통찰의 생성, 디지털 제품에 동력을 공급하는 기술 및 프로세스 플랫폼 달성, 그리고 구성원들이 이 모든 것을 성취할 수 있게 해주는 책임 프레임워크 설계까지 빠짐없이 다루었다.

이 책은 디지털에 관한 책이긴 하지만, 기술 서적은 아니다. 따라서 여러분이 마케팅, 영업, 재무, 전략, 운영 또는 인사 담당 관리자라면 이 책은 바로 여러분을 위한 것이다. 디지털 전환을 IT 동료에게 위임할 수는 없다!

여러분이 IT 설계자 또는 다른 IT 리더라면, 이 책을 읽고 비즈니스 디자인 개념을 회사 내부에 전파하는 데 사용하길 권장한다.(이 책은 IT가 아닌 부서에 있는 동료들에게 훌륭한 선물이 될 것이다!)

간결함을 위해 우리는 이 책에서 기업(company)이라는 단어를 사용했다. 그렇지만 우리의 설명은 영리, 비영리 혹은 공공 부문 등 모든 유형의 조직에 동일하게 적용된다.

디지털 기술이 모든 산업을 뒤흔들고 있다. 우리가 이 책을 위해 연구한 기업들은 서로 매우 다른 분야의 산업에 속해 있다. 우리의 목표는 모든 산업에서 활동하는 경영진들이 그들의 비즈니스를 디지털을 위해 설계할 수 있도록 북돋우고 그렇게 할 수 있게끔 만드는 것이다.

감사의 마음을 전하고 싶은 분들

MIT CISR의 후원자 및 후원 기업들의 지원이 없었다면, 우리의 연구는 불가능했을 것이다. 우리는 그분들이 이 책뿐만 아니라 지난 44년간 MIT CISR 연구를 위해 제공한 지원과 아이디어, 동지애에 깊이 감사한다.

이 책을 위한 5년의 연구 기간 동안 우리는 영광스럽게도 우리의 사례 연구에 자신의 이야기를 공유해준, 진정으로 영감을 불러일으키는 리더들로부터 많은 것을 배울 수 있었다. 버나드 가브가니(BNP Paribas), 루실 메이어(BNY Mellon), 샤밈 모하마드(CarMax), 데이브 글레드힐과 비디유트 덤라와 폴 코번(DBS Bank), 파블로 차노(DHL), 페데리코 플로레스(Ferrovial), 미히르 샤(Fidelity), 엔리케 아빌라(ING Direct Spain), 헨리크 암싱크와 안데르스 레르베크 빈터(LEGO Group), 칼 구베르뇌르(Northwestern Mutual), 에드가르 판 줄런과 헤룬 타스와 프란스 판 하우텐(Philips), 게리 숄텐과 후안 마누엘 베가와 페드로 아트리아(Principal Financial), 마이클 닐스(Schindler), 에르베 쿠레유와 알폰스 마르케스와 시릴 페르두캇(Schneider Electric), 안데르스 이바르손(Spotify), 잭 힉스(Toyota Motor North America) 같은 분들이다.

우리의 생각에 영감을 주고 고무해준 다른 비즈니스 경영자들로는 톰 베이어(CSBS), 숀 브로드필드(Allstate Insurance Company), 리키 버크스와 레오니데스 데 오캄포(McKinsey), 맷 하이(Westpac), 브래드 페도소프(CIBC), 루이스 에르난데스(CEMEX), 크레이그 홉킨스(샌 안토니오 시), 켄 욘센(Caterpillar), 존 크렐(Bemis), 수레슈 쿠마르와 수 진 린(Alcon), 다니알 야노(ING-DiBa), 에르빈 로흐트(Friesland Campina), 메그 매카시(Aetna), 마크 마이어(TetraPak), 칼 루버그(Teck

Resources), 롭 새뮤얼(Aetna), 데이비드 사울(State Stree), 그렉 슈바르츠와 조 스파뇰레티와 마티아스 울브리히(Porsche), 크리스티안 움바흐(XapiX.io), 베르너 치폴트 등이 있다.

BCG의 기술 어드밴티지 프랙티스(Technology Advantage Practice)의 회원들에게 감사를 표한다. 이들은 우리와 함께 초기의 많은 사례 연구를 확보하고 개발하였으며, 이러한 사례에서 발견한 결과에 대해 토론했다. 스튜어트 스캔틀버리, 마시모 루소, 벤저민 레베리는 이 작업에서 중요한 역할을 했다.

또한 사례 조사 인터뷰에 참여하여 우리의 많은 설문 사항에 답하느라 시간을 내주고 인터뷰와 프레젠테이션, 임원 교육 시간에 우리의 사고를 자극해준 수백 명의 관리자들에게도 감사드린다.

MIT CISR에 뛰어난 동료들이 있다는 것은 행운이다. 닐스 폰스타드와 케이트 몰로니는 연구의 많은 부분에 참여했고, 이 연구에서 중요한 사례 연구를 수행했다. 이나 세바스티안은 일찍 팀에 합류하여 데이터를 수집하고 분석하고 연구 결과를 작성하는 데 중요한 역할을 해주었다. 그녀의 노력이 없었다면 이 책은 불가능했을 것이다. 립사자는 MIT 슬론에서 석사 과정을 밟으며 통계 분석에 큰 도움을 주었다. 또한 MIT CISR 동료인 크리스틴 데리, 완다 오를리콥스키, 조 페퍼드, 닉 반 데르 모일렌, 피터 웨일, 바브 위섬과 스테파니 베르너와의 연구 토론에서 많은 것을 얻을 수 있었다. MIT CISR 동료인 셰릴 밀러는 모든 사례 연구를 일일이 편집하고 개선했다.

MIT CISR의 초빙 연구자들에게도 감사하고 싶다. 페테르 안데르센(오르후스 대학교), 아바요미 바이예레(코펜하겐 경영대학원), 다니엘 빔보른(프랑크푸르트 금융경영대학원), 시우 키엔 시아(난양 공과대학교), 모니데파 타라프다르(랭커스터 대학교), 에릭 판 헤크(로테르담 경영대학원)는 우리의 사고를 자극했고, 흥미로운 기업을 소개하였으며, 아이디어 발굴을 적극적으로 도와주었다.

그 밖에 페퍼다인 대학교의 존 무니, 남감리교대학교의 울리케 슐츠, 난양 공과대학교의 크리스티나 소와 순 앵의 연구와 피드백도 큰 도움이 되었다.

원고 완성의 여러 단계에서 읽고 피드백을 제공해준 모든 분에게 신세를 졌다. 세 명의 익명 리뷰어 및 세일즈포스(Salesforce)의 피터 커피, MIT CISR 동료인 S. K. 시아와 다니엘 빔본, 레슬리 오웬스, 조 페퍼드, 피터 웨일에게 감사드린다. 최종본에서 여러분의 피드백이 남긴 분명한 흔적을 확인하길 바란다. 그리고 우리가 쓴 모든 문장을 신중하게 검토했을 MIT 출판부의 편집자 에밀리 태버에게 특별한 감사를 표한다. 당신은 우리가 당연하게 여겼던 것들, 혹은 우리가 알고 있다는 것을 미처 깨닫지 못했던 것들을 이해하고 명확히 표현할 수 있게 밀어붙여 주었어요.

MIT CISR의 부국장 크리스 폴리아의 인내심과 창의력, 헌신에 매우 깊은 감사를 드린다. 크리스는 우리가 연구 결과를 점진적으로 수치와 그래픽으로 구현하는 동안 여정을 함께했다. 최종 원고를 완성할 수 있도록 모든 조각을 한데 모아준 사람이 바로 크리스였다.

앰버 프레이니와 아만 샤가 MIT CISR의 무대 뒤에서 기차가 탈선하지 않게 하려고 기울이는 모든 노력에 감사드린다. 당신들과 함께 일하는 것은 큰 기쁨이에요. 그리고 우리를 믿고 MIT 출판사가 이 책을 출판하도록 힘써준 『MIT 슬론 매니지먼트 리뷰』(*MIT Sloan Management Review*)의 폴 미켈먼에게 감사드린다.

진(Jeanne)의 감사의 글

먼저 나의 연구 경력에 남다른 축복이었던 세 분께 감사드린다. 잭 로커트는 25년 전에 나를 MIT CISR에 데려왔고, 연구 결과를 전문가 청중에게 전달하는 방법을 가르쳐주었다. 나는 그가 몹시 그립다. 피터 베일은 2000년에 MIT CISR을 재창조하여 내가 상상도 할 수 없었던 연구 기회의 세계를 열었다. 또한 그는 지지와 피드백, 열정의 지속적인 원천이었다. 피터 덕분에 내가 하는 일을 엄청나게 잘할 수 있게 되었다. 마지막으로, 레슬리 오웬스는 2015년에 MIT CISR에 최고 임원으로 부임했고 곧장 연구에 대한 나의 열정을 더욱 살찌워주었다. 그녀는 격려와 유머, 그리고 훌륭한 통찰력으로 포장하여 시간이라는 선물을 내게 주었다.

나의 가장 큰 축복은 남편 댄이다. 가정의 일선을 돌보고, 때때로 휴가를 계획하고, 흥미를 느끼기엔 너무 이른 이 책의 여러 버전의 모든 단어를 읽어준(그리고 흥미로운 척해줘서 고마워!) 당신의 인내와 이해에 감사한다. 내가 될 수 있는 최고의 사람이 되도록 격려해줘서 고마워. 우리의 41년은 정말 멋진 여행이었어. 나의 놀라운 세 아이 애덤, 줄리, 스테피, 그리고 그 아이들 덕에 늘어난 우리 가족 케이틀린, 카일, 올리와 샘에게도 고맙다. 너희들은 삶에 책을 쓰는 것보다 훨씬 더 중요한 많은 것이 있다는 걸 끊임없이 상기시켜준단다!

그리고 두 명의 멋진 친구이자 연구자인 공동 저자들에게 감사한다. 나는 우리의 놀라운 모험을 속속들이 즐겼다.

신시아(Cynthia, 일명 부Boo)의 감사의 글

감사할 사람들이 많다! 무엇보다 먼저, 남편 데니 맥코이에게 고마움을 표하고 싶다. 데니, 날 위해 나의 창조적인 도전을 마련해주려 하지 않고 그저 공감해줘서 고마워. 내가 빈 페이지를 덜 겁내고 오히려 더 기꺼이 "끝났다"라고 말할 수 있도록 도와줘서 고마워. 숲과 나무를 모두 보는 것이 얼마나 중요한지 알 수 있게 도와줘서 고마워. 창의성을 유지하면서 규율을 따른다는 것이 어떤 의미인지 내게 보여 줘서 고마워. 그리고 스마트폰도 사고 SNS도 해보라고 설득해줘서 고마워.

함께 산책하면서 내가 중얼거리는 말을 비판 없이 경청해준 돌리 마마에게도 감사해야겠다. 그리고 이 영광스러운 여정에 나를 포함해 준 공동 저자들에게 진심으로 감사드린다. 두 분께는 아마 영원히 신세를 질 것이다. 마지막으로, 내가 삶에서 원하는 모든 것을 내게 준 우주에 무한히 감사한다.

마틴(Martin)의 감사의 글

진(Jeanne)이 자기가 부(Boo)와 함께 이 책을 쓰는 데 동참하지 않겠느냐고 물어본 2017년 2월, 나에겐 엄청난 여정이 시작되었다. 2,000통 이상의 이메일, 50건이 넘는 화상회의 통화, 암스테르담과 산티아고 데 칠레 여행을 포함한 2건의 예상치 못한 사례 연구, 설문 조사, 그리고 그 이후의 헤아릴 수 없는 마법의 순간들, 나는 부엌 식탁에 앉아 이 글을 쓰고 있다. 대단한 여정이다!

나는 이 책을 나의 멋진 아내 이본에게 바친다. 내가 당신에게 감사해야 할 모든 것을 또 다른 책으로 써야 할 텐데. 당신은 나에게 이 세상이야! 그리고 나의 부모님 우르슐라와 우웨, 나에게 배우는 법을 가르쳐주시고 항상 자식들을 위해 함께해주셔서 감사합니다.

다른 많은 특별한 분들께도 고마움을 전하고 싶다. MIT CISR 팀 전체, 그러니까 아만, 앰버, 바브, 셰릴, 크리스, 도로시어, 이나, 진, 조, 크리스틴, 레슬리, 닉, 닐스, 피터, 스테파니에게 감사한다. 당신들은 정말 독특한 장소를 창조했어요. 7년 넘게 이 가족의 일원이 될 수 있게 해줘서 고마워요. 또한 로이틀링겐 대학교 ESB 경영대학원의 내 동료들, 특히 디지털에 대해 가르치는 것이 아주 재미있는 일이 될 수 있게끔 해주는 학생들을 계속 끌어들이고 있는 국제 경영학 연구 팀의 아이나라 노발레스와 야나 뢰커가 "마틴이 책을 쓰고 있으니까"라며 그 모든 회의를 미루고 연기하는 것을 허락해줘서 감사하다. 정말 매력적인 전환 이야기를 소개해준 로열 필립스의 에드가르 판 줄런과 ING 다이렉트 스페인의 전 COO 베르너 치폴드에게 많은 빚을 졌다.

마지막으로, 공동 저자인 진과 부. 모든 사람이 내가 겪었던 경험을 공유할 수 있다면 좋겠습니다. 그리고 우리 독자들이 내가 당신들과 함께 이 책을 작업했을 때처럼 이 책을 읽으면서 많은 배움과 재미를 얻기를 바랍니다.

1
디지털 비즈니스 설계

디지털 경제로 온 것을 환영한다! 이 책을 읽는 독자들은 기업들이 소셜미디어(S), 모바일환경(M), 애널리틱스(A), 클라우드(C), 사물인터넷(IoT)과 같은 디지털 기술의 폭격을 받고 있음을 잘 알고 있을 것이다. 알파벳 머리글자를 따 SMACIT(이 같은 공격에 대한 우리의 느낌을 반영하여 스맥 잇[smack it: 소리 나게 치다]이라 읽는다)이란 단어로 적절하게 표현되는 이 모든 것은 단지 시작일 뿐이다. 생체인식, 로봇공학, 인공지능, 블록체인, 3D 프린팅, 엣지 컴퓨팅을 비롯한 꾸준한 미래 기술의 발전은 모두 여러분의 비즈니스를 혼란에 빠트릴 잠재력을 갖고 있다.

디지털 기술은 유비쿼터스(ubiquitous: 어디에나 존재하는) 데이터, 무제한 연결, 방대한 처리 능력이라는 세 가지 가능성을 제공함으로써 시장의 판도를 바꾸고 있다. 이 세 가지 가능성이 우리 삶의 방식과 비즈니스 방식을 바꾸는 것이다. 개인적인 삶에서는 우리가 더는 저녁 식탁에 앉아 시애틀의 연간 강수량이 얼마나 되는지 추측하지 않아도 됨을 의미한다. 그저 휴대폰을 꺼내 확인하면 된다.

또한, 비즈니스 세계에서 유비쿼터스 데이터란 고객이 누구이며 무엇을 원하는지, 충성도가 높은지 그렇지 않은지를 추측하지 않는다는 뜻이다. 우리는 데이터를 수집하여 그 답을 찾을 수 있다. 무제한 연결이란 디지털 환경 속에 있는 무엇에든 즉각적으로 접속하여 병목 현상과 지연됨 없이 연결되는 것을 의미한다. 고객의 문제에 대해 우리는 즉각적으로, 나아가 선제적으로 대응하기를 기대한다. 마지막으로 방대한 처리 능력이란 우리가 사람들이 식별하지 못하는 관계성을 추적하기 위하여 유비쿼터스 데이터를 처리할 수 있는 시스템을 기대하고 또 제공할 수 있음을 뜻한다.

디지털 기술의 영향력을 파악하려면, 우버(Uber)가 택시 운송산업을 어떻게 흔들어놓았는지를 살펴보아야 한다. 우버는 기사가 딸린 승용차 제공이라는 고객의 핵심 요구를 바꾸지 않았다. 우버는 콜택시 서비스의 가치를 새롭게 상상하고 배치했을 뿐이다. 고객들은 차량에 탑승할 뿐만 아니라 언제 차가 도착하는지, 비용은 얼마인지, 목적지에 언제 도착할 것인지도 알 수 있게 되었다. 게다가 탑승 비용을 지불하고 피드백을 제공하는 것도 번거롭지 않은 일이 되었다. 택시 회사들은 이렇게 디지털 기술을 적용한 고객 솔루션을 제공할 수도 있었다. 우버를 선취하거나 우버가 제공하는 서비스를 재빨리 따라잡을 수도 있었다.(규제가 더 심한 조건에서도 가능한 일이었다.) 하지만 그들은 그렇게 하지 않았다.

디지털 기술은 단순히 일련의 제품 및 서비스를 판매하는 것뿐만 아니라 고객의 문제를 해결할 수 있게 해주며, 고객의 요구 때문에라도 이것은 반드시 해야 하는 일이다. 기존의 제품이 아무리 인기가 많고 필수적이더라도, 기업들은 디지털 기술을 활용하기 위해 고객 가치 제안[1]을 지속적으로 확대해야 한다.

본래 디지털 회사가 아닌 몇몇 기업들은 디지털 기술의 가능성에서 영감을 얻은 새로운 가치 제안에 대한 명확한 비전을 이미 제시하고 있다. 예를 들어, 전통적으로 전기 장비를 판매해온 슈나이더 일렉트릭(Schneider Electric)은 이제 지능형 에너지 관리 솔루션을 제공한다. USAA(United Services Automobile Association)는 세계 여러 나라에 산재해 있는 회원들에게 금융 서비스를 제공할 뿐만 아니라 금융자산의 안전을 보장하는 통합 솔루션을 제공하려고 한다. 토요타(Toyota)는 여전히 자동차를 판매하지만 모빌리티 솔루션도 제공한다. 마즈(Mars, Inc.)는 애완동물 사료를 파는 것에 더해 데이터를 활용하여 애완동물에게 더 좋은 세상을 만들고자 한다. 이러한 기업들은 고객의 문제를 해결하기 위해 분투하고 있다.

디지털 상품은 새로운 가치를 제공한다

이 책은 디지털 기술을 적용해 고객의 가치 제안을 근본적으로 바꾸는 방법을 설명하는 데 목적을 두고 있다. 디지털 기술이 기업의 **기존** 제품과 서비스에 두 가지 중요한 영향을 미칠 수 있다는 점에 주목할 필요가 있다.

첫째, 기술 자체가 고객의 경험을 확장할 수 있다. 고객은 디지털 채널을 원한다. 직관적이고 편리한 애플리케이션과 기타 디지털 인터페이스는 최고의 디지털 고객 경험을 제공한다. 디지털 기업들도 디지털과 비(非)디지털의 상호작용을 원활하게 통합하여 고객 서비스를 확대하고 있다.

둘째, 디지털 기술은 제품 기능을 새롭게 하고 개선할 수 있다. 예를 들어 인공지능은 자동차 제조사의 핵심 제품에 자율주행 기능을 추가할 수 있고, 사물인터넷(IoT)과 애널리틱스는 제조사의 유지보수 서비스를 개선할 수 있으며, 모빌리티 기술은 스마트폰으로 원격으로 전등을 켜거나 차의 시동을 걸고 문을 열 수 있게 해준다.

기존 제품과 서비스에 미치는 이러한 영향(더 나은 고객 경험과 새로운 기능)은 매출 증대와 고객 만족도 향상으로 이어질 수 있다. 우리는 디지털 기술이 만들어내는 기회를 반드시 잡을 것을 권고한다. 그러나 이러한 디지털 기술의 적용이 산업을 혼란에 빠트리지 않는다는 것을 주지해야 한다. 이것은 고객의 기대치를 높이겠지만, 제품과 서비스의 개선으로 나타날 것이다. 디지털 기술의 적용은 제품 콘셉트나 가치 제안을 바꾸지 않는다.

위에서 언급했듯, 디지털 기술이 혁신적인 이유는 새로운 고객 가치 제안과 관련하여 그것이 제공하는 변화에 대한 기회 때문이다. 이러한 새로운 가치 제안은 **디지털 오퍼링**의 발전을 촉진한다. 막힘없는 개인화된 고객 경험을 바탕으로 한 풍부한 정보 솔루션이라 정의할 수 있는 디지털 제품은 소프트웨어와 데이터에 기반한 새로운 수익 창출을 위한 가치 제안을 만들어낸다. 따라서 우버와 같이 단순한 승차 서비스뿐만 아니라 바쁜 도시에서 길을 찾아 헤매는 데 따르는 불확실성과 불편함, 걱정에 대한 해결책도 제공한다. 실제로 우버는 일부 도시 거주자들이 자동차 소유를 완전히 포기하도록 자극했다.

디지털 오퍼링은 신생 기업만을 위한 것이 아니다. 미군들을 위한 금융 서비스 회사인 USAA는 고객(회원이라 부른다)의 생애 주기별 이벤트(자동차 구매, 결혼, 주택 구매, 출산, 퇴역 계획, 배치)를 기준으로 재정적 수요를 계획한다. USAA는 모바일과 여타 디지털 기술을 적용하여 각각의 생활 이벤트와 관련한 번거로움과 불확실성을 줄인 통합 상품을 만든다. 예를 들어 이 회사가 제공하는 통합 상품 중 하나인 오토써클(Auto-Circle)은 자사와 파트너사의 제품 및 서비스(자동차 보험, 새 차를 저렴한 가격에 살 수 있는 자동차 대출)를 활용하여 회원들에게 원스톱 온라인, 또는 모바일 앱 기반 자동차 구매 경험을 소개하는데, 이는 스트레스를 유발할 수 있는 생활 속 사건에 대한 즐거운 해결책을 제공할 수 있다.[2]

독일의 자동차 제조사인 아우디(AUDI AG)는 실제로 차를 소유하지 않고 아우디 자동차를 운전할 수 있게 도와주는 제품을 개발하고 있다. 예를 들어, '아우디 온 디맨드(Audi on demand)'는 고객이 모바일 앱을 이용하여 일일 요금으로 차량을 대여할 수 있게 해준다. '아우디 앳 홈(Audi at home)' 상품의 경우, 제조사가 선별된 고급 주택과 협업하여 아우디 자동차 공유 풀(pool)을 제공하며, 해당 건물의 차고지도 편리하게 제공한다. 주민들은 모바일 앱을 이용하여 이 차량을 개인 용도로 예약할 수 있다. 마지막으로, 기업을 상대로 가상의 업무용 차량을 제공하는 '아우디 공유 차량(Audi shared fleet)'의 경우, 직원들은 모바일 앱을 통해 업무용 자동차를 예약할 수 있고 고용주는 그 사용량에 따라 비용을 지불할 수 있다.[3]

이와 같이 디지털 상품의 목적은 새로운 가치 제안을 통해 수익 증대를 촉진하는 것이다. 디지털 기술을 적용해 고객의 만족도를 높이고 운영 효율을 향상시킬 수 있지만, 기업들은 새로운 가치 제안을 깨닫기 전까지 디지털이 제공하는 기회를 만지작거릴 뿐이다.

기업의 가치 제안을 디지털 경제에 맞게 새롭게 상상하는 것은 쉽지 않은 일이다. 그러나 더 큰 문제는 문화와 통찰, 역량을 하나로 모아 성공 가도를 달려온 전통적인 회사를 민첩하고 혁신적인 디지털 회사로 탈바꿈시켜 소프트웨어와 데이터를 이용하는 디지털 제품을 제공하는 것이다.

리더 그룹이 심사숙고해야 할 질문은 다음과 같다. **우리는 끊임없이 진화하는 혁신적인 디지털 제품군을 제공할 수 있는가?**

200여 개의 회사를 대상으로 4년 이상 조사한 바로는 대다수의 대기업들이 이 질문에 "아니오"라고 답한다. 디지털에 맞게 디자인되지 않았기에 디지털 제품을 제공할 수 없다는 것이다. 다시 말해 기존 인력과 프로세스 및 기술 간의 상호작용이 새로운 가치 제안을 제공하기 위해 신제품을 실험하고, 배우고, 폐기하고, 개선하고, 재구성하고, 확장하는 능력을 제한한다는 것이다.

우리의 현장 조사에 의하면, 단기적으로 디지털 오퍼링은 기성 기업들 대부분에서 총 매출의 극히 일부를 차지하리라 예상된다. 디지털 상품의 도입이 기존 제품과 서비스에 대한 수요를 즉시 줄이는 것은 아니기 때문이다.(여전히 종이신문과 종이책을 읽고 있는가? 여전히 현금이나 신용카드로 지불하는가?) 기업들은 기존의 제품 및 서비스를 대체하지 않고 **그에 더하는** 방식으로 디지털 제품 및 서비스를 개발하고 있다.

성공한 기업들은 적어도 아직은 그들을 성공 가도로 이끈 가치 제안들을 포기할 수 없다. 그렇다고 현 상황에 만족할 수도 없다. 오늘 당장 디지털 상품 개발에 착수해야 하는 이유는 다음 분기의 재무 결과를 향상시키기 위함이 아니다. 오늘 여러분이 현재의 제품과 서비스의 가치를 근본적으로 변화시키는 디지털 기술의 방식을 배우는 데 착수하지 않으면 다른 누군가가 그렇게 할 것이기 때문이다. 바로 지금, 유비쿼터스 데이터와 무제한 연결 및 막강한 처리 능력을 기반으로 하는 가치 제안이 무엇인지 알아보고 도입해야 한다. 다시 말해, 바로 지금이 디지털 비즈니스 디자인을 도입할 때인 것이다.

디지털 비즈니스 디자인이란 무엇이며, 왜 필요한가?

디지털 비즈니스 디자인이란 디지털 기술을 통해 가치 제안을 규정하고 제품을 제공하는 인력(역할, 책임, 구조, 기술), 프로세스(작업 흐름, 루틴, 절차), 기술(인프라, 애플리케이션)의 총체적인 조직 구성이라고 정의할 수 있다.

비즈니스 디자인은 때로 비즈니스 아키텍처(건축)라고도 한다. 많은 기업에서 아키텍처는 IT 부서의 업무로 간주되기 때문에 이 용어를 사용하는 것을 꺼린다. 지금 당장은 비즈니스 아키텍처 기능이 IT

조직에 묻혀 있을 가능성이 크며, 그 영향은 제한적일 수 있다. 하지만 이와 대조적으로 디지털 비즈니스 디자인은 회사 고위 임원의 책무이다. 이를 통해 리더들은 회사가 디지털 경제에서 비즈니스 전략을 실행할 수 있도록 보장해야 한다.

전략을 실행하기 위해 인력과 프로세스, 기술을 구성하는 비즈니스 디자인은 새로운 것이 아니다. 기술이 비즈니스 전략의 도구가 된 이후 리더들은 이 세 가지 조직 설계 요소 사이에 시너지를 창출해야 할 필요성과 씨름해왔다. 1990년대에 많은 기업은 비용 절감과 핵심 운영의 신뢰성 및 예측 가능성을 개선하기 위해 전사적 자원관리(독일의 다국적 소프트웨어 기업인 SAP의 ERPs)나 고객 관계 관리(세일즈포스의 CRM)와 같은 기업시스템을 활용하면서 비즈니스를 재설계한 바 있다. 비즈니스 리더들은 성공적인 기업시스템 구현에는 새로운 기술 이상의 것이 필요하다는 사실을 알게 되었다. 목표 달성을 위해 그들은 간소화되고 표준화된 비즈니스 프로세스와 더불어 데이터 관리자와 같은 새로운 직제를 도입해야 했다. 애트나(Aetna, 미국의 의료보험사), 캠벨 수프(Campbell Soup, 미국의 가공식품 회사), 시멕스(CEMEX, 멕시코의 다국적 건축자재 회사), DHL 익스프레스, 레고, USAA와 같은 기업들은 새로운 시스템과 규율화된 프로세스, 투명한 데이터와 새로운 직무 체계를 조합함으로써 비용을 절감하고 각사의 핵심 운영 신뢰성을 높일 수 있었다.[4]

물론, 비즈니스의 역사를 들여다보면 가치를 창출하는 데 실패한 기업시스템의 많은 사례도 있다. 전통적인 시스템을 교체하면서 비즈니스 프로세스나 인력의 역할을 재설계하는 데 실패한 기업들은 기업시스템의 바람직한 이점을 활용하지 못했다.[5] 비즈니스 리더에게 데이터 관리를 맡기지 않은 기업들은 업무를 분석하거나 의사결정을 할 때 근거가 되는 신뢰할 수 있는 마스터 데이터와 트랜잭션 데이터(master & transaction data)를 가질 수 없다. 권한을 가진 프로세스 관리자가 없는 기업은 인수한 것들을 원활하게 통합하거나 새 제품 또는 지역에 대한 기준을 시행할 수 없다. 새로운 기술을 활용하기 위해 비즈니스 프로세스를 재설계하는 대신 기존 프로세스에 ERPs를 맞추는 방식을 선택한 기업들은 오늘날 운영의 비효율성과 고객 불만족으로 인해 어려움을 겪고 있다.[6] 이 회사들은 그들의 전략에 맞게 사업을 설계하지 않은 것에 대한 대가를 치르고 있다고 할 수 있다.

기업통합시스템을 효과적으로 구축하는 데 어려움을 겪고 있다면 디지털 가치 제안을 준비해야 한다. 혁신적인 디지털 제품으로 고객을 열광시키려면 비즈니스 프로세스를 재설계하는 것에서 더 나아가 고객이 직접 사용하는 제품을 어떻게 정의하고 개발 및 상품화할 것인지 심사숙고해야 한다. 판매에서 서비스로, 자동화된 채널에서 직접적인 대면 활동으로 이동할 때 고객이 불편을 겪지 않도록 직원들과 자동화된 시스템 사이에 원활한 상호작용이 필요하다. 이 같은 원활함을 구현하려면 인력과 프로세스, 기술이 회사 전체의 의사결정 및 조치에 동기화되도록 설계해야 한다.

동기화는 우연히 이루어지지 않는다. **인력, 프로세스, 기술**이라는 조직 구성의 세 가지 요소를 모두 신중하게 배치할 때에만 새로운 가치 제안을 제공할 수 있다. 바로 이것이 디지털 비즈니스 디자인의 목표이다.

아마존은 디지털에 맞게 디자인되었다

디지털에 맞게 디자인된 회사의 가장 좋은 예 중 하나는 아마존이다.[7] 아마존이 1994년에 온라인 서점으로 창립되었다는 사실은 쉽게 망각되곤 한다. 대다수의 기존 회사와 마찬가지로, 아마존은 신기술이 새로운 비즈니스 방식을 가능하게 함에 따라 가치 제안을 재설계해야 했다. 오늘날 아마존은 더 이상 일개 서점이 아니라 개인 편의 제공업체이다.

대다수의 기존 회사와 달리 아마존은 디지털 기술이 실행 가능해지면 손쉽게 그것을 흡수하는 것처럼 보인다. 예를 들어 브라우저 채택이 들불처럼 번지자 아마존은 반자동 이메일 교환을 통한 주문 처리에서 고객이 웹사이트의 장바구니에 책을 담을 수 있도록 전환했다. 모바일 기기 채택이 활발해지자 아마존은 모바일과 웹 채널을 통해 원활한 거래를 할 수 있는 기회를 잡았다. 로봇 기술이 성숙하자 아마존은 주문을 처리하는 작업자에게 로봇이 물건을 찾아 가져다주는 방식으로 고객 주문 처리 과정을 재설계했다. 아마존 프라임은 이러한 주문 처리 프로세스를 활용하여 새로운 고객 가치 제안을 제공하고 회사 수익을 높였다.

아마존은 처음부터 고객과의 상호작용에 대한 상세한 데이터를 수집했다. 분석을 통해 아마존은 해당 데이터의 가치를 확장했다. 비슷한 성향의 고객들이 구매하는 제품을 선별해줌으로써 아마존은 단순한 제품 판매를 넘어 사람들이 자신의 요구에 맞는 제품을 찾을 수 있도록 지원했다. 머신러닝이 실행 가능한 기술이 되면서 아마존은 축적된 데이터를 활용하여 회사를 위한 보다 정교한 정보와 고객을 위한 더 많은 가치를 개발했다.

아마존의 성공에서 특별한 점은 단순히 새로운 가치 제안을 발전시키는 데 디지털 기술에서 영감을 받았다는 것이 아니다. 더 놀라운 점은 아마존이 진화하는 가치 제안을 제공하기 위해 비즈니스를 설계함으로써 그들의 전략을 거의 완벽하게 실행해왔다는 것이다.

많은 비즈니스 및 기술 리더들은 아마존의 디지털 성공을 상대적으로 덜 복잡한 시스템 환경 덕분이라고 생각할 것이다. 이해할 만하다. 더 오래된 성공적인 회사들과 달리 아마존은 지난 50년 동안 골치 아픈 전통 시스템을 구축하지 않았다. 하지만 20년이 넘는 시스템 개발 끝에 아마존도 전통 시스템을 갖추게 되었다. 그 시스템에는 임시적인 해결책과 우아하지 못한 솔루션들이 포함된다. 그럼에도 아마존의 시스템이 디지털용으로 설계되었다는 점에는 의문의 여지가 없다. 그 회사의 최고 경영자는 그것을 고집했다. 하지만 이것도 이야기의 일부일 뿐이다.

아마존을 성공하게 한 요인들을 생각해보자. 먼저 새로운 제안에 대한 고객의 반응을 테스트하고 학습하는 데 최적화된 **프로세스**(이것은 고객과 고객의 요구에 대한 상세하고 신뢰할 수 있는 데이터를 제공하는 **기술**에 의존한다)가 그 한 가지 요인이며, 그다음 요인으로는 새로운 제품과 서비스, 개념을 설계하고 출시할 수 있는 완전한 권한을 부여받은 **인력**을 꼽을 수 있다. 이러한 요소를 능숙하게 구성하고 끊임없이 재설계함으로써 아마존은 고객의 새로운 요구와 새로운 기술에 신속하게 대응할 수 있었다. 그 과정에서 회사는 실패한 실험을 (피하지 않고) 빠르게 회복했다.[8]

아마존은 디지털에서 영감을 얻은 비즈니스 비전을 추구하여 인력과 프로세스, 기술의 상호작용을 디자인하는 독특한 기업 사례이다. 우리는 앞으로 성공하고자 하는 모든 기업이 비즈니스를 디자인하는데 신중해야 한다고 주장한다.

디지털에 맞게 디자인하고자 하는 회사들에게 어려운 과제는 다음두 가지이다. 첫째로, 인력과 프로세스, 기술이 상호작용하는 정도에따라 설계의 변화가 다른 여러 가지 변화를 촉발한다는 것이다. 둘째로, 새로운 디지털 상품을 창출하는 신기술의 숨 막히는 속도는 이러한 상호 연관된 변화가 거의 끊임없이 발생한다는 것을 의미한다는 것이다. 따라서 디지털 디자인은 유동적이어야 한다. 디지털 디자인 기술을 배울 가치가 있는 이유가 바로 이것이다.

디지털 비즈니스 디자인, 무엇이 아닌가?

여러분은 CEO와 CIO를 비롯한 다른 여러 부서의 리더들이 항상 비즈니스 디자인을 책임져왔다고 생각할 수도 있다. 다시 생각해보라. 대부분의 비즈니스 리더들은 회사를 디자인하기보다는 오히려 그 구조를 만드는 사람들이다. 그들은 높은 수준의 구조들을 만들 뿐, 일이 진행되는 방식을 고안하는 책임은 낮은 수준의 조직에게 밀쳐둔다. 다시 말해, 그들은 분할하고 정복한다. 그렇게 함으로써 일을 처리하는 책임을 분할할 뿐 아니라, 프로세스 및 기술 설계 대부분은 물론 인력과 관련한 설계(예컨대 역할과 기술 등) 전반에 대한 책임을 분할한다. 결과적으로, 조직 전반에 대한 디자인은 없고 구조만 있는 셈이다.

이러한 구조 의존이 갖는 장점은 관리 가능한 특정한 결과들(예컨대 특정 비즈니스 라인의 수익성)을 제공하는 일에 각 단위 조직의 역량을 집중할 때 구조가 도움이 된다는 것이다. 단점은 구조화가 필연적으로 통합을 방해하는 사일로(silo, 역주: 사일로는 곡식 저장소로 외부와 차단된 공간이다. 사일로 조직은 다른 조직과의 연계 없이 독자적으로 운영된다) 조직을 만든다는 것이다. 사일로화된 조직은 사일로들 간의 효율성이 아닌 개별 사일로 내에 제한된 효율성으로 특징지어진다. 사일로의 한계를 인식한 리더는 예외 없이 매트릭스 구조를 도입하여 고객에게 단일한 모습과 전사(全社)적인 일관성을 제공하고자 한다. 매트릭스는 소규모 공유 서비스에 적합한 표준화된 프로세스 실행을 촉진할 수는 있지만, 끊임없이 진화하는 풍부한 정보에 기반을 둔 디지털 제품의 개발을 지원하지는 않는다.

문제는 디지털 오퍼링의 특성인 원활성으로 인해 기능적 사일로와 비즈니스 라인 사일로를 넘나드는 신속한 의사결정과 조치가 요구된다는 점이다. 사일로화된 기업이 디지털 제품을 제공하게 되면, 점점 더 많은 결정이 직위체계를 거슬러 언급되고 여러 사일로를 넘나들어 논의되며 운영 현실과 동떨어진 관리자에 의해 결정되어 조치가 취해질 곳으로 다시 전달된다. 디지털 기업들은 이렇게 긴 의사결정 과정을 기다릴 수 없다. 그리고 디지털 제품을 기획, 개발하거나 마케팅 및 지원하고자 할 때 여러 비즈니스 부서에서 이루어지는 의사결정 및 조치에서 발생하는 동조화의 결여를 절대 감당할 수 없다.

비즈니스 사일로가 갖는 제약에서 벗어나기 위한 기업 설계 방법을 더 잘 이해하려면 디지털 비즈니스 설계가 무엇이 **아닌지** 이해하는 것이 많은 도움이 된다.

- 디지털 비즈니스 설계는 구조조정이 아니다.
- 디지털 비즈니스 설계는 최종(완성) 상태가 아니다.
- 디지털 비즈니스 설계는 IT 아키텍처가 아니다.

디지털 비즈니스 설계는 구조조정이 아니다

많은 기업에서, 새로운 사업 전략이 발표되면 구조조정을 촉발한다. 새로운 구조는 기업의 새로운 우선순위와 권력 배열을 반영한다. 지도자들은 그럴듯한 팡파르와 함께 구조조정을 발표하지만, 다른 모든 사람들은 상당한 두려움을 품고 그 발표를 기다린다.

디지털 비즈니스 설계에서 구조란 리더가 인력을 전략적 우선순위에 맞게 할당할 수 있게 하는 퍼즐의 한 조각에 불과하다. 새로운 역할과 책임은 누가 무엇을 하고 권한이 어디에 있는지 알려주는 핵심 메커니즘으로서 점점 더 구조를 대체한다. 구조에서 역할로의 이러한 전환은 더욱 확대된 조직 유연성의 필요성에 대한 자연스러운 반응이다. 구조는 안정화되고, 리소스가 특정 비즈니스 목표에 맞게 조정된다. 역할들은 (종종 불명확한) 새로운 비즈니스 요구에 개별적인 관심을 할당한다.

새로운 설계는 디지털 스타트업의 디자인을 모방하는데, 디지털 스타트업에서는 디지털 제품의 핵심 요소의 개발과 마케팅, 개선 및 운용에 대한 전체 책임을 개별 팀들이 맡으면서 각 팀의 활동을 조율하기 위해 협업 기술 및 프로세스에 의존한다. 이러한 디지털 기업에서 **인력, 프로세스, 기술**이라는 디자인의 세 가지 요소는 디지털 가치 제안을 지속적으로 내놓기 위해 구성된다.

디지털 비즈니스 설계는 최종(완성) 상태가 아니다

건축가가 새로운 건물을 설계할 때, 청사진은 완성된 건물을 묘사한다. 기존 건물을 전면 개축할 때는 건물이 비워진다. 이와 달리, 비즈니스 리더가 회사를 설계할 때는 현재 가동 중이며 지속적으로 변화하는 실재를 대상으로 디자인한다. 종료 상태란 없다.

비즈니스는 기술과 고객의 요구, 전략적 기회가 변화하면 그에 적응해야 한다. 디지털 비즈니스 설계 기술은 상대적으로 안정적인 것들을 정기적으로 변화하리라 예상되는 사업 요소들과 구별하는 것이다. 전자의 예로는 핵심 역량과 완비된 사업 프로세스, 마스터 데이터 구조 등이 있으며, 후자의 예로는 디지털 제품과 기능, 팀의 목표, 앱, 인력들의 역할과 기술 등이 있다. 디지털 비즈니스 리더는 안정적인 요소들을 구축하고 유지하는 일에 투자하는 동시에, 반드시 변화해야 하는 모든 것에 대한 신속한 결정을 내리는 데 필요한 데이터를 회사 전체의 의사결정자들에게 제공한다. 디지털 비즈니스 설계란 어떤 완성된 상태를 정의하기보다는 나아갈 방향을 정의하고 미래가 전개됨에 따라 적응할 수 있는 회사를 설계하는 것이라 할 수 있다.

디지털 비즈니스 설계는 IT 아키텍처가 아니다

앞서 언급했듯 대다수 기업들은 IT 아키텍처 업무를 IT 부서에 부여한다. IT 아키텍처는 중요하다. 기술 채택과 새로운 시스템 개발, 기존 시스템에 대한 개선 필요성 등을 안내하는 논리를 제공하기 때문이다. 잘 설계된 IT 아키텍처는 기술 및 비즈니스의 리스크를 줄인다. IT 부서는 IT 아키텍처 설계를 담당할 수 있고 담당해야 한다.

그러나 디지털 비즈니스 설계는 기술과 시스템 이상의 것을 고려한다. 사람과 프로세스, 기술 간의 상호작용에 대한 높은 수준의 식견이 필요하기 때문이다. IT 부서는 인력과 프로세스를 설계할 수 있는 위치에 있지 않다. 뛰어난 IT 리더는 디지털 비즈니스 설계에 대한 비전을 수립하는 데 도움이 될 수 있지만, 동조화된 비즈니스를 설계하려면 훨씬 더 광범위한 관리 작업이 필요하다.

물론 경영 팀이 감당해야 할 일은 이미 차고 넘친다. 어떻게 하면 경영 팀이 디지털 비즈니스 디자인을 자기 임무에 추가할 수 있을까? 우리는 이 도전을 인식하고 있다. 그것이 우리가 이 책을 쓴 이유이다. 크고 오래된 기업을 디지털 성공에 적합하게 설계하는 일은 책무를 확대하고 재사용을 수용하는 것을 포함한다. 이것은 전통적인 관료제에서 성공하는 법을 깨우친 리더들에게 자연스러운 경영 형태는 아닐 것이다. 어떤 기업은 성공할 것이고 어떤 기업은 실패할 것이다. 우리의 목표는 독자들에게 디지털 비즈니스 전환에 대한 지침을 제공함으로써 성공 가능성을 높이는 것이다.

디지털 비즈니스 전환은 장기적인 과제다

전통적인 기업들의 많은 임원은 회사를 디지털화해야 한다는 절박함을 느끼고 있다. 기술이 결국엔 어떤 기업의 현존하는 가치 제안도 무의미하게 만들어버릴 수 있는 새로운 가치 제안을 가능하게 하기 때문이다. 기업의 디지털 비즈니스 설계는 기업이 새로운 가능성과 새로운 고객 요구에 대응할 수 있도록 해야 한다. 그러나 현실적으로 사람들이 프로세스와 기술을 통해 디지털 비즈니스 기능을 익히는 데는 시간이 필요하다. 우리의 연구에 따르면 큰 기업의 혁신은 빠른 속도로 이루어질 수 없다.

뿌리박힌 습관(즉 문화)을 바꾸기가 어렵기 때문에 디지털 전환은 느리다. 우리의 연구에 따르면 필요할 때 리더들이 일련의 중요한 새로운 행동 규범을 채택함으로써 문화적 이슈를 가장 잘 해결할 수 있다. 경영진은 문화를 새롭게 정비하기보다는 구체적인 관행들을 점차 바꿀 수 있을 뿐이다. 새로운 기술과 프로세스를 도입하면 역할을 재설계하고 관행을 바꿀 수 있는 기회가 생기며, 그렇게 함으로써 결국 어느 날 한꺼번에 문화를 바꿀 수 있다.

이러한 변화 속도는 사실 축복이다. 고객은 대개 기존 제품과 서비스를 계속 이용할 수 있을 거라 기대하기 때문에, 가까운 미래까지 대다수 기업들은 기존의 가치 제안에서 매출의 대부분을 계속 창출할 것이다. 따라서 기업들은 우선 새로운 디지털 제품을 제공하는 비즈니스 부문을 재설계하는 데 집중할 수 있다. 그들은 회사의 더 많은 부문이 디지털화됨에 따라 이러한 설계의 변화를 더욱 폭넓게 받아들일 수 있다. 그러므로 이런 식으로 일을 진행하면서 배울 수 있다. 로열 필립스(Royal Philips)는 전환을 모색하고 디지털 비즈니스로 성공하는 법을 깨우친 기업의 사례이다.

로열 필립스: 환자의 생활 개선을 위한 혁신

오랫동안 혁신으로 명성을 떨쳐온 로열 필립스는 의료 기술의 혁신으로 생활을 개선하겠다는 모토를 가지고 있다.[9] 필립스는 이러한 방향을 지원하지 않는 제품 라인(오디오/비디오, 조명 등)을 배제하고 MRI, CT 및 X-레이 스캐너, 모니터, 고급 임상 소프트웨어, 전동 칫솔 및 수면 무호흡 마스크와 같

은 개인 기기를 포함한 자사의 건강기술 라인과 관련한 제품을 확대해왔다.

잠재적 디지털 오퍼링 규정하기

디지털 기술이 더 건강한 세상을 만들 수 있는 방식에 영감을 받은 필립스는 이제 통합 의료 솔루션을 제공하고 있다. 회사는 2025년까지 매년 30억 명의 삶을 개선한다는 목표를 가지고 있다.[10] 이 목표를 달성하기 위해 필립스는 개인과 임상의, 의료 조직을 지원하는 의료 기술 제품을 개발하고 있다.

예를 들어 소비자 공간에서 필립스의 uGrow 솔루션은 초보 부모를 위한 앱으로 아기가 자라는 모습을 자세히 보여준다. 필립스의 uGrow는 온도계, 체중계, 젖병, 아기 모니터와 같은 다양한 연계 장치로부터 추출된 데이터에 기반해 만들어진다. "주머니 속의 보모 간호사"라 불리는 이 솔루션은 의료 전문가에게도 유용한 정보를 제공한다.

임상 공간에서 필립스의 IntelliSpace Oncology(종양 연구)와 Intelli-Space Cardiovascular(심혈관) 제품은 과학적 발견과 환자 데이터(실험 및 방사선 검사 결과 등)를 통합하여 의사의 진단을 돕는 실행 가능한 통찰을 제공한다. 일반적으로 의사들은 엄청난 양이기 일쑤인 데이터를 분석할 시간이 거의 없다. 의사의 노력을 효율화하기 위해 IntelliSpace 솔루션은 인공지능을 적용하여 환자의 상태에서 나타나는 중요한 이상 징후와 변화(종양의 성장, 혈관과 관련한 새로운 문제)를 식별하고 최선의 치료를 추천한다. 과거 사례를 기반으로 새로운 IntelliSpace 알고리듬을 테스트한 결과, 20%의 사례에서 의사들이 차선의 치료를 추천했음이 밝혀졌다. 필립스는 이러한 솔루션을 사용하면 현재의 의료 접근 방식보다 훨씬 더 많은 생명을 구할 수 있을 것으로 기대하고 있다.

병원 공간에서 필립스는 중환자실에 대한 중앙 집중식 원격 감독을 제공하는 침상 모니터와 분석 소프트웨어를 결합한 솔루션인 eICU를 개발했다. 이 솔루션은 집중치료실(ICU)의 의사와 간호사들이 응급 치료 사례의 우선순위를 정하고 집중치료 대상 환자를 파악하는 동시에 작업량을 대폭 줄이고 생산성을 향상할 수 있도록 지원한다.

통합시스템 및 프로세스 표준화하기

이러한 디지털 제품들을 실현하기 위해 필립스는 2011년 고위급 임원들의 비전과 관여를 지속적으로 요구하는 비즈니스 전환에 착수했다. 초기의 전환 노력은 다음 세 가지 핵심 프로세스를 표준화하는 기업 시스템을 구축하는 데 맞춰졌다. 첫째, 시장에 맞게 콘셉트를 만들고 제품의 주기를 유지하기 위한 아이디어-마켓(idea-to-market) 프로세스. 둘째, 제품을 마케팅하고 판매하는 마켓-오더(market-to-order) 프로세스. 셋째, 주문과 송장 작성, 결제 작업을 처리하고 할당하는 주문-현금화(order-to-cash) 프로세스. 이러한 노력은 신뢰할 수 있는 트랜잭션과 데이터를 제공하는 데 도움을 준 기술 인프라인 필립스 통합 랜드스케이프(PIL)의 도입으로 뒷받침되었다.

2014년 말에 필립스는 디지털 기술을 도입하여 자사의 제품을 강화하는 실험을 시작했다. 예를 들어, 필립스는 애널리틱스와 인공지능을 사용하기 시작함으로써 전문 간병인들이 X-레이 사진을 해석할 수 있도록 도왔다. 또한 사용자가 수면 무호흡 마스크와 전동 칫솔 같은 개인 장치의 결과를 추적할 수 있도록 기능이 향상된 여러 가지 앱을 개발했다.

고객의 의견 찾아내기

필립스는 환자와 의료 서비스 제공업체와 함께 개별 제품을 테스트하여 그들이 유용하다고 여기는 것이 무엇인지 알아냈다. 그러나 리더들은 의료 비용과 품질에 획기적인 영향을 미치려면 의료 서비스 제공업체와 협력하여 판도를 바꾸는 솔루션을 찾아내야 한다는 점을 인식했다. 그리하여 필립스는 기존 및 잠재적 고객들이 자사의 의료 서비스 제공 방식을 변화시키기 위한 비전과 접근 방식을 분명히 알 수 있도록 돕기 위해 여러 날에 걸친 워크숍이 포함된 수주에 걸친 독립형 유료 서비스인 HealthSuite Labs(건강맞춤실험실)를 개발하였다.

HealthSuite Lab 세션은 필립스 및 의료 서비스업체 소속의 다양한 기능을 수행하는 리더 모임을 구성하는데, 많은 경우 이들은 환자, 보험회사 또는 정부 책임자와 같은 이해 당사자들이다. 실험 세션은 의료 서비스 방식을 개선할 통합 솔루션의 프로토타입을 공동 제작하기 위한 구조화된 방법론의 일부로서 디자인 사고와 애자일 방식을 통해 도출된 실천 방안을 포함한다.

디지털 플랫폼 구축하기

필립스가 어떤 솔루션이 핵심 고객에게 혜택을 주고 의료 서비스의 면모를 어떻게 바꿀 수 있는지 탐색하는 동안 기술자들은 HSDP(HealthSuit Digital Platform)와 CDP^2(Connected Digital Platforms and Propositions) 플랫폼을 구축하고 있었다. 이러한 플랫폼은 데이터와 기술, 비즈니스 구성요소(즉, 특정 활동을 수행하는 코드)의 저장소를 제공하는 기술 자산이다. 새롭게 제공되는 모든 오퍼링에 대하여 이 두 플랫폼의 설계자는 종종 알려지지 않은 미래의 오퍼링에 유용할 가능성이 있는 요소들을 찾아낸다. 이들은 이러한 구성요소들을 저장소 중 하나에 배치하여 재사용이 용이하게 한다. 앞으로 필립스는 솔루션을 발전시키고 HSDP 서비스를 사업에 도입할 에코시스템 파트너와 협력할 계획이다. 이를 위해 필립스는 개발자 포털인 HSDP.io를 통해 HSDP를 외부에 개방했다.

과업 변경하기

필립스의 디지털 비전은 새로운 고객 서비스에 대한 풍부한 아이디어를 창출했다. 그중 일부 아이디어는 필립스의 여러 제품을 디지털로 통합하며, 아이디어 전체는 잠재적으로 더 건강한 세상으로 이끌어줄 것이다. 새 제품들이 제 임무를 완수할 가능성을 높이기 위해, 필립스는 구성요소들로 가치 있는 솔루션을 만들어내는 확장된 능력을 활용할 수 있도록 회사를 재설계하고 있다. 특히 필립스는 두 가지 비즈니스 유형을 구분하는 조직적 접근 방식을 구상하고 있다. 그 첫 번째 유형은 여러 솔루션에 재사용 가능한 구성요소를 생성하는 구성요소 비즈니스이고, 두 번째 유형은 이러한 구성요소를 모아 솔루션에 통합하는 솔루션 비즈니스이다. 고위 경영 리더들은 재사용 가능한 구성요소 개발 가능성이 가장 높은 제안서에 자원을 투입한다.

필립스에서 디지털 제품의 개발은 이제 소비자나 엔지니어링 회사에서 발견되는 제품 개발 프로세스보다는 소프트웨어 회사에서 발견되는 반복적인 제품 개발 프로세스를 반영한다. 영업 사원들도 역할 변화를 경험하고 있다. 새로운 디지털 통합 솔루션을 판매하려면 고객사의 고위 리더와 상호작용해야 한다. 또한 새로운 유형의 고객(보험회사 등)을 찾아야 한다. 이로써 그들은 고객에게 기존 솔루션을 교육하는 것뿐 아니라 새로운 솔루션을 찾아내기 위해 고객과 협력하는 역할까지 담당하게 되었다.

기업들은 어떻게 디지털 전환을 할까?

디지털 비즈니스 디자인은 기업이 빠르게 변화하는 기술과 고객의 요구에 대응하여 혁신적이고 지속적으로 진화하는 디지털 상품 포트폴리오를 만들 수 있도록 민첩해지게 만드는 것을 목표로 한다. 필립스의 사례가 보여주듯이, 디지털 디자인은 회사의 인력, 프로세스 및 기술에 상당한 변화를 수반한다. 우리는 이러한 세 가지 요소가 상호작용하며, 디지털 경제의 변화 속도는 하나의 요소(따라서 모든 요소)가 끊임없이 변화한다는 것을 의미한다는 점에 주목했다. 그렇다면

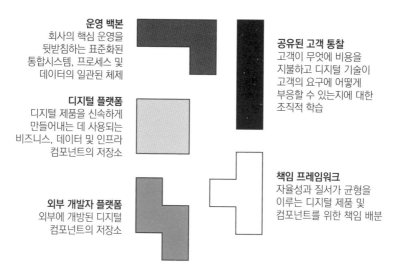

운영 백본
회사의 핵심 운영을
뒷받침하는 표준화된
통합시스템, 프로세스 및
데이터의 일관된 체제

공유된 고객 통찰
고객이 무엇에 비용을
지불하고 디지털 기술이
고객의 요구에 어떻게
부응할 수 있는지에 대한
조직적 학습

디지털 플랫폼
디지털 제품을 신속하게
만들어내는 데 사용되는
비즈니스, 데이터 및 인프라
컴포넌트의 저장소

책임 프레임워크
자율성과 질서가 균형을
이루는 디지털 제품 및
컴포넌트를 위한 책임 배분

외부 개발자 플랫폼
외부에 개방된 디지털
컴포넌트의 저장소

〈그림 1.1〉 디지털 전환에 필요한 다섯 가지 빌딩 블록

디지털은 어떻게 설계해야 할까?

우리는 기업의 디지털 전환을 성공으로 이끄는 다섯 가지 빌딩 블록(이를 조직 역량이라 생각하라)을 찾아냈다. 이 다섯 개의 빌딩 블록을 통해 기업은 혁신적인 디지털 제품을 신속하게 제공할 수 있다. 기업은 상호작용하는 다음 세 가지 요소를 개발함으로써 본래 디지털 기업이 아니었던 회사를 디지털 기업으로 점차 전환시킨다.

(1) 무엇을 어떻게 해야 하는지를 이해하는 사람들
(2) 아이디어에서 시작하여 디지털 상품의 제공과 지원에 이르기까지 기업을 안내하는 프로세스
(3) 효율적인 조직 프로세스와 혁신적인 디지털 상품을 지원하는 기술

〈그림 1.1〉은 디지털 성공에 필수적인 다섯 가지 빌딩 블록을 보여준다. 필립스의 사례를 통해 각 빌딩 블록을 설명하고자 한다.

- 공유된 고객 통찰(shared customer insights): 고객이 무엇을 원하는지 학습할 수 있도록 인력과 프로세스, 기술 환경을 구축하는 것(필립스가 HealthSuite Labs를 통해 얻은 고객의 니즈에 대한 이해)
- 운영 백본(operational backbone): 안정적인 운영을 위해 신뢰할 수 있고 효율적인 핵심 프로세스를 지원하도록 인력과 프로세스, 기술 환경을 구축하는 것(표준화된 프로세스를 지원하는 PIL이라 불리는 필립스의 핵심 사업 시스템)
- 디지털 플랫폼: 디지털 오퍼링(필립스의 HSDP와 CDP^2 등)을 구현하기 위해 소프트웨어 구성요소를 만들어 사용할 수 있도록 인력과 프로세스, 기술 환경을 구축하는 것
- 책임 프레임워크: 디지털 상품의 성공과 발전을 개인이 책임지도록 인력과 프로세스, 기술 환경을 구축하는 것(컴포넌트 비즈니스와 솔루션 비즈니스를 중심으로 한 필립스의 재설계)
- 외부 개발자 플랫폼: 파트너사와 협력하여 자사 디지털 오퍼링의 포트폴리오를 활용하고 확장할 수 있도록 인력과 프로세스, 기술 환경을 구축하는 것(필립스의 HSDP.io)

디지털 비즈니스 설계를 일련의 빌딩 블록으로 이해하면 리더가 전체적 설계를 진행하면서 관리 가능한 구체적인 조직 변화에 집중할

수 있다는 장점이 있다. 빌딩 블록은 상호의존적이기 때문이다. 빌딩 블록 중 하나를 더 강하게 하는 것은 다른 블록을 더 강하게 만드는데 기여한다. 각각의 빌딩 블록은 기업의 민첩성을 향상시키는 방식으로 인력과 프로세스 및 기술의 변화를 촉발한다.

각 빌딩 블록은 조직의 자원 투자를 요구한다. 우리 연구에 참여한 기업들은 이 같은 투자를 하고 있지만, 제각기 다른 방식으로 다른 시기에 투자하고 있다. 사실, 최상의 단일한 빌딩 블록 조합이나 설계의 증거는 없다. 최적의 개발 순서에 대한 증거도 없다. 실제로 우리 연구는 **단일한** 최적의 디지털 디자인을 찾아내지 못했다. 우리가 연구한 기업의 리더들은 각자 그리고 하나같이 빌딩 블록 개발의 우선순위에 대해 어려운 결정을 내리고 있다.

이 책은 앞으로 다섯 장에 걸쳐 각 빌딩 블록이 중요한 이유와 이를 개발하기 위해 무엇을 해야 하는지에 대해 자세히 설명한다. 그런 다음 7장에서 전체적인 디지털 전환 과정을 살펴본다. 디지털 성공을 위해 다섯 개의 빌딩 블록을 개발하는 것이 핵심적임을 다시 한 번 주목하고, 네 개의 서로 다른 기업이 어떻게 각자의 방식으로 빌딩 블록을 조립하여 디지털 비즈니스를 창출했는지 설명한다. 8장에서는 인공지능의 사례를 살펴보면서 기업이 새로운 디지털 기술을 성공적으로 활용하는 방법에 대해 논의한다. 그런 다음 성공적인 디지털 전환에 착수하기 위해 기업들이 할 수 있는 6가지 사항의 목록으로 책을 마무리한다.

지금 당장 시작하라

이 책은 디지털 빌딩 블록을 구축하고 디지털 상품을 제공하기 위해 분투하고 있는 많은 기업들의 이야기를 담고 있다. 200여 개에 달하는 기성 회사들의 디지털 전환을 위한 노력을 검토했음에도, 이 여정에서 멀리까지 나아간 기업을 많이 찾을 수는 없었다. 따라서 여러분은 우리가 기업들이 어떻게 역량을 구축하고 있는지 설명하기 위해 상당히 적은 수의 몇몇 회사들에 의존하고 있음을 보게 될 것이다. 우리는 이 회사들이 디지털 전환에서 첨단을 달리고 있다고 믿는다.

디지털 전환은 위험이 따르는 일이다. 기업은 아직 습득하지 못한 기량과 장착하지 않은 프로세스, 그리고 아직 갖추지 못한 기술이 요구되는 가치 제안을 제공해야 한다. 다음은 독자 여러분이 염두에 두어야 할 핵심 사항이다.

- 디지털 전환은 디지털 기술(SMACIT를 생각하라)에서 영감을 얻어 디지털 오퍼링(원활하고 개인화된 경험을 고객에게 제공하는 강화된 정보 솔루션)을 개발한다는 것을 함의한다. **유비쿼터스 데이터와 무제한 연결, 그리고 방대한 처리 능력은 귀사의 고객 가치 제안을 어떻게 확장할 수 있을까?**
- 끊임없이 진화하는 디지털 오퍼링의 포트폴리오를 개발하기 위해서는 비즈니스의 민첩성이 필요하다. 기존 기업들은 민첩성에 적합하게 설계되지 않았다. 대다수의 경우 효율성에 적합한 구조로 설계되었다. **구조조정을 하지 않고 귀사의 인력과 프로세스, 그리고 기술**

에 변화를 만들어낼 수 있는가?

- 디지털 상품을 신속하게 공급하기 위해 디지털 전환을 추진하는 기업들은 인력과 프로세스, 그리고 기술의 환경을 각각 구축하는 다섯 개의 빌딩 블록에 집중할 수 있다. **어떤 빌딩 블록이 준비되어 있는가? 귀사에 특히 어려운 점은 무엇인가?**

- 디지털 비즈니스 설계는 고위 경영진의 책임이다. **귀사의 디지털 비즈니스 디자인은 누가 담당하고 있는가?**

아마도 기존의 몇몇 기업들은 디지털 전환을 하지 않고도 승승장구할 수 있을 것이다. 하지만 그런 희망을 바탕으로 미래를 계획하는 것은 우리가 설명하는 변화보다 훨씬 더 위험하다. 디지털이 불러온 위험을 최소화하려면 알려지지 않은 미래 기술과 고객 요구에 대응할 수 있는 비즈니스를 설계해야 한다. 디지털에 적합하게 비즈니스를 설계하는 데는 시간이 걸린다. 지금 당장 시작하는 것이 좋다. 이 책이 여러분의 여행을 안내하는 데 도움이 되기를 바란다.

2
고객에 대한 통찰 공유하기

다양한 역사책에 의하면, 크리스토퍼 콜럼버스는 1492년에 유럽에서 인도제도로 가는 새로운 항로를 찾는 항해에 착수했다. 그의 행동은 상당한 위험과 불확실성을 지닌 대담한 비전에 이끌린 것이었지만 그와 그의 경제적 후원자인 페르난도 왕과 이사벨라 왕비는 잠재적인 보상이 위험을 정당화한다고 믿었다.

콜럼버스는 결국 인도제도에 가는 항로를 찾지 못했다. 그가 서쪽으로 항해하여 도착한 곳은 바하마였다. 그는 자신이 실패했다고 생각하지 않았다. 또한 본래의 목적을 달성하기 위해 바하마를 우회하여 항로를 찾으려 하지도 않았다. 그 대신, 콜럼버스는 자신이 발견한 땅을 카스티야 국왕의 영토라고 주장하고 그의 임무는 성공했다고 선언했다.[1] 오늘날은 콜럼버스의 부가 옳지 않은 방식으로 얻어진 것임이 잘 알려져 있기에 우리는 그의 행동을 칭찬하지 않는다. 하지만 그의 이야기가 흥미로운 이유는 비록 의도한 목적지에 도달하지는 못했지만, 그의 비전이 그를 가볼 만한 가치가 있는 곳으로 데려다주었기 때문이다.

디지털을 향한 여정에서 기업들은 유사한 경험을 했을 수도 있다. 기업이 디지털 기술에 기반한 새로운 가치 제안을 상상하려 할 때 리더들은 미지의 바다를 항해하고 있는 것이다. 미지의 바다는 거칠다! 디지털 기술과 고객의 요구, 비즈니스 경쟁은 모두 빠르게 변하고 있어서 결과를 예측할 수 없고 성공도 일시적이다. 기업들은 그들이 마주한 현실과 그들이 찾은 기회에 적응해야만 할 터이다.

무엇이 성장 가능한 디지털 상품을 만드는가?

디지털 상품을 개발하면서 직면할 가능성이 높은 한 가지 문제는 어떤 디지털 상품이 자사에 좋은 기회를 제공하는지 정확히 알기가 어렵다는 것이다. 지금 당장 디지털 상품 개발을 시작해야 기회를 파악하고 장애물들을 차단할 수 있다. 성공적인 디지털 상품은 디지털 기술을 활용하여 고객이 항상 명확하게 설명하지 못했던 문제나 이슈에 대한 솔루션을 제공한다. 이것은 고객이 원하는 것(아직 고객이 인지하지 못하더라도)과 디지털 기술이 가능하게 한 것의 교차점을 뜻한다. 디지털 제품에 대한 설명은 〈그림 2.1〉을 보라.

기업이 디지털 기술로 할 수 있는 것과 고객이 원하는 것 사이의 교차점을 찾는 것은 두 가지 이유로 인해 어려운 일이다. 첫째, 대부

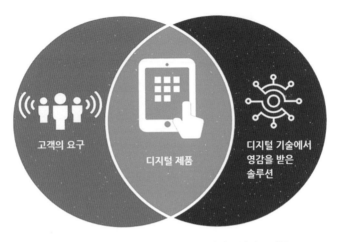

〈그림 2.1〉 디지털 제품: 고객의 요구와 솔루션의 교집합

분의 기업은 디지털 기술로 어떤 솔루션을 개발할 수 있을지 구상한 경험이 거의 없다. 그들은 여전히 유비쿼터스 데이터, 무제한 연결, 그리고 방대한 처리 능력이 무엇을 가능하게 하는지 배우고 있다.

두 번째로, 고객은 종종 자신이 무엇을 원하는지 그것을 손에 쥐기 전까지 상상할 수 없다. 스티브 잡스는 자신이 더 잘 알고 있기 때문에 고객에게 무엇을 원하는지 묻지 않는다는 유명한 말을 했다. 아이폰은 우버, 페이스북(Facebook), 에어비앤비(Airbnb)와 마찬가지로 고객의 요구에 호응한 것이 아니라 고정관념에서 벗어난 사고로부터 생겨났다. 고객의 문제를 해결하고자 하는 기업은 고객이 가치 있게 여기는 것에 갇히는 한계를 지닌다.

이론적으로, 디지털 기술에 영감을 받은 잠재적 고객 솔루션의 수는 거의 무한하다.(전형적인 MBA 클래스는 한 학기에 수십 개의 아이디어를 제안할 수 있다.) 하지만 실제로 대부분의 가능한 솔루션은 고객 기반을 찾지 못한다. 따라서 고객의 진지한 열정을 (기꺼이 지갑을 열겠다는 형태로) 불러일으키는 솔루션을 구별해내는 것은 사소한 작업이 아니다. 가치 있는 디지털 제품을 제공하려면 고객의 욕구와 디지털에서 영감을 얻은 솔루션의 교차점을 적극적으로 찾아야 한다.

현실적이지 않은 대학생들의 경험은 디지털 전환에 착수한 기업들과 정말로 흡사하다. 대학생들은 깐깐한 늙은 학자들은 상상도 할 수 없는 디지털 제품을 구상하여 고객을 끌어들이는 성향이 있다. 사실 깐깐한 학자들이 옳은 경우가 많다. 학생들이 자신의 아이디어를 팔려고 할 때, 그들은 종종 가치를 알아보지 못하는 잠재적 고객으로부터 의아한 시선을 받는다. 하지만 때로는 학생들의 제안이 잠재적 고객들의 마음에 창의적인 아이디어를 불러일으키기도 하는데, 그러면 고객들은 이렇게 반응할 수도 있다. "나는 그것에 관심이 없어. 하지만 내가 가치 있다고 생각하는 것을 말해줄게." 고객에 대한 통찰을 두둑하게 얻은 학생들은 사업을 다시 시작한다. 이러한 피드백 순환을 충분히 반복하면, 학생들은 자신이 개발할 수 있는 것이 고객이 구매하려는 것과 교차하는 최적의 지점을 찾을 수 있다.

이러한 반복적인 개발 과정이 표준이다. 일례로 에어비앤비가 사람들이 모르는 사람의 복도에 놓인 에어 매트리스에서 숙박하는 데 돈을 지불할 거란 믿음에서 시작했음을 생각해 보라.[2] 이와 비슷한 예로 인스타그램(Instagram)은 친구들과 접속하여 어울리고 사진을 공유하는 앱으로 시작했는데 사용하기에 지나치게 복잡했다.[3] 트위터(Twitter)의 설립자들은 처음엔 팟캐스트 플랫폼인 오데오(Odeo)

로 출발했는데, 애플로 인해 구닥다리가 되었다.[4] 아우디조차도 성공적인 모빌리티 서비스를 출시하기 전까지 "친구 다섯 명과 차를 공유하는" 앱을 폐기해야 했다.[5] 신규와 기성 회사를 막론하고 디지털 상품은 〈그림 2.1〉에서 보여주는 최적의 지점을 찾을 때까지 아이디어를 반복하면서 탄생한다.

실험을 통해 고객에 대한 통찰 공유하기

디지털 기술로 인해 가능해진 것과 고객이 구매할 제품의 교집합을 찾기 위해서는 테스트와 학습 과정을 반복해야 한다.[6] 디지털 제품은 소프트웨어 기반이기 때문에 신속한 테스트와 학습에 적합하다. 소프트웨어 코더는 실행 가능한 최소 제품(MVP)을 개발하여 고객이나 테스트 그룹에 출시하고 즉각적인 피드백을 받을 수 있다. 피드백을 바탕으로 기업은 제품을 빠르게 개선하거나 폐기할 수 있다.

실행 가능한 디지털 제품을 개발하려는 회사는 이러한 접근 방식을 채택한다. 그들은 해커톤(정해진 시간 동안 해킹을 하는 프로그램 마라톤) 및 기타 다른 대회와 같은 이벤트를 통해, 그리고 내부적인 킥스타터(kickstarter.com 2009년 시작한 미국의 크라우드 펀딩 서비스)나 '샤크 탱크'(shark tank, ABC 방송국이 2009년부터 방송 중인 사업 오디션 프로그램)의 제안서 평가과정 같은 특별 자금 조달 기회를 통해, 또한 혁신 연구소나 디지털 사업부와 같은 새로운 조직 단위를 통해 광범위한 실험을 장려한다. 그들은 고객과의 동반 여행, 핵심 고객과의 혁신 협력, 코드 공개 및 고객 피드백에 대한 모니터링 등을 통해 고객의 요구에 대해 학습한다.

물론, 그러한 광범위한 혁신이 무의미한 실험에 자원을 낭비하는 것에 불과할 수도 있다. 기업은 측정 가능한 결과를 신속하게 산출하는 소규모 실험을 고집함으로써 이러한 위험에 대처할 수 있다. 고객의 열광을 빠르게 유발하지 못하는 실험은 모두 폐기될 수 있고, 가장 잠재력이 있는 것들은 배양될 수 있다. 하지만 이것은 실행하기 어려운 일이다. 아이디어가 있는 사람들은 그것의 성공을 바라기 때문에 성공적이지 않은 아이디어를 포기하기보다는 오히려 수정하려는 유혹을 느낄 것이다.

실험을 통한 학습은 효과가 없는 것을 인식하고 더 성공할 가능성이 있는 쪽으로 자원을 옮기는 데 달려 있다. 필립스의 CEO인 프란스 판 하우텐은 다음과 같이 말한다.

우리가 5천만 달러짜리 큰 실수를 저지르는 것은 대개 무언가를 너무 늦게 포기하기 때문이다. 이것이 전형적인 혁신자의 문제다.

실험의 성공 여부에 상관없이 성공적인 디지털 비즈니스를 구축하려면 회사가 디지털 기술을 사용하여 고객의 요구를 충족시키는 방법에 대한 축적된 학습이 필요하다. 큰 기업에서 이러한 학습을 축적하는 것은 도전의 절반에 불과하다. 개인과 사업 단위들은 학습 내용을 공유해야 한다. 그렇지 않으면 한 회사 내의 많은 사람이 똑같은 교훈을 배우기 위해 유사한 실험에 투자할지도 모른다.

성공적인 디지털 비즈니스는 잠재적인 상품으로 실험할 수 있는 타고난 능력을 갖추고 있으므로 자신이 할 수 있는 것과 고객이 원하는 것이 무엇인지 배울 수 있다. 그러한 비즈니스는 디지털 상품 실험을 자신의 DNA 속으로 통합하기 위해 인력과 프로세스 및 기술을 구성했다. 그렇게 함으로써 우리가 **고객에 대한 통찰의 공유**라고 부르는 빌딩 블록을 개발하고 있다. 이것은 고객이 무엇에 지갑을 열고자 하는지, 그리고 디지털 기술이 어떻게 고객의 요구를 조달하는지에 대한 조직적 학습으로 정의된다.

1836년 철강 제조사로 설립된 이래 여러 차례 모습을 바꿔온 슈나이더 일렉트릭은 새로운 고객 가치 제안을 제공하기 위해 통합된 고객 정보를 축적한 기업의 사례를 제시한다.

슈나이더 일렉트릭의 고객 정보 통합시스템 구축

2014년경부터, 슈나이더 일렉트릭은 가정과 건물, 데이터 센터, 기반 시설 및 산업 환경에서 에너지 관리와 자동화 분야의 리더로 서게 해준 디지털 전환을 추진해왔다.[7] 100개 이상의 국가에서 글로벌 입지를 확보하고 2017년 매출 250억 유로를 달성한 슈나이더는 에너지 장비와 자동화, 소프트웨어를 결합한 통합 효율성 솔루션을 제공하고 있다.

디지털 전환 이전 10년 동안 슈나이더는 200개 이상의 회사와 브랜드를 인수하여 에너지 장비 제품 및 솔루션을 다음과 같이 확장할 수 있었다.

- 배전 제품 • 에너지 소비량을 측정하는 계량 제품
- 건물 관리 시스템 및 보안 • 데이터 센터 물리적 인프라
- 그리드 인프라 관리 시스템 • 지능형 에너지 관리 솔루션

경쟁업체와 마찬가지로 슈나이더는 감지(sensing) 기술과 사물인터넷(IoT)

을 일찍부터 채택하여 대형 전기 장비(예: 스위치, 회로 차단기, 변압기)에 대한 원격 모니터링을 제공했다. 그러나 이 원격 모니터링은 대부분 장치별 서비스여서 제품에 오작동이 발생하면 고객과 영업 사원이 함께 장비를 잠재적으로 교체해야 한다는 경고를 받았다. 이것은 원래 고객 서비스보다는 판매 도구에 가까웠다.

사물인터넷의 기능에 영감을 받은 슈나이더의 리더는 센서와 연결성이 고객에게 장비의 장애에 대한 경고 이상의 것을 제공할 수 있다고 생각했다. 특히, 비즈니스 리더들은 통합 센서 데이터의 정교한 분석을 통해 고객이 훨씬 더 효율적으로 에너지를 사용하도록 도울 수 있다고 제안했다. 이에 따라 회사는 "모든 사람, 모든 곳, 모든 순간에 Life Is On™"을 보장하는 솔루션을 제공한다는 사명을 채택했다. 이 임무는 고객에게 안정적이고 비용 효율적인 에너지 관리를 제공하기 위한 것이다.

초기의 실험들

처음에는 여러 사업부에서 회사의 비전과 급성장하는 디지털 전략에 부합하는 새로운 고객 솔루션을 개별적으로 실험했다. 사업부의 제품 개발 직원은 고객과 협력하여 고객의 기대와 요구, 과제 등을 파악하고 제품의 디지털 개선 사항을 파악했다. 슈나이더의 사물인터넷 기술 플랫폼 부사장인 마이클 매켄지는 자사의 개별 사업 라인들이 이러한 초기의 노력과 아이디어들을 확산시키기 위해 어떻게 자금을 지원했는지 설명했다.

"처음에 사업부들은 저마다의 제품 로드맵을 가지고 있었고, 따라서 지역적 이니셔티브, 지역적 성공 및 실패와 같은 각자의 필요사항들을 결정했습니다. 그들은 작은 우주 속에서 결정을 내리고 배우고 있었습니다."

이러한 초기 실험은 일부 성공을 거두었다. 2012년까지 슈나이더의 IT 부서는 StruxureWare™이란 DCIM(데이터센터 인프라 관리) 솔루션을 도입했다. DCIM은 전력, 냉각, 에너지 관리 및 원격 모니터링을 포함한 데이터 센터의 물리적 인프라 전반에 걸쳐 일련의 통합된 제품, 솔루션, 소프트웨어 및 서비스를 제공했다. 슈나이더에 따르면 데이터 센터 관리 비용의 40%가 에너지이므로 이러한 종류의 제품은 에너지 관리 솔루션의 강력한 사용 사례를 제공했다. 그리고 본질적으로 소프트웨어 기반 솔루션에 익숙했기 때문에 데이터 센터 고객은 이 새로운 솔루션을 구입하여 사용하려 했다.

그러나 일반적으로 디지털 상품을 개발하고자 한 초기의 사업부가 주도한 접근 방식은 기대한 결과를 제공하지 못했다. 사업부 내에 구축된 프로토타입은 비용이 많이 들고 확장성 및 보안에서 문제가 발생하기 쉬웠다. 지역적 제품의 확산은 의미 있는 새로운 수익 흐름이나 재사용 가능한 전략적 기능을 구축하지 못했다. 슈나이더의 사물인터넷 및 디지털 제품 파트의 시릴 페르두캇 부사장은 이러한 초기 접근 방식에 대해 이렇게 말했다.

"회사의 모든 사원이 우리 제품을 디지털에 맞게 재창조하려고 노력하고 있기에, 온갖 종류의 기술 혁신을 제공하는 서로 다른 신생 기업들과 누구나 파트너십을 맺고 있습니다. 하지만 이렇게 되면 파트너십의 증가와 클라우드 공급자의 증가, 연결 프로토콜의 증가 등 디지털에서 상상할 수 있는 모든 것이 증가하죠."

이러한 문제를 해결하기 위해 슈나이더는 모빌리티, 클라우드, 애널리틱스, 사물인터넷 및 사이버 보안과 같은 SMACIT 기술을 활용하여 자사 비즈니스 전체를 위한 공유 디지털 기능을 강화했다. 시릴 페르두캇은 이러한 공유 기능을 활용한 새로운 제품을 개발하기 위한 비즈니스 기회를 모색하는 책임을 맡았다. 그는 비즈니스 리더들이 자신의 제품을 공유 인프라로 전환하는 것을 꺼린다는 사실을 발견하고 내부 DSF(디지털 서비스 팩토리)를 만들어 비즈니스 부서들이 혜택을 늘리고 위험을 낮출 수 있도록 했다.

학습의 정형화와 고객의 참여
페르두캇의 팀은 사업부(및 외부 파트너사 에코시스템의 가상 팀들)와 협력하여 주요 시장 동향 및 요구사항의 맥락에서 디지털 제품에 대한 아이디어를 창출할 수 있는 능력을 함께 모은다. 일부 아이디어는 관심 있는 고객에게서 직접 나오는 반면 다른 아이디어는 보고된 문제점 및 고객의 요구사항에 응답하는 비즈니스 리더들에게서 나온다. 최근에는 고객이 디지털 서비스를 이용하는 방식을 기반으로 한 데이터 통찰을 통해 새로운 기회를 포착하기 시작했다.

DSF 팀은 아이디어화, 인큐베이션, 사업화, 운영 및 양산의 4단계를 통해 디지털 제품에 대한 개념을 안내한다. 아이디어화 단계에서 이들은 반복적으로 사용되고 유사한 개념들을 찾아내기 위해 새로운 아이디어를 검토하는데, 이를 여러 사업부에 적용할 경우 더 큰 가치를 제공할 가능성이 있기 때문이다. 제품 팀은 아이디어화 단계 초기에 핵심 고객을 참여시켜 개념의 실행 가능성을 학습한다. 디지털 서비스 팩토리 팀은 실행 가능한 비즈니스 사례가 없다고 판단되는 아이디어는 신속하게 폐기한다. 그런 과정을 통해 회사는 가장 유망한 아이디어에 생산부서의 소유자들을 할당한다.

개념이 사업화 단계로 넘어가면, 슈나이더는 보통 고객이 파일럿에 자금을 지원하도록 요구하며, 이에 따라 최초의 고객 열정이 매출로 전환될 가능성이 증대된다. 사물인터넷 전략 및 비즈니스 디자인 부사장인 카를로스 하바로니는 이 단계에서 교차 기능(cross-functional) 팀이 고객과 협력하여 제품이 고객에게 가치 제안을 제공하고 고객이 그것을 인지함을 보증하는 방식을 설명했다.

"고객의 목소리가 가장 중요한 출발점이죠. 우리가 해결하려는 비즈니스 문제를 이해하면 솔루션에 대한 욕구에 대해 알 수 있습니다. 몇몇 사례에서 우리는 매우 긍정적인 고객 피드백을 받았지만, 그렇다고 그것이 고객이 지갑을 여는 필요충분조건은 아닙니다. 그래서 우리는 고객을 우리의 공동 혁신의 중심에 둡니다."

어떤 혁신들은 기존 제품에 디지털 기능을 추가한다. 이 경우 사업화는 새로운 기능과 가치에 관심이 있는 고객을 찾는 것을 포함한다. 그 책임은 기존 제품의 판매직원이 떠맡게 된다. 보다 전략적인 에너지 관리 솔루션의 경우, 슈나이더는 일반적인 고객 접촉자가 구매 결정을 내릴 적임자가 아님을 알게 되었다. 이러한 소위 'C-레벨'(역주: 고위 경영진) 오퍼링을 위해 슈나이더는 경험이 풍부하고 고도로 전문화된 영업사원으로 구성된 소규모의 팀을 개발하고 있다.

슈나이더는 고객이 C-레벨 오퍼링에서 얻는 이점을 학습함에 따라 점차 C-레벨 오퍼링을 채택하는 경향이 있음을 발견했다. 따라서 전문 영업사원의 경우 고객이 원하는 속도에 맞춰 제품 개발을 돕는다는 점에서 제품 개발 팀의 일원으로 평가될 수 있다.

제품 개발의 가속화

고객 정보 통합시스템을 구축하기 위해 슈나이더는 자사의 디지털 상품에 맞춘 새로운 개발 프로세스를 만들었다. 이 회사의 전통적인 제품 개발은 길고 엄격한 연구 개발에 이은 중요한 혁신의 장기적인 수행으로 뒷받침되었다. 반면, DSF에 의해 인도되는 디지털 제품 생산의 주기는 확인된 고객의 요구에서 시작하여 고객이 테스트하고 사용하는 가장 간단한 시제품의 개발을 거쳐 관련된 오퍼링의 지속적인 개선과 확장, 그리고 개발의 단계로 진입한다.

슈나이더는 보다 반복적인 개발 방식과 공동의 혁신을 적용하기 위해 최고 수준의 다양한 동종 기술 회사들과 파트너십을 맺었다. 이러한 과정에는 디지털 상품 개발을 위한 레거시 IT 방법론과 디지털 이전의 제조 R&D 방식에 대한 포기가 포함되었다. 그 결과 슈나이더는 아이디어화에서 산업화에 이르는 시간을 2, 3년에서 1년으로 단축시켰다. 최고 디지털 책임자인 에르베 쿠레유는 서로 다른 접근 방식을 결합하면 제품 개발이 어떻게 개선되는지 다음과 같이 설명했다.

"R&D는 완벽성을 기해야 하기에 제품 출시까지는 시간이 걸립니다. 그리고 그럴 만한 이유가 있죠. 우리 제품에는 안전 기능이 있고 당신에게는 소프트웨어가 있으니, '좋습니다. 실험해봅시다. 다시 한 번 해봅시다. 스타트업이 하는 것처럼 해봅시다. 가장 간단한 시제품을 제공합시다'라고 하는 겁니다. 두 가지 접근 방식을 연결하는 것은 비즈니스 리더들의 흥미로운 과제 중 하나입니다."

슈나이더는 점차 고객 정보 통합시스템을 구축하면서 새로운 디지털 제품으로 매출과 수익을 창출하기 시작했다. 2018년 현재 슈나이더는 자산 관리를 위한 디지털 서비스(예: 예측 유지보수), C-레벨 비즈니스 예측 및 예산 설계를 위한 에너지 자원 관리, 전문 장비의 통합 원격 모니터링을 포함한 약 40개의 디지털 제품을 보유하고 있다. 또 다른 20개의 제품도 곧 출시될 예정이다.

고객 정보 통합시스템 설계

슈나이더의 사례에서 알 수 있듯, 디지털 기업은 고객이 가치 있다고 여기는 것이 무엇인지 학습할 수 있는 능력을 개발한다. 고객 정보 통합시스템을 설계하는 작업의 본질은 자사가 제공할 수 있는 솔루션과 고객이 원하는 솔루션의 교집합을 찾는 데 도움이 되는 역할과 프로세스를 만드는 것이다(〈그림 2.1〉 참조). 고객이 바라는 관여 방식과 고객이 원하는 것이 모두 불확실하기 때문에 디지털 상품의 개발은 아이디어의 실행 가능성을 지속적으로 테스트하는 것을 포함한다. 이 프로세스를 때로 탐색 중심의 기획이라고도 한다. 고객에 대한 통합된 정보력을 갖춘 기업은 현재 또는 잠재 고객의 문제와 불편함, 그리고 욕구에 대한 지식 기반을 구축하여 보다 신속하게 기회를 파악

하고 포착할 수 있다.[8]

슈나이더 일렉트릭을 비롯한 주요 기업들은 고객 정보 통합시스템의 구축을 지원하는 여러 설계 방식을 채택하고 있다. 우리의 조사에 따르면 이러한 관행은 디지털 상품의 매출 증가와 관련이 있다.[9]

- 새로운 고객 가치를 위한 높은 수준의 디지털 비전
- 디지털 기술이 고객 가치를 제공하는 방식을 테스트하는 지속적인 디지털 실험
- 제품 개발, 판매 및 서비스 프로세스의 긴밀한 통합
- 고객과 함께하는 디지털 제품의 개발
- 전형화한 학습 방식의 전사적 공유

높은 수준의 비전

지능적인 에너지 관리 솔루션을 제공하겠다는 슈나이더 일렉트릭의 비전은 어떤 실험을 추구할 것인지에 대한 선택으로 이어진다. 마찬가지로 낮은 비용으로 의료 결과를 개선하겠다는 필립스의 공식적인 비전과 회원들의 재정적 안전을 보장하겠다는 USAA의 비전은 관심 있는 실험을 위한 일반적인 매개변수를 이룬다. 결과적으로, 이러한 비전들은 실험이 단순히 기업의 전략적 추구를 방해할 가능성을 제한한다.

이러한 비전을 우리가 '디지털'이라고 부르지만(디지털 기술에서 영감을 얻었기 때문에), 사실 이것들은 이 기업들의 전반적인 비즈니스 비전이라는 점에 주목할 필요가 있다. 디지털 경제에서 디지털 비

전이란 곧 비즈니스 비전인 것이다.

초기의 많은 비전들은 잠재적인 고객에게 디지털 상품을 제공하겠다는 대략적인 아이디어만 제공한다. 예를 들어, 멕시코에 본사를 둔 글로벌 시멘트 제조업체인 시멕스는 전체 건설 산업의 효율성을 높일 수 있는 고객 경험을 만들겠다는 계획을 가지고 있다. 이 회사는 모바일 앱을 통해 건물 계약자(즉, 고객)의 계약 내용과 주문 상태를 파악할 수 있는 시멕스고(CEMEX Go)라는 디지털 플랫폼을 개발함으로써 그 비전을 실현하기 위한 노력을 시작했다. 시멕스는 시멕스고를 중심으로 새로운 기능과 솔루션을 실험하면서 건설 산업의 효율성을 높이는 방법을 배우게 될 것이다.[10]

전통적으로 약을 개발하고 판매해온 한 제약회사는 이제 질병 전문가로서 더 넓은 비전을 상상하고 있다. 이 비전은 약물 개발과는 별도로 질병의 예방과 진단, 치료에 초점을 맞춘 실험을 장려한다. 약품을 제공하는 것에서 질병과 싸우는 것으로의 이러한 비전 전환에서 이 회사는 이미 보유하고 있거나 쉽게 접근할 수 있는 방대한 데이터를 활용할 수 있을 것으로 기대하고 있다. 이것은 분명히 약품 외에도 생활방식의 변화, 식습관의 변화, 또는 유전자 치료를 포함할 수 있는 광범위한 서비스에 의해 제공되는 새로운 가치 제안으로 이어질 것이다. 이러한 상품의 수익 모델은 약물과는 분명 다를 것이다. 기업은 고객이 어떤 상품에 지갑을 열 것인지 어떻게 알게 될까? 실험을 통해서다.

고객에 대한 통찰이 축적되면 기업의 비전은 진화하기 마련이다. 예를 들어, 싱가포르에 본사를 둔 금융서비스 회사인 DBS 은행은 2010년부터 "아시아의 선택받은 은행"이 되겠다는 목표를 추구하기 시작했다. 2014년까지 이 회사는 "은행 업무를 눈에 보이지 않게 하는 데" 열중했다. 2018년 비전은 "Live More, Bank Less"라는 브랜드 포지션을 앞세운 "은행 업무 즐겁게 만들기"였다. DBS의 발전된 비전은 먼저 DBS를 고객과 직원이 선택할 수 있는 은행으로 자리 잡게 하는 데 일조했다.[11] 2017년과 2018년에 DBS는 DBS 웹사이트에 자동차, 부동산, 전력 시장을 제공하기 시작했다. 간단히 말해, 디지털 비전은 실험의 방향을 지시한다. 그러면 또 예외 없이 실험이 비전을 재구성한다.

끊임없는 실험의 연속

실험 역량이 무한한 회사는 없지만, 일반적으로 더 많은 실험의 수행은 더 많은 학습으로 이어진다. 슈나이더는 가장 간단한 시제품을 개발함으로써 아이디어의 잠재력을 신속하게 평가하고, 고객에게 반향을 얻지 못하는 아이디어를 폐기함으로써 역량 문제를 관리한다.

DBS 은행은 디지털 혁신에 대한 책임을 회사 전체에 분산시켰다. 동남아 최대 은행(운용 자산 기준)인 DBS는 18개 시장 900만 고객에게 전폭적인 금융 서비스를 제공하고 있다. 2015년에는 22,000명의 직원이 은행 전체에서 1,000개의 소규모 실험을 동시에 실행했다. 이러한 실험 중 일부는 빠르게 폐기되었고, 다른 일부는 디지털 상품이나 고객을 위한 서비스 기능으로 진화했다.

DBS는 고객에 대한 통찰을 공유하기 위해 사내 크라우드소싱, 고객 경험 연구소, 해커톤, 외부 파트너십, 핀테크 스타트업 육성, 기술 스캐닝 등의 기법으로 아이디어 생성 및 테스트를 자극한다. 아주 높은 평가를 받는 하나의 이니셔티브가 고위직 리더와 해커톤의 젊은 기술 담당자를 서로의 파트너로 만든다. 회사는 이러한 실험이 젊은 직원들로 하여금 중요한 비즈니스 문제에 집중하게 하면서 고위 임원들이 디지털 기술이 창출하는 가능성을 인식하게 하는 데 도움이 된다는 것을 알게 되었다.[12]

DBS에서 테스트할 가치가 있는 아이디어가 나오는 주요 출처는 고객 여정에 대한 조사인데, 이 여정에는 고객이 기업과 상호작용하며 겪는 전체 경험의 지도를 그리는 과정이 포함된다. 설계자는 고객이 DBS 상품을 사용하기로 결정하는 것과 같은 결정적인 순간에 고객의 마음속에 들어가 자신이 고객인 것처럼 느껴보려 한다. 설계자들은 때때로 '가상의' 고객을 만들어 그에게 이름, 나이, 직업을 부여하고 그 고객이 겪는 것들을 이해하기 위해 모기지나 신용카드를 신청하는 여정을 할당한다. 그런 다음 고객이 무엇을 생각하고 어떤 감정을 경험하고 있는지, 그들의 우려 사항이 무엇인지 심사숙고한다. 이러한 통찰을 바탕으로 진일보한 고객 경험을 얻으려 한다.[13]

DBS의 각 사업부의 최고 경영진 중 한 명이 '고객 여정 경험' 팀을 이끌며, 해당 사업의 제품 책임자와 기능 책임자, 그리고 지역 책임자의 동료로서 함께 일하고 있다. 고객 여정 경험 팀은 제품 팀과 협력하여 '여정-사고(journey-thinking)'가 실험에 영감을 줄 수 있게 한다.

DBS의 고객 통찰에 대한 추구와 끝없는 실험은 기대했던 성과를 내고 있다. 2016년과 2018년에 DBS는 『유로머니』로부터 "세계 최고의 디지털 은행"이라는 찬사를 받았다. 2018년에 『글로벌 파이낸스 매거진』 역시 DBS를 "세계 최고의 은행"으로 꼽았다.[14]

토요타 자동차 북미사업부(TMNA)도 디지털 실험을 육성하는 다양한 접근법을 도입했다.[15] 현재 이 회사의 최고 디지털 책임자인 잭 힉스는 CIO로 재직할 당시에 직원들이 회사의 다른 사람들과 혁신 아이디어를 공유하고 투자 유치와 자기 아이디어의 발전을 놓고 경쟁하는 혁신 박람회를 도입했다. 패배한 팀들도 다양한 출처로부터 자금을 지원받을 수 있었다. 이 개념은 토요타 자동차의 글로벌 혁신 박람회에 흡수되었다.

혁신 박람회는 TMNA가 실험과 혁신을 장려하는 여러 방식 중 하나일 뿐이다. 예를 들어, TMNA에는 점잖은 '샤크 탱크' 역할을 하는 iCouncil이라는 제도가 있다. 이사급 직위와 예산을 가지고 있는 iCouncil의 구성원들은 아이디어가 있는 사람이 비즈니스 사례를 개발하도록 돕거나, 이사 예산 또는 특별 CIO 기금에서 투자 유치를 받도록 지원하거나, 간단한 애플리케이션을 개발할 수 있는 IT 담당자와 팀을 구성하도록 도울 수 있다.

TMNA는 또한 두 명의 계약자가 새로운 아이디어를 시도하려는 개인에게 최대 30시간의 개발 시간을 제공하는 IT 내의 작은 공간인 '정비소(The Garage)'를 설립했다. 정비소를 통해 사람들은 일반적인 자금 조달 과정을 우회하여 콘셉트의 실행 가능성을 입증할 수 있는 프로토타입을 만들 수 있다. 정비소는 아이디어를 실험해보려는 사람들에게 아이패드와 서버 공간 같은 장비들도 제공한다. 유망한 아이디어는 특정 사업부에 소개되거나 혁신 박람회에 초대될 수도 있다.

마지막으로, TMNA IT는 개인이 혁신 아이디어를 게시하여 피드백을 받을 수 있는 킥스타터 유형의 애플리케이션을 개발했다. 이 앱은 특히 창의적이지만 테스트하기에는 너무 원시적인 아이디어에 적합하다. 사용자는 아이디어를 포럼에 공유할 수 있는데, 다른 사용자들은 이곳에서 엄지손가락을 위로 올리거나 아래로 내리는 식으로 응답하거나 개념을 발전시키는 데 도움이 될 제안을 할 수도 있다.

TMNA의 이니셔티브에서 발생하는 대부분의 실험은 고객 경험을 대상으로 한다. 고객이 선호하는 차량을 온라인으로 구성하기 시작한 후 딜러와 효율적으로 상호작용할 수 있도록 도와주는 앱과 같이 비교적 단순하고 빠르게 개발된 것도 있다. 하지만 경우에 따라서는 TMNA의 소규모 실험으로 제품이 변경되거나 새로운 제품이 출시되기도 한다. 예를 들어 차내 안전과 GPS, 그리고 엔터테인먼트 서비스를 위한 통신 및 위성 시스템의 적용은 여러 실험을 통해 이루어진 혁신 사례이다.

긴밀하게 통합된 제품 개발과 판매, 그리고 서비스 프로세스

우리의 연구에 참여한 많은 비즈니스 리더들은 고객이 매력적인 가치 제안을 호의적으로 받아들이기까지 얼마나 오랜 시간이 걸릴 수 있는지에 대해 놀라움을 표시했다. 새로운 가치 제안에 대해 고객은 항상 다양하게 반응한다. 그리하여 권력 구조를 중단하거나 전문 지식을 바꾸거나 새로운 데이터에 응답하도록 만든다. 위에서 언급했듯이, 슈나이더 일렉트릭은 자사의 'C-레벨' 지능형 에너지 관리 솔루션을 판매하고 알리기 위해서는 전혀 다른 영업력이 필요하다는 사실을 알게 되었다.

ING 다이렉트 스페인은 새로운 제품으로 고객의 요구를 완벽하게 해결할 수 있도록 지원하는 교차 기능 팀에 의존한다.[16] 제품 관리, 마케팅, 운영, IT, 신용 위험 및 운영 리스크와 같은 기능들은 제품을 정의하는 극히 초기 단계부터 함께 작동한다. 이러한 교차 기능 팀의 이점은 서로 다른 관점을 결합하여 상호 도전을 장려하는 것이다. 이와 같은 상호 도전은 회사가 지원할 여유가 없거나 고객의 번거로움을 야기하는 제품을 설계할 위험을 줄인다. 이를 통해 ING 다이렉트 스페인은 비즈니스의 복잡성을 제한할 수 있었다. ING 다이렉트 스페인의 전 COO인 베르너 치폴트는 새로운 제품을 생산하기 전에 매우 다른 관점을 제시하는 것의 가치에 대해 다음과 같이 설명했다.

이러한 도전을 극복하고 살아남은 모든 아이디어는, 차후에 운영 복잡성을 실제로 어떻게 관리할 것인가 하는 측면에서 충분한 검토를 거쳤다는 일종의 보증이 있습니다. 왜냐하면 그 복잡성을 정의내리는 데 실제로 도움이 되는 운영과 IT 담당자들이 있으니까요. 그들은 해결책을 제시하거나 우리가 하는 방식을 비틀어 훨씬 더 단순하게 만들 수 있습니다. 여러분은 비즈니스 측면에서 도전할 수 있어야 합니다. "내 관점에서 보건대, 당신은 정말로 추가된 가치가 복잡성의 증가를 정당화한다고 확신합니까?"

잠재적인 제품을 창구 부문과 배후 부문의 전문가에게 모두 노출하는 것은 복잡성을 표면화하며, ING 다이렉트 스페인이 보다 관리하기 쉬운 시스템과 프로세스를 갖게 해주었다. 이러한 시스템과 프로세스는 회사가 디지털 상품을 개발할 때 재사용을 뒷받침한다.

고객이 참여하는 디지털 제품 개발

고객 통찰을 구축하기 위한 슈나이더의 접근 방식에는 일찍부터 자주 고객과 직접 협력하는 것이 포함된다. 디지털 혁신은 고객이 제품을 기꺼이 구입하려고 할 경우에만 빛이 난다. 모든 기업은 고객이 원하는 것이 무엇인지에 대해 잘못 추측해왔다. 공유된 고객 통찰이라는 자산을 보유한 기업은 이런 잘못된 추측을 신속하게 식별하고 수정할 수 있다.

의료 서비스를 재정의하려는 필립스의 시도는 의료 서비스 제공업체와 보험사, 그리고 개인 소비자를 포함한 고객들이 무엇을 구입하고 사용할 준비가 되어 있는지에 크게 좌우된다. 고객에게는 저마다의 습관이 있으며, 습관을 바꾸는 것이 주는 이점이 명백해 보일 때조차 항상 고치려고 하지는 않는다. 필립스의 노력은 산업적 복잡성에 의해 더욱 방해받고 있다.

지속적인 도전 중 하나는 많은 의료적 개선이 한쪽에게는 도움이 되지만 다른 한쪽에게는 부정적인 영향을 미친다는 것이다. 예를 들어 보험사들은 환자들이 수술에서 빨리 회복되기를 바라지만, 병원의 경우 침대가 비면 수익이 줄어든다. 마찬가지로, 개인이 건강을 유지하도록 돕는 것은 보편적인 바람이다. 그렇지만 보험 회사들은 사람들의 건강을 유지하는 데 드는 추가적인 비용을 (그 비용이 언제나 예방 가능한 질병이나 상태를 치료하는 것보다 낮을지라도) 항상 기꺼이 부담하려고 하지는 않는다.

의료 서비스 솔루션 개발의 복잡성과 불확실성으로 인해 필립스는 HealthSuite Lab 워크숍처럼 고객과 함께하는 노력에 상당한 자원을 투자했다. 여러 회기에 걸친 HealthSuite Lab 워크숍의 목적은 고객의 가장 시급한 문제가 무엇인지 알아보고 이를 해결할 방법, 즉 고객이 기꺼이 비용을 지불하고자 하는 서비스가 무엇인지 파악하는 것이다. 필립스의 웰센티브(Wellcentive)와 '가족 병원 서비스(Hospital to Home)'의 비즈니스 리더인 마누 바르마는 이렇게 말했다. "고객의 문제가 무엇인지 우리가 항상 알지는 못합니다. 고객들은 자신이 무엇을 원하는지 모릅니다." HealthSuite Labs는 양측을 모두 일깨우기 위해 고안된 상담 과정이다.

HealthSuite Labs 계약을 체결할 때 고객(일반적으로 의료 제공업체)과 필립스는 복잡한 의료 문제를 함께 해결하기로 합의한다. 이를 위해 HealthSuite Labs 세션에는 일반적으로 공급자(병원 관리자, 의사, 간호사)와 환자, 그리고 지급자(보험 회사, 정부기관)가 함께 참여한다. 총 12명에서 40명의 사람이 HealthSuite Labs 세션에 참여할 수 있으며, 그중 많은 이들은 정기적으로 서로 이야기를 나눌 수 있는 위치에 있지 않다. 베네룩스에 위치한 의료 정보 및 필립스 통합치료센터(Connected Care for Philips)의 비즈니스 리더인 마크 판 메겔런은 HealthSuite Labs에 참여한 충격을 다음과 같이 설명한다.

과거에 우리는 환자에 대해 많은 대화를 나눴지만, HealthSuite Labs를 개척하기 이전에 저는 실제로 환자를 만난 적이 없었습니다. 환자들이 질병으로 인해 져야 하는 부담 때문에, 저는 숙연해졌습니다. 그들이 지원받는 방식은 최적과는 거리가 멀어요.

HealthSuite Labs의 학제적이고 협력적인 접근 방식을 통해 팀들은 어려운 의료 문제를 해결할 수 있다. 그들이 제안한 솔루션은 단일한 이해 관계자의 프로세스나 결과를 개선하기보다는 전반적인 의료 서비스 시스템을 개선하는 데 목표를 두었다. 예를 들어 어떤 HealthSuite Labs 계약은 보상 계획을 재설계함으로써 모든 당사자가 이익을 얻고 시스템 전체적인 성과 및 비용의 관점에서 최선의 조치를 할 수 있도록 장려할 수 있었다.

전사에 걸친 학습의 공유

슈나이더는 디지털 서비스 팀을 디지털 비즈니스 부서로 통합하고 CEO에게 직접 보고하게 했다. 이 부서는 고객 및 디지털 기술에 대한 학습을 축적하고 공유하는 책임을 진다. 이러한 학습의 공유는 자사의 디지털 제품을 지원하는 슈나이더 에코스트럭슈어(EcoStruxure) 플랫폼에 기능을 구축하는 데 도움을 준다. 또한 제안된 여러 실험 중 가장 유망한 것이 무엇인지에 대한 통찰도 제공한다.

수십 년에 걸친 제품 개발 경험은 고립된 혁신의 위험성을 입증했다. 특히 혁신은 활기찬 비즈니스 모델의 핵심을 이루지만, 그럼에도 가치를 창출하지 못하고 비즈니스의 복잡성만 더하는 결과를 낳을 수 있다.[17] 실험이 현지에서 이루어지고 학습이 공유되지 않을 때 이런 일이 벌어진다. 기업들은 새로운 고객 가치 제안으로 이어질 수 있는 제품 라인이나 사업 부서를 넘어서 데이터와 제품, 그리고 서비스를 통합할 기회를 잃어버리게 된다.

일부 회사들은 전문가들이 자사의 다른 부서로부터 가르침을 얻을 수 있는 우수 인력 센터를 만들었다. 예를 들어, 직원이 7만 명에 달하는 스페인의 인프라 회사인 페로비알(Ferrovial)은 신규 사업을 위한 경쟁력 있는 입찰을 개발할 수 있도록 팀을 지원하는 25명의 직원으로 구성된 혁신센터를 만들었다. 혁신센터는 앞서 개발된 관련 솔루션이나 잠재적인 외부 파트너, 또는 시장에 출시된 솔루션에 관한 정보를 찾아 제공한다. 혁신센터는 혁신적인 입찰을 개발하는 데 방해가 되는 모든 문제를 해결하고자 한다. 그렇게 함으로써 센터는 국지적으로 남아 있을 수 있는 전문 지식을 재사용한다.[18]

또 다른 방식으로, 몇몇 기업은 혁신 전문가들과 도구를 비즈니스에 직접 투입한다. DBS의 고객 여정 경험 팀은 다른 부서의 직원들이 고객 여정에 대한 질문에 답하는 방법을 배울 수 있도록 돕는다. 때로 이들은 같은 방식으로 분산 배치된 애널리틱스 팀과 협력한다.

고객 통찰을 공유하는 문화 만들기

디지털이 불러온 파괴에 대한 공포 그리고/또는 디지털의 탁월함에 대한 두려움에 이끌린 기업들은 디지털 기술과 고객 이익 모두에 대한 통찰을 축적하기 위한 조직적 역할과 프로세스를 설계하고 있다. 이를 통해 그들은 디지털 성공을 위한 조직적 자산을 구축한다.

이 자산을 구축하려면 기존의 관리 관행과 개별적 습관을 파괴해야 한다. 다시 말해, 기업 문화에 변화가 필요하다. 제품 개발을 위해 반복적인 테스트와 학습을 하는 방식을 취하는 것은 전통적인 기업에서 최고 자리에 오른 거의 모든 이들에게 낯선 개념일 것이다. 예를 들어, 제약회사에는 10년의 개발 주기가 있다. 자동차 제조사는 많은 경우 신차 개발과 테스트, 출시에 5년이 걸린다. 이런 긴 사이클은 막대한 자원의 투입을 함의한다. 이는 '대박' 전략의 사업이다.

대부분의 디지털 혁신은 훨씬 더 작은 규모의 투자이다. 그 작은 베팅 중 몇 개는 아주 큰 거래가 될 수 있지만, 대부분은 버려질 것이다. 각 플레이어가 경주가 시작되기 전까지 어떤 말이든 베팅할 수 있는 카니발 게임을 상상해보라. 일단 경주가 시작되면, 베팅한 사람은 그저 이기기를 바랄 뿐이다. 디지털 실험을 하는 것은 게이트에 있는 모든 말에 적은 금액을 걸고 경주 중 다양한 지점에서 베팅을 늘릴 수 있는 선택권을 갖는 것과 같다. 승자가 거의 확실해질 때까지 큰 베팅을 할 필요는 없다. 공유된 고객 통찰이라는 빌딩 블록을 통해 기업은 정확히 이러한 방식으로 투자할 수 있다.

고객 통찰 제대로 얻기

디지털 상품을 개발하려면 디지털 기술이 자사의 가치 제안을 새롭게 하는 데 기여할 수 있는 것과 고객이 가치 있다고 여기는 것 사이의 교차점을 찾아야 한다. 최적의 지점을 찾기 위해서는 디지털 상품을 개발하는 데 테스트와 학습을 반복하는 방식을 장려하는 형태로 인력과 프로세스 및 기술을 구성해야 한다. 사람들은 새로운 프로세스에 의해 인도되고 새로운 기술과 데이터에 의해 가능해진 새로운 습관을 익혀야 한다. 이 장에서는 다음과 같은 핵심 사항을 설명함으로써 공유된 고객 통찰을 제대로 얻기 위한 노력을 지원하고자 하였다.

• 공유된 고객 통찰은 기업이 개발할 수 있는 디지털 제품과 고객이 가치 있게 여기는 것을 테스트하는 실험을 끊임없이 수행함으로써 발생한다. **디지털 상품에 대한 아이디어를 직원들이 테스트하고 학습하고 공유하도록 장려하기 위해 귀사가 개발할 수 있는 메커니즘(연구실, 경연대회, 벤처 자금 조달 소스, 혁신자의 역할, 고객 참여 프로세스)은 무엇인가?**

• 테스트와 학습을 반복하는 방식은 가설을 세우고 실험하고 데이터를 모으고 결과를 측정하고 그 성과물을 이용하여 다음 단계를 밟는 증거에 기반한 문화를 요구한다. **귀사는 증거에 기반한 문화를 가지고 있는가? 테스트하고 학습하는 능력을 향상시키기 위해 무엇을 할 수 있는가?**

• 디지털 실험은 비전에 따라 진행되어야 하지만, 비전은 실험 결과에 따라 진화할 것이다. 이렇게 하면 성공적인 디지털 제품에 집중할 수 있다. **당신이 (디지털) 회사에 대해 구상하는 가치 제안에 대해 귀사의 직원들은 모두 알고 있는가? 그 가치 제안을 제공하고자 노력하는 과정에서 어떤 성공과 실패를 겪었는지 누구나 알고 있는가?**

공유된 고객 통찰은 초기의 디지털 상품을 식별하는 데 유용하다. 시간의 흐름에 따라 디지털 상품의 포트폴리오를 지속적으로 개선하고 발전시키는 데도 매우 중요하다. 공유된 고객 통찰을 얻기 위해 들인 습관들은 오랫동안 써먹을 수 있는 귀사의 자산이다. 그것은 민첩성을 높여줄 뿐만 아니라 귀사의 다른 빌딩 블록에 필요한 중요한 사항에 집중하는 데 도움이 될 것이다.

3
운영 백본 구축하기

타이타닉에 대한 사실과 전해오는 이야기는 당시 이 선박이 얼마나 경이롭고, 화려하고, 흥미진진했는지를 잘 알려준다. 이 배는 어떤 배와도 비교할 수 없는 고객 만족을 주었다. 타이타닉은 안전(방수 처리된 선실과 원격제어가 가능한 문을 포함)과 안락감(수영장, 실내 체육관, 도서관, 고급 레스토랑, 호화로운 객실 등)의 세세한 부분까지 고려하여 설계되고 건조되었다. 우리가 꼭 타보고 싶어했던 그런 배였다. 침몰하기 전까지는.

기업은 디지털 여정을 떠날 때 경이로울 정도의 새로운 가치 제안을 추구한다. 이것은 흥미로운 전망이다. 하지만 조직의 리더는 디지털 여정을 시작할 때 이 중요한 질문에 답할 수 있어야 한다. 디지털 추진 노력을 좌초시킬 수 있는 운영상의 문제를 어떻게 피할 것인가?

디지털화 ≠ 디지털

이미 언급했듯이 디지털 기업은 디지털 제품과 서비스를 제공한다. 디지털 제품과 서비스를 개발할 때, 비즈니스 리더들은 고객에게 솔루션을 제공하기 위해 디지털 기술을 적용한다. 그러나 디지털 기술은 새로운 가치 제안뿐 아니라 현재의 운영에도 영향을 미친다.

우리는 디지털 기술의 이 두 가지 잠재적 영향력을 디지털화와 디지털의 차이로 구분하고자 한다. 디지털 기술로 디지털화하는 것은 SMACIT와 관련 기술을 이용하여 비즈니스 프로세스와 운영을 효율적으로 수행하는 것을 말한다. 디지털화의 예는 다음과 같다. 사물인터넷 기술은 분산 배치된 장비나 그 장비의 운영을 자동으로 지원한다. 모바일 컴퓨팅은 직원에게 매끄러운 업무 환경을 제공한다. 인공지능은 반복적인 관리 프로세스를 자동화할 수 있다. 이와 같은 디지털 기술의 활용은 당연히 기업에 도움을 줄 수 있으나, 이 기술들은 단지 기업을 디지털화하는 것이지 디지털 기업으로 만드는 것은 아니다.

이와 대조적으로, 디지털은 혁신을 확장하고 가속화한다. 디지털은 SMACIT를 비롯한 관련 기술을 활용하여 디지털 제품과 서비스를 제공한다.

디지털화는 운영의 효율성을 향상시키는 반면, 디지털은 고객 가치 제안의 수준을 높인다. 디지털화와 디지털의 개념을 혼동하지 않는 것은 중요하다. 실제로는 디지털화를 하면서 디지털 전환을 주도하고 있다고 생각하는 기업의 임원들이 있다면, 이들의 노력은 기존의 가치 제안에서 운영 우수성을 달성하고자 하는 것에 지나지 않는다. 이런 노력은 단기간에 걸친 경쟁력을 올릴 수 있으나, 디지털 성공으로 인도하지는 못할 것이다. 우버와 리프트(Lyft)가 등장할 때 기존의 가장 우수한 택시회사가 어떤 한계를 지닐지 생각해 보라.

그렇지만 애석하게도 기존의 기업들이 디지털 혁신을 위해 운영의 우수성을 포기할 수 있는 것은 아니다. 어디든 존재하는 데이터에의 접근성, 무제한적 연결성, 막대한 처리 능력 등을 보유하고 있는 현재의 IT 기술을 고려할 때, 인간의 개입이 허용되는 영역은 넓지 않다. 빠르게 움직이는 디지털 비즈니스 환경에서 작업자는 제대로 작동되지 않는 운영 프로세스를 유지하면서 빈둥거릴 시간이 없다. 작업자는 운영, 의사결정, 아이디어 탐색 등의 업무가 있다. 시스템, 프로세스, 데이터는 고객과 종업원의 업무 수행을 용이하게 해주어야 한다. 리더는 불을 끄는 데 역량을 낭비할 수 없다. 리더는 새로운 통찰을 얻고, 이 통찰을 행동으로 옮기는 데 시간을 투입해야 한다.

기업에서 운영의 우수성은 좋은 아이디어 수준이 아니고 '반드시 보유해야 하는' 것으로 변화했다. 전사자원관리(ERP, Enterprise Resource Planning) 시스템의 구축과 같이, 이전에 디지털화의 목표는 비즈니스 전환이었다. 지금, 디지털화는 디지털 전환의 필수적인 전제조건이 되었다.

운영의 우수성은 기본이다

디지털 비즈니스 환경에서 디지털화와 그 결과물인 운영 우수성의 중요성을 이해하기 위해 쉽게 이렇게 상상해보자. 대부분의 상품이 고객에게 제때 도착하지 않는다면 아마존은 과연 얼마나 성공적일 수 있을 것인가? 혹은 우버의 고객 지불 시스템이 격주 간격으로 작동하지 않는다면?

신속함의 필요성은 기업이 효율성을 높이고 시간과 비용을 최소화할 것을 요구한다. 따라서 운영의 우수성은 더 이상 경쟁 우위의 원천이 아니다. 그것은 포커판의 기본 베팅 금액과 같다.

운영의 우수성을 말하는 것은 분명 실천하는 것보다 훨씬 쉽다. 대부분의 대기업은 오랫동안 사업부나 기능 단위의 독립적인 사일로 조직으로 운영되었다. 비즈니스 리더는 사일로 내에서의 목표 달성을 위해 필요한 시스템, 데이터, 프로세스 등을 구축하였다. 이런 이유로, 비즈니스 리더들은 구축된 시스템과 프로세스가 궁극적으로 어떻게 다른 비즈니스 영역들과 조화를 이루어 조정되어야 하는지 고려하지 못하는 경우가 대부분이었다. 향후에 통합 요구가 발생할 때, 리더들은 눈앞의 목표를 달성하기 위해 시스템과 프로세스를 만지작거리는 수준으로 대응하기 일쑤였다. 시간이 지나면서, 좁은 영역에 초점을 맞춘 시스템과 프로세스, 그리고 그것에 적용된 임시방편 조치는 자동화 프로세스와 수작업 업무 프로세스의 조합과 신뢰할 수 없는 데이터라는 값비싼 결과를 초래하였다.(이 문제의 시각적 표현은 〈그림 3.1〉을 참고하라.)

일반적으로, 기업은 로컬 시스템과 프로세스를 연계하고 의미 있는 데이터를 추출하기 위해 다양한 역할을 수행하는 직원들을 동원한다. 〈그림 3.1〉에 제시된 것처럼 이 직원들은 개별 사일로 형태의 시스템, 프로세스, 데이터를 다양한 방법으로 서로 연결한다. 예를 들면, 그들

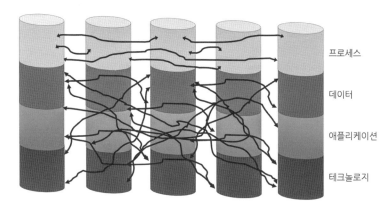

프로세스

데이터

애플리케이션

테크놀로지

〈그림 3.1〉 사일로 형태의 시스템, 프로세스, 그리고 데이터

은 (1) 여러 사일로 시스템으로부터 모든 데이터를 하나의 스프레드
시트에 복사하고 (2) IT 부서에 의뢰하여 다른 시스템들의 데이터와
한 번만 연결되는 일회성 링크를 구축하여 (3) 자동화된 두 시스템 사
이에 수작업 프로세스를 삽입하여 마치 전체 시스템이 통합된 것처
럼 보이게 한다. 우리는 이와 같은 연계작업을 수행하는 직원을 영웅
시하는 경향이 있고, 이런 직원들에 의해 비즈니스는 중단 없이 유지
된다. 그러나 그들이 사용하는 시스템과 맞물려 그들이 투입한 노력
의 실제 결과는 너무나 복잡한 운용 환경을 만들어내며, 결과적으로
이런 기업은 신속하지 못하고, 비효율적이고, 높은 위험에 노출된다.

디지털 비즈니스는 개별 영웅들에 의존하는 프로세스에서 오래 살
아남기 힘들다. 일반 앱 사용자의 요구를 충족시키기 위해, 모바일 트
랜잭션은 신뢰성과 끊김 없는 연결성을 반드시 제공해야 한다. 이는
기업이 디지털 경제에서 활동하려면 제대로 기능하지 않는 시스템과

프로세스를 운영 백본으로 교체해야 한다는 의미이다.

디지털 비즈니스는 운영 백본 위에 구축된다

운영 백본은 전사적 시스템(enterprise systems, 역주: 기업 전반에 걸친 프로세스와 그 데이터가 통합 환경에서 제공되는 시스템), 데이터, 기업의 핵심 운영을 지원하는 프로세스의 유기적 집합체이다. 운영 백본은 복잡하게 얽히고설킨 레거시 시스템(legacy system, 역주: 사일로 형태의 시스템으로 기업의 핵심 기능을 전산화한 것. 오랫동안 운영되고 점진적으로 기능이 추가되어 규모가 크고 데이터의 축적량이 많은 시스템이므로 새로운 시스템으로 개발하는 데 많은 비용과 시간이 필요하다), 프로세스, 사일로 형태의 비즈니스 조직에서 생성되는 데이터를 표준화와 공유가 가능한 시스템과 프로세스, 데이터로 교체한다. 〈그림 3.2〉는 운영 백본을 도식화한 것이다.

운영 백본은 신뢰성이 있고, 안정적이며, 안전한 운영을 보장함으로써 사업 성공에 기여한다. 운영 백본은 구체적으로 다음의 네 가지 일을 수행한다.

1. 처음부터 끝까지 트랜잭션 처리를 매끄럽게 지원한다.
2. 신뢰성과 접근성을 갖춘 마스터 데이터를 제공한다.(즉, 마스터 데이터는 조직에서 사실의 유일한 공급처가 되어야 한다.)
3. 트랜잭션과 다른 핵심 프로세스에 대한 가시성을 제공한다.
4. 반복적인 비즈니스 프로세스를 자동화한다.

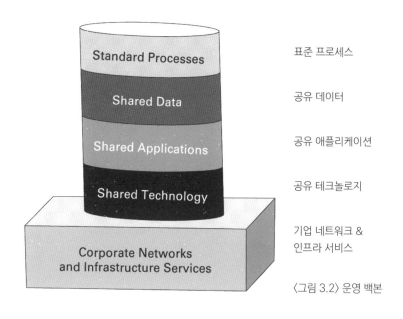

표준 프로세스

공유 데이터

공유 애플리케이션

공유 테크놀로지

기업 네트워크 &
인프라 서비스

〈그림 3.2〉 운영 백본

운영 백본의 장점은 매우 많다. 운영 백본은 시스템, 프로세스, 데이터에 존재하는 부가가치를 제공하지 않는 변동성을 없애거나 상당 수준 낮춤으로써 수익, 고객 만족, 혁신에 기여한다. 이를 통해 기업을 디지털 비즈니스로 자리 잡게 해준다. 사실 우리가 수행한 연구 결과에 따르면, 운영 백본을 도입한 기업 또는 위에 제시한 네 가지 특성을 보이는 기업은 경쟁 기업보다 민첩하고 혁신적이었다.[1]

> 효과적인 운영 백본을 보유한 기업은 운영 백본을 보유하지 않은 기업에 비해 2.5배 더 민첩하고(민첩성은 신제품을 개발할 때 서비스의 재사용 횟수로 측정함), 44% 더 혁신적인(혁신성은 매출액에서 신제품이 차지하는 비율로 측정함) 것으로 나타났다.[2]

한 예로 북미 패션 소매점인 노드스트롬(Nordstrom)을 보자. 경쟁이 매우 치열한 소매 산업에서 노드스트롬은 온라인과 디지털 서비스를 통한 영업 활동의 선도 기업이었다. 구매자, 공급사슬 관리자는 물론 판매직원까지도 노드스트롬의 운영 백본을 통해 재고 현황과 특정 재고 아이템이 어디에 있는지 확인할 수 있었다. 이 같은 높은 수준의 투명성은 판매직원에게 상품을 이동시킬 수 있는 권한을 부여하여, 노드스트롬은 자기들이 약속했던 편리하고 개인화된 서비스를 제공할 수 있었다. 오늘날 이런 투명성 덕에 온라인 고객은 원하는 아이템이 노드스트롬의 창고나 매장 어느 곳에 있든지 주문할 수 있고, 매장과 온라인 서비스 사이를 자유롭게 오갈 수 있다.[3]

노드스트롬의 백본이 디지털 서비스를 지원한 반면, 유럽의 한 소매점은 '클릭-수령'이라는 서비스로 고객을 당혹하게 만들었다. '클릭-수령' 서비스는 고객이 온라인으로 주문한 아이템을 자기가 살고 있는 인근 지역 매장에서 수령할 수 있다고 공지했으나, 고객은 지정한 매장에 갔다가 주문한 아이템이 준비되지 않은 경우를 맞닥뜨리곤 했다. 노드스트롬은 디지털화가 되었으나, 그 유럽 소매점은 디지털화를 실현하지 못한 것이다.

글로벌 시멘트 회사인 시멕스는 매우 높은 평가를 받는 운영 백본인 시멕스 웨이(CEMEX Way)를 보유하고 있다. 1990년대 중반 시멕스는 표준화된 시스템과 비즈니스 프로세스 개발, 구축, 그리고 지속적인 개선을 위한 방안으로 전 세계에 흩어져 있는 사업체에 시멕스 웨이를 도입했다. 시멕스 웨이는 시멕스의 비즈니스 시스템과 프로세스를 전사적으로 개선할 수 있는 역량을 제공했다. 또한 시멕스 웨이는 이후 15년간 일련의 인수 기업들을 신속하게 통합할 수 있게 해주었다.[4]

보다 최근에, 시멕스는 전 세계에 걸친 표준화된 프로세스와 운영 효율성을 바탕으로 시멕스 고(CEMEX Go)의 개념 정립부터 시스템 구축까지의 시간을 대폭 단축할 수 있었다. 시멕스 고는 시멕스의 디지털 플랫폼으로, 디지털 서비스를 제공하는 기반이다. 초기에 멕시코와 미국에 출시되었던 시멕스 고는, 운영 백본의 기능이 점차 확장됨에 따라 이 운영 백본을 지렛대로 활용하고 있다.

미국에서 천만 고객에게 통합 건강관리 서비스를 제공하는 업체인 카이저 퍼머넌트(Kaiser Permanente)는 전자 건강기록 시스템을 중심으로 운영 백본 시스템을 구축했다.[5] 카이저는 고객의 건강정보 통합과 정확성을 보장함으로써 여러 의료 시설과 서비스 기관의 고객에게 수준 높은 케어를 제공할 수 있었다. 이러한 역량으로 카이저는 동종업계에서 높은 고객 만족도를 달성했다.[6] 또한 카이저의 운영 백본은 모바일 앱을 신속히 구축할 수 있는 기반을 제공했다. 얼마 지나지 않아 카이저는 환자와 서비스 공급자 간 협업 증진이라는 비전을 달성하기 위한 서비스를 시작했다.

많은 비즈니스 리더들은 오래전부터 운영 백본 같은 시스템이 가치가 있을 것이라고 믿었다. 그래서 많은 기업이 어지럽게 존재하는 레거시 시스템들을 말끔히 정리하려는 노력을 수년간 진행했다. 디지털 전환은 빠른 시간 내에 운영 백본을 구축할 것을 요구한다. 우리가 수행한 연구에 따르면, 운영 백본은 공유된 고객 통찰과 함께 디지털 전환을 구성하는 핵심적인 요소이다. 달리 말하면, 운영 백본을 보유하지 않는 것은 디지털 성공의 큰 장애 요인이다.

> 기존 기업의 임원 중 44%가 운영 백본을 "현재 디지털 전환으로 가는 데 가장 큰 장애물인 구성요소"라고 밝혔다.[7]

기존에 설립된 대부분의 기업은 여러 해 동안 운영 백본을 구축하고 개선하려고 노력했다. 통상적으로 이런 노력은 전사자원관리(ERP) 시스템, 고객 관계 관리(CRM) 시스템, 핵심 금융 엔진, 전자의료기록(EMR) 시스템 등을 중심으로 이루어졌다. 레고 그룹은 성공적으로 운영 백본을 구축하여 운영의 우수성을 뒷받침하고 디지털 기업으로 전환한 좋은 사례이다.

LEGO 그룹: 운영 백본 구축 사례

2004년 외르겐 비 크누스토르프가 대표이사로 취임했을 때, 레고 그룹은 파산 직전이었다.[8] 소비자의 변화하는 취향에 대한 우려로 레고는 대표 상품인 레고 블록과는 관계없는 분야에서 대규모 혁신을 꾀했다. 레고는 아동 의류, TV, 비디오 게임으로 진출했으며, 여러 개의 테마파크를 오픈했다. 사업 다각화 과정에서 레고 그룹은 상품재고관리단위(SKU)가 1997년 6,000개에서 2004년에는 14,000개 이상으로 증가했다. 이처럼 다양한 상품 구성은 복잡하고 비효율적인 생산 프로세스를 수반했다. 생산 프로세스는 경직되고 느렸으며, 신상품 출시와 혁신 노력은 많은 경우 실패로 돌아갔다.

기울어가는 회사의 대표로 취임한 크누스토르프는 경쟁 비교 열위 요인이 공급사슬이라는 사실을 곧 알아차렸다.

"내가 레고 그룹에 왔을 때 가장 먼저 알게 된 것은 레고 그룹에는 기본적으로 할당 문제가 있다는 것입니다. 우리는 10만 개에 달하는 부품을 매분, 하루 24시간, 1년 365일 동안 생산하고 있습니다. 예를 들어 아칸소에 있는 월마트에 화요일 저녁 5시까지 일정 수의 완제품을 배송하기 위해서는 최적 주문량, 최적 운송량, 최적 생산횟수 등을 고려하여 여러 생산 공장에 최적의 생산량을 할당해야 합니다."

크누스토르프는 레고 그룹의 공급사슬과 관련한 여러 문제는 혁신에 대한 지나친 몰입에서 발생했음을 알게 되었다. 상품 개발 임원에게 혁신에 대한 전권을 주어 구매, 생산 계획, 배송 등에서 심각한 비효율을 야기한 것이다.

예를 들어, 기존 색상과 약간의 차이가 있을 뿐인 새로운 색상과 관련된 상품 혁신은 비용은 크게 증가시켰으나 실제로 추가되는 가치는 없었다. 일반적으로 디자이너들은 디자인 과정에서 자재비를 고려하지 않았다. 디자이너들은 새로운 자재가 요구되는 신상품을 개발할 때 새로운 공급자와 관계를 형성했다. 2004년까지 레고 그룹은 11,000개 이상의 공급자로부터 소량의 세분화된 자재를 주문하고 있었다. 이 숫자는 보잉이 비행기를 제조할 때 거래한 공급자 수의 거의 두 배에 해당한다.[9]

원칙 없는 레고의 공급사슬과 상품 개발 절차가 비용 상승 원인의 전부는 아니었다. 레고 그룹은 매장의 수요와 재고 수준에 대한 투명한 관리의 부재로 인해 고객 주문을 충실히 이행할 수 없었다. 결국, 재무 담당 부사장 헨리크 바이스 올베크가 설명했듯이 공급사슬의 투명성 결여는 매출 손실을 가져왔다.

"크리스마스 시즌 판매액은 연간 매출액의 거의 반을 차지할 정도로 큽니다. 그리고 이를테면 독일에서는 해적선에 대한 수요가 있었지만 프랑스에서는 해적선 재고가 넘쳤습니다. 그러나 우리는 그런 사실을 볼 수가 없었죠! 그 큰 상자들은 크리스마스 시즌이 지나면 나머지 아홉 달은 잘 팔리지 않습니다."

LEGO의 운영 백본이 운영의 우수성을 가져오다

공급사슬 문제 해결에 필요한 비즈니스 변화를 위해 크누스토르프는 물류, 판매, IT, 생산 담당자로 구성된 실무 팀을 임명하여 1년간 변경 작업을 수행하게 했다. 이 팀은 글로벌 공급망을 구성하는 13개의 상호 연계된 프로세스를 확인했다. 공급망 프로세스는 '주문에서 현금화까지' 관리하는 영업 프로세스, '구매 주문에서 대금 지불까지' 관리하는 구매 프로세스, 제조 공정, 품질 관리 등을 포함한다. 이미 구축된 SAP 기술을 기반으로 레고 그룹은 배송 체계를 단순화하고 공급자 수 및 물류 제공자의 수를 감소시키는 프로세스 변화를 구축했다. 회사는 또한 대규모 소매점과 밀접한 협업을 체결하여 수요 예측, 재고 관리, 제품 개별화 등의 업무를 수행했다.[10]

대부분의 공급사슬 프로세스들은 기업 재무, 기업 본부, 시장과 상품, 지역 사회, 교육, 직판 등 레고 그룹의 다른 사업 기능과의 통합이 필요했다. 표준화 및 이러한 사업 기능과의 통합을 확실히 하기 위해, 회사는 공식적인 프로세스 팀들을 수립했다. 주요 사용자와 애플리케이션 설계자로 구성된 이 팀들은 5개의 전 사업 기능에 걸친 프로세스들을 최적화했다.

공급사슬 프로세스의 변경으로 레고의 2006년 매출액은 2005년보다 11% 증가했고 수익은 두 배 이상 올랐다. 그러나 공급사슬의 최적화는 핵심 비즈니스 프로세스의 운영 우수성을 높이는 첫 단계에 불과했다. 2008년에는 인적자원관리시스템과 프로세스를 표준화했다. 이후 2년간은 제조 공정을 표준화했다. 그 결과, 2008년과 2009년 전 세계가 글로벌 침체를 겪는 동안에도 레고 그룹은 폭발적인 이익을 거두었다.

레고의 운영 백본 구축 작업은 여기서 끝나지 않았다. 2011년에는 제품수명주기관리(PLM) 시스템 문제를 해결했다. PLM은 레고 그룹 비즈니스 프로세스의 80% 이상에 영향을 미치고 있으며, 효과적인 PLM은 신속한 신상품 출시에 필수적이다. 레고는 연구개발 신상품 수를 2010년 약 200개에서 2012년 250~300개로 증가시키는 것을 목표로 삼았다.

새로이 구축된 PLM 시스템과 프로세스는 공급사슬 내의 마스터 데이터 관리를 보다 잘 뒷받침해주었다. 또한 PLM과 개선된 마스터 데이터 관리는 프로세스 자동화 수준을 향상시켜, 제품 생산량이 50% 증가한 것으로 추정되었다.[11] 더욱 중요한 것은 레고의 새로운 PLM 시스템이 신제품의 비용과 제조 공정이 초래할 수 있는 문제를 수명주기 초기에 알 수 있게 해줌으로써, 제품 혁신을 둘러싼 의사결정에 도움을 주었다는 사실이다.

레고 운영 백본의 개선은 매번 추가적인 기회를 제공하였고, 그것은 리더들이 끈질기게 추구해온 것이었다. 리더들은 백본이 제공하는 운영 우수성이 보다 신속한 혁신, 향상된 고객 관계, 효율화된 공급사슬 프로세스와 같은 추가적인 혜택을 촉진한다는 것을 알게 되었다. 더불어, 레고의 운영 백본은 레고사를 디지털 기업으로 위치하게 해주었다. "내일의 건축가를 육성한다"는 레고의 비전은 물리적 건축 경험과 온라인 참여 간의 상호작용을 요구한다. 디지털 성공을 추구하는 과정에서 레고는 교육자들 간의 협업과 온라인 커뮤니티를 형성하고 유튜브 비디오를 공유하는 수백만 명의 레고 팬들을 위한 더 큰 디지털 지원을 창출하기 위해, SMACIT 및 다른 디지털 기술 역량을 활용하고자 한다.

운영 백본의 구축은 비즈니스 전환을 수반한다

레고의 사례가 제시하듯이, 운영 백본의 구축은 조직의 주요 장기 프로젝트이다. 리더들은 먼저 지엽적인 개별 해결방안 대신 질서 있고 공통으로 사용되는 전사적 시스템과 프로세스 구축에 전념해야 한다. 그다음으로는 개선된 시스템과 프로세스에 의해 생성되는 데이터를 활용하여 비즈니스 이익을 얻도록 노력해야 한다. 이와 같은 노력은 기업을 변모시킬 것이다.

이것이 **디지털화**의 요체이다. 디지털화는 개별 영웅들을 디지털화된 프로세스로 교체하는 운영 백본을 만든다. 레고의 경우, 디지털화는 거의 10여 년간의 노력을 필요로 하였다. 이는 자주 있는 일이다. 비록 많은 기업에서 디지털화에 10년 미만이 걸린다 해도, 큰 규모의 글로벌 기업에서 강력한 운영 백본을 구축하는 것은 일관되게 다년간의 여정이었다.

캠벨 수프는 80억 불 규모의 글로벌 식품 제조업체로, 2004년부터 2008년까지 북미에 프로젝트 하모니(Project Harmony)를 구축했다.[12] 2008년에 DHL 익스프레스는 유럽에 구축된 표준화된 프로세스를 전 세계로 확장하기 위해 8개년 계획을 수립했다.[13] 카이저 퍼머넌트는 2004년에서 2010년에 걸쳐 운영 백본을 구축했다.[14] 정부기관이면서 4,000명의 직원이 근무하는 미국 증권거래소도 디지털화에 3년(2009~2012)을 투자했다.[15] 필립스는 운영 백본인 '필립스 통합 환경(PIL)'을 구축하여 아이디어-마켓 및 마켓-오더 프로세스를 2011년까지 표준화하는 데 성공했으나, 주문-현금화 프로세스에 대한 글로벌 표준은 2018년 현재까지 구축 중이다.[16]

디지털화는 막대한 변화를 수반하므로 시간이 많이 소요된다. 기업 규모가 크고 복잡할수록 소요 시간은 더 길어지고 실패 가능성도 높아진다. 디지털화는 조직 설계의 요소인 사람, 프로세스, 기술과 모두 관련되기 때문이다. 다음은 성공적이고 신속한 디지털화를 방해하는 요인 중 몇 가지이다.

원대하고 모호한 목표: 규모가 크고 복잡한 기업에서 리더들은 종종 ERP 구축 등에 비현실적인 목표를 설정한다. 다각화 수준이 높은 기업에서도 경영진은 예상되는 결과를 명확히 이해하지 못하고 광범위한 표준화된 글로벌 시스템과 프로세스를 목표로 한다. 디지털 전환이 성공하려면 목표가 명확하고 달성 가능해야 한다. 그런 목표가 세워지면 조직원들은 성공을 측정하기 위한 여러 지표를 요구할 것이다. 그렇지 않으면 그들은 초점을 놓치고 만다.

리더들은 조직의 변화를 위한 요구사항에 충분한 관심을 기울이지 않는 경우가 많다. 신뢰할 수 있는 핵심 트랜잭션과 정확한 공유 데이터를 지원하는 프로세스를 구축하고 실행하기 위해 조직원들은 자신의 업무처리 방식을 수정하고 습관을 버려야 한다. 만약 지금의 업무처리 방식을 고집한다면 결과는 이전과 동일할 것이다. 많은 조직원들은 습관을 바꾸는 것이 힘들거나 탐탁지 않다고 생각한다.

나쁜 데이터: 새로운 시스템은 예외 없이 이전 시스템의 데이터를 정제하고 새로운 필드를 추가하는 작업을 요구한다. 또한 데이터 획득 프로세스와의 지속적인 적합성을 요구한다. 만약 조직원들이 데이터를 신뢰하지 않으면 새로운 시스템과 프로세스는 거의 영향력이 없을 것이고, 시스템이 구축된다 해도 조직원들의 행동 양식은 변하지 않을 것이며, 구축에 따르는 혜택도 발생하지 않을 것이다.

전사적 표준에 대한 저항: 단위 사업부 관리자들은 전사적 차원에서는 최적이지만 자기 사업부에는 때로 최선책이 아닌 시스템과 프로세스를 채택해야 한다. 그 결과 성공을 보장해주는 동기부여가 부족해질 수 있다. 만약 전사적 시스템을 피할 수 있다면, 그들은 독립적으로 자기들이 원하는 시스템과 프로세스를 구축할 것이다.

무질서한 레거시 시스템: 운영 요구사항의 기반을 구현하는 것은 무질서한 레거시 시스템의 얽힘을 푸는 작업을 필요로 한다. 기술은 조직의 변화만큼 큰 걸림돌은 아니지만, 레거시 시스템을 해체하고 보수하는 작업은 쉽지 않다. 특히 보수를 하는 와중에도 비즈니스가 레거시 시스템의 지속적 가동을 필요로 한다면 더욱 그렇다.

조정되지 않은 권력 구조: 프로세스 리더들은 프로세스를 설계하고 조직 전반에 걸쳐 프로세스가 구축되도록 해야 한다. 그러나 이들은 이런 권한을 갖고 있지 않은 경우가 많다.

이런 문제들 때문에, 많은 기업이 디지털화 전환에 착수했으나 구축을 완료하지 못했다. 투자은행과 제약회사같이 수익률이 높은 기업은, 핵심 프로세스의 가변성이 초래하는 높은 비용을 감당할 수 있는 한 디지털화를 지속적으로 추진하기가 특히 어렵다. 그러나 현실적으로 운영 백본이 없는 기업은 현재 또는 가까운 장래에 경쟁 열위에 놓일 것이다. 실제로 디지털 스타트업에 운영 백본이 없는 경우도 있지만, 우리의 관찰로는 운영 백본이 없는 스타트업은 단지 과도기 상태에 있을 뿐이다. 스타트업이 운영 백본을 구축하지 않는다면 그 기업은 확장할 수 없다. 디지털 성공은 순간에 지나지 않을 것이다.

운영 백본의 구축을 의미하는 디지털화는 디지털 경제에서 경쟁을 위해 필수적이지만, 이 책은 디지털화에 관한 것이 아니다. 이미 출판된 책에서 디지털화에 대해 심도 있는 내용을 다뤘고, 부록 1에 그 책의 핵심 포인트에 대한 요약을 실었다.[17] 기업들은 적어도 2000년대 초부터 디지털화를 추구했지만, 오직 15% 정도의 기업만이 광범위

하게 채택되고 가치를 제공하는 운영 백본을 보유하고 있다.[18]

운영 백본에 이르는 지름길

디지털 기업이 되기 위해서는 디지털화의 여러 도전을 극복해야한다. 그러나 기업들은 그러기 위해 10년을 지체할 만한 여유가 없다. 디지털화를 가속화하고 운영 백본 구축의 성공 가능성을 높이기위해 리더들이 수행할 수 있는 세 가지는 다음과 같다.

- 비즈니스의 복잡도를 낮출 것
- 디지털화의 범위를 좁힐 것
- 기업의 표준화 수준을 낮출 것

비즈니스의 복잡도 낮추기

비즈니스의 복잡도는 운영 백본의 개발을 크게 위협하며, 어떤 경우에는 불가능하게 만든다. 운영 백본 개발에 진지한 기업이라면 먼저 부가가치가 없는 비즈니스 복잡도를 식별하는 것으로부터 출발할수 있다. 이는 제품이나 제품 라인 수의 감소, 명확한 고객 분류, 또는단순하고 보다 표준화된 비즈니스 모델로 이어진다.

2004년 이전의 레고처럼, 기업들은 혁신에 매료된 나머지 추가되는 운영비용, 고객 서비스, 종업원 교육, IT 지원 등을 심각하게 고려하지 않고 신상품과 신규 서비스를 출시했다. 일례로 필립스가'Accelerate(가속)!' 전환 프로그램에 착수했을 때 리더들은 회사에

80개 이상의 비즈니스 모델이 있다는 것을 알게 되었다. 그리하여 필립스는 각 단위 사업부를 제품, 서비스, 소프트웨어, 통합솔루션 시스템이라는 4개의 비즈니스 모델 중 하나에 할당하는 것으로부터 디지털화를 시작했다. 각각의 비즈니스 모델에 표준 비즈니스 프로세스를 포함시켰다. 이렇게 줄어든 수의 비즈니스 모델은 필립스를 단순화하는 데 도움을 주었다. 또한 필립스는 회사의 장기 비전에 적합하지 않은 사업과 제품 라인을 지속적으로 매각했다. 최근에는 과거에 주력했던 조명 사업에서 철수하여 헬스케어에 집중할 수 있게 되었다. 사업 부문을 단순화함으로써, 운영 백본은 유지하기가 훨씬 더 쉬워졌다.[19]

USAA는 다른 파이낸스 서비스 기업과 달리 신상품 개발에 집착하지 않았다. 대신 USAA의 리더들은 신상품이 기존의 상품 및 서비스와의 적합도가 높다는 확신이 있을 때만 선택적으로 수용했다. 우리의 연구 결과와 마찬가지로, USAA는 상품 다양성이 회사의 성과를 향상시키는 것은 아니라고 평가했다.[20] USAA는 상품의 종류를 증가시키기보다는 통합 솔루션 제공에 혁신을 집중함으로써 고객의 재정 안정성 보장이라는 회사의 사명에 충실하였다. 이는 부가가치가 없는 사업 복잡성을 낮추었다.

ING 다이렉트 스페인은 의도적으로 부가가치가 없는 상품 수를 증가시키지 않은 또 다른 기업이다.[21] 예금 서비스에서 시작해 종합 소매은행으로 성장하면서 회사 전체 매출액의 5% 이상에 해당하는 잠재력을 갖고 있어야만 신상품으로 출시한다는 규칙을 도입했다. 전 최고 운영책임자였던 베르너 치폴트는 상품의 다양성을 제한하는 근거를 이렇게 설명했다.

은행에 가면 3,000개 정도의 엄청나게 많은 펀드 상품을 보게 됩니다. 그걸 보고 당신은 이렇게 말하죠. "보세요, 여긴 기본적으로 매출액의 85%를 단지 100개의 펀드 상품에서 달성하고 있어요. 나머지 2,900개는 뭘 하고 있나요?" 그러면 이런 답변이 돌아옵니다. "글쎄요, 몽골리안 증권 펀드를 사는 고객들은 엄청난 분들이죠. 고객 수는 다섯 명에 지나지 않지만, 믿을 수 없을 정도예요." 바로 이런 게 우리가 절대로 해서는 안 될 일입니다. 몽골리안 펀드에서 얻는 마진은 거기서 발생하는 복잡성을 합리화할 수 없으니까요.

우리의 연구 결과는 비즈니스의 복잡성이 운영 우수성의 적이라는 사실을 시사한다. 이 복잡성은 운영 백본 개발의 장애요소이며, 결과적으로 기업의 디지털 전환 역량을 저해한다.

디지털화의 범위 좁히기
우리는 완벽한 시스템과 프로세스를 갖춘 기업이란 없음을 살펴보았다. 어떤 기업이 강력한 운영 백본을 갖추고 있는지 알려면, 백본이 그 기업의 가장 핵심적인 비즈니스 요구사항을 어떻게 직접적으로 지원하는지를 보면 된다. 모든 것을 수정하려는 기업은 예외 없이 아무것도 수정할 수 없다. 많은 디지털화 노력이 무의미한 열정으로 인해 좌절되곤 한다. 초점을 좁히면 신속한 진전으로 이어지며, 어떻게 하면 다른 기업들과 차별화될 수 있는지를 더 잘 이해할 수 있게 된다.

초점을 좁히는 한 방법은 고객, 상품, 파트너, 공급사슬같이 비즈니스에 가장 중요한 한 가지 데이터에 집중하는 것이다. 그리고 그 데이터를 정확하고, 접근성 높고, 사용되는 것으로 만드는 데 가능한 한 모든 자원을 투입하는 것이다. 레고와 노드스트롬은 공급사슬 데이터의 중요성을 인식했기에 디지털화 노력에 성공했다. 한 종류의 데이터에 집중하는 것은 디지털 전환의 범위를 좁히지만, 미래의 디지털 혁신을 위한 기반으로서 가치 있는 역량을 제공한다.

UPS는 소포의 유형, 픽업과 배송지 위치, 배송 일자, 발송인 등과 같은 상품 데이터의 무결성을 보장하려는 노력으로 오랫동안 이득을 취했다.[22] 흥미롭게도 UPS의 주요 경쟁자인 페덱스(FedEx)는 고객의 이름, 주소, 계정 정보, 트랜잭션 등과 같은 고객 데이터를 중심으로 역량을 키웠다. 여러분은 페덱스와 UPS 모두 두 가지 종류의 데이터를 다 필요로 할 거라 생각할 것이다. 물론, 그렇다! 그러나 기업이 어떤 데이터가 프로세스 설계를 주도할 것인지 결정하지 않으면, 그 프로세스는 단편적인 것이 되고 모든 데이터의 품질이 떨어진다.

이 두 회사가 데이터에 대해 서로 다른 의사결정을 한 것은 전략적으로 중요한 의미를 지닌다. 1990년대에 페덱스는 상대적으로 가격이 높고 고객 친화적이었던 반면, UPS는 체계적이고 효율적이며, 낮은 가격을 지향했다. 시간이 지나면서, 각 사는 추가 프로세스를 구축하고 보다 많은 가치 있는 데이터를 획득하여 상대 회사가 제공하는 서비스를 모방하기 시작했다. 이 두 기업은 자신이 보유한 가장 중요한 데이터를 중심으로 체계적인 비즈니스 프로세스를 구축하고 있었기에 이렇게 할 수 있었던 것이다. 간단히 말해 이 기업들은 집중적이고 견고한 운영 백본을 갖고 있었다.

고위 경영진이라면 다음 질문에 대해 토론할 가치가 있다. 만약 내가 오직 한 종류의 마스터 데이터만 보유할 수 있다면, 어떤 데이터를 선택할까? 이 질문에 대한 답을 구하는 것은 근본적인 기업 운영계획에 대한 토의로 이어질 것이며, 이것이 운영 백본 구축의 첫 번째 단계이다.

표준화 수준 낮추기

만약 현재 당신의 회사에 효과적인 운영 백본이 없고 그것을 구축하는 데 몇 년을 기다릴 여유가 없다면, 남은 방법은 이것이다. 당신 회사의 표준 수준을 낮추라! 이는 외부의 도움을 받아 고장 난 것을 빨리 고치거나, 꽤 괜찮은 '패키지 솔루션'을 사용하는 것이다. 이런 접근법은 완벽하지 않고 계속 의존할 만한 것은 아니지만, 디지털 전환에 착수하기에 '충분히 양호한' 길로 당신을 인도할 것이다.

대규모의 기업 인수 후, 슈나이더 일렉트릭은 에너지 관리에 대한 고객 요구를 충족시킬 총체적 상품 포트폴리오를 보유하게 되었다. 그러나 이러한 기업 인수는 고객 맞춤형 프로세스를 지원하는 150여 개의 ERP와 300여 개에 달하는 CRM 시스템을 고스란히 남겨주었다.[23] 결과적으로 기업 인수의 동기였던 통합 상품 및 서비스의 제공이 힘들어졌다. 2009년부터 2012년까지, 이 기업은 글로벌 기능 리더들을 채용하여 프로세스의 표준화 및 ERP 수의 감축에 어느 정도 진전을 보았다. 그럼에도 운영 백본에서 실질적인 진전을 이루기 위해 고군분투 중이었다.

2012년에 슈나이더는 다수의 상품 라인에 걸친 판매 기능을 통합할 역량을 신속히 확보하기 위해 세일즈포스에 도움을 요청했다. 18개월 후 이 기업은 비록 범위는 좁지만, 교차 판매에 큰 진전을 이룰 수 있었다. 슈나이더는 부가가치가 없는 ERP 시스템과 프로세스를 점진적으로 계속 교체했다. 12개의 ERP가 남았을 때, 비즈니스 리더들은 남아 있는 시스템의 교체에 비용과 시간이 많이 소요될 것임을 인지했다. 슈나이더는 디지털 제품과 서비스 제공에 다시 역점을 두고자 했고, 핵심 시스템의 디지털화에 많은 투자를 계속하는 대신 디지털 신제품을 12개의 ERP 시스템에 연계하기로 결정했다. 이 조치는 슈나이더가 원하는 최선책은 아니었지만, 레거시 시스템을 제거하는 것보다 훨씬 큰 전략적 효과가 있는 디지털 제품과 서비스 개발에 집중할 수 있게 해주었다.

슈나이더가 세일즈포스를 채택했듯이, 많은 기업들이 소프트웨어와 비즈니스 프로세스까지도 제공하는 클라우드 서비스 제공업자에 의존하고 있다. 클라우드 서비스는 핵심적이지만 특이성은 없는 프로세스 구축을 대폭 단순화할 수 있으며, 기업이 자체적으로 제공할 수 있는 수준 이상의 데이터 보안을 제공할 수 있다. 이렇게 전략적이지 않은 많은 활동을 파트너에게 넘김으로써, 비즈니스 리더들은 핵심 비즈니스 의사결정에 집중할 수 있게 되었다.

스페인의 인프라 서비스 공급회사인 페로비알은 디지털 기술이 고객 서비스를 제공할 수 있는 새롭고 중요한 기회를 많이 열어준다는 것을 알게 되었다. 예를 들면 쓰레기통에 RFID(Radio Frequency Identification, 라디오 주파수 인증)를 부착하여 효율적인 쓰레기 수

거를 지원하고, 빅데이터와 애널리틱스를 이용하여 유료도로의 요금을 가변적으로 산정하며, 고객이 자신의 시설을 모니터링하는 것을 돕는 사물인터넷과 모바일 장치를 설계하는 것 등이다.

이처럼 빠르게 부상하는 수익 기회를 신속히 포착하기 위해 페로비알의 리더들은 신뢰성 있고 예측 가능한 핵심 서비스가 필요함을 인식하였다. 그러나 2008년에 페로비알에는 10개의 IT 조직이 있었는데, 각 조직은 서로 다른 비즈니스 영역에 독립적인 로컬 서비스를 제공했다. 10개의 IT 조직을 하나로 통합하는 것은 비교적 쉬운 일이었으나, 모든 시스템을 통합하고 공통 프로세스를 개발하는 것은 훨씬 어려운 과업이었다.

운영 백본 개발을 촉진하기 위해 CIO인 페데리코 플로레스는 먼저 기술 파트너들과 협약을 체결하였고, 그들은 페로비알의 IT 인프라와 통신 서비스를 클라우드로 이전했다. 이어서 그는 클라우드 내에서 인사와 구매 업무를 제공하는 파트너들과 업무 협조를 했다. 플로레스는 개별 비즈니스를 예외적인 요구사항에 맞추는 대신, 내부 프로세스를 클라우드에서 제공하는 프로세스에 맞춰야 한다고 주장했다.

운영 백본 개발에 대한 이러한 접근법은 논쟁을 줄이고 비즈니스 리더들이 고객 상품의 향상을 위한 기술 전개에 초점을 맞추는 데 도움을 주었다. 클라우드로의 전환 후 2년 내에 페로비알은 비즈니스 초점을 디지털 혁신으로 이동시켰다. 4년 안에 페로비알은 견고한 운영 백본을 보유하게 되었다.[24]

운영 백본 제대로 만들기

우리의 연구에 의하면, 1990년대 말 이래 많은 기업이 디지털화 전환을 시도했지만, 대다수는 디지털 전환을 지원할 운영 백본을 갖고 있지 않다. 사실, 기업의 레거시 시스템과 프로세스가 장애 요인일 가능성이 높다. 이 장에서는 다음과 같은 핵심 사항을 설명했다.

- 디지털화는 디지털과 동일하지 않다. SMACIT와 다른 디지털 기술들은 디지털화에 기여할 수 있는데, 기술을 적용하여 비즈니스 프로세스와 운영을 최적화할 수 있기 때문이다. 디지털화의 목표는 운영 우수성이다. 디지털 기술은 디지털 전환의 필수적 요인이며, 고객 솔루션 생성을 혁신한다. 디지털 전환의 목표는 수익성 높은 디지털 제품의 제공이다.
- 디지털화는 운영 백본(운영의 효율성, 고품질의 트랜잭션, 마스터 데이터를 보장하는 기업의 시스템, 데이터, 프로세스의 유기적인 집합체)의 구축과 유지를 수반한다. 디지털화의 결과인 운영 우수성은 디지털 전환의 기본이다. 이것이 우리가 운영 백본을 디지털 전환의 한 블록이라고 언급한 이유이다.
- 운영 백본의 구축은 예외 없이 조직의 고착화된 습관을 버리고, 기존 권력 구조와 단절하며, 핵심적인 마스터 데이터와 트랜잭션 데이터를 포착하는 체계적인 비즈니스 프로세스를 구축할 것을 요구한다. 규모가 크고 역사가 오래된 기업들은 운영 백본을 구축하기 위해 길고도 고통스러운 변환에 착수했다.

• 운영 백본 구축은 어렵기 때문에 대부분의 기업은 백본을 갖고 있지 않다. 이런 기업들은 핵심 운영 역량을 신속히 구축하기 위해 지금 바로 비즈니스를 단순화하고, 초점을 좁히고, 표준화 수준을 낮추는 일을 시작해야 한다.

• 운영 백본이 완벽할 수는 없다. 비즈니스 변화는 새로운 기술과 결합함으로써 기술을 향상시키고 주요 비즈니스 프로세스를 다시 최적화할 수 있는 기회를 끊임없이 제공한다. 또한 기업들은 운영 백본에서 생성된 데이터를 어떻게 활용할지를 여전히 학습하고 있는 중이다. 그 과정을 통해 이런 기업들은 더 많고 질 좋은 데이터에 대한 요구를 식별해내며, 그것은 곧 프로세스 개선의 심화로 이어지게 될 것이다.

귀사의 백본은 디지털 전환을 지원할 만큼 '충분히 양호'한가? 만약 그렇다면, 귀사는 주요 시스템과 프로세스의 갱신을 위해서 새로운 디지털 기술을 지속적으로 수용하고 있는가? 그렇지 않다면, 귀사는 백본으로 무엇을 할 것인가?

4
디지털 플랫폼 구축하기

몇 년 전 저자 중 한 명이 감기에 걸려 누워 있을 때, 이웃에 사는 아홉 살짜리 소년이 자기는 아플 때 〈레고 무비〉를 보면 기분이 훨씬 좋아진다고 하면서 빌려주었다. 그 〈레고 무비〉는 감기 치료에는 별 도움이 되지 않았다. 그러나 놀랍게도, 그 영화는 기업의 디지털 여정에 대한 비유로 유용했다.

영화에서는 점잖은 건설 인부가 레고 세상의 모든 것을 현재 위치 그대로 접착제로 붙이려는 폭군으로부터 세상을 구원하기 위한 여정을 떠난다. 그 건설 인부 에밋은 물론 승리한다. 에밋은 창의성을 모아 악당들을 능가하는 착한 편의 다른 이들과 팀을 이루기 때문이다. 승리의 핵심은 장애물을 만날 때마다 레고 컴포넌트들을 재조립하여 장애물을 타파하는 데 필요한 기계나 무기로 만들어내는 능력이다.

이 영화의 시사점은 성공하고 싶다면 많은 컴포넌트를 축적해야 하고, 그 컴포넌트들을 활용하는 데 많은 상상력을 동원해야 한다는 것이다.(우리는 이러한 시사점이 의도된 것인지 영화 프로듀서나 레고사에 확인하진 않았다.)

디지털 기업은 디지털 제품을 신속하게 생성하고 향상시키기 위해 비즈니스, 데이터, 기술 컴포넌트(Component, 프로그래밍에서 재사용 가능한 각각의 독립된 모듈)를 구축하고, 구매하고, 구성하고, 재구성한다. 사실 컴포넌트화는 디지털 전환의 핵심이다. 이미 존재하는 부품을 조립하여 솔루션을 만들어내는 레고 블록처럼, 컴포넌트는 스피드와 유연성을 갖출 수 있게 해준다. 물론 여기서 비결은 모든 컴포넌트를 추적하여 필요할 때 그 필요한 컴포넌트를 보유하고 있어야 한다는 것이다. 디지털 플랫폼이 필요한 이유가 바로 이것이다.

운영 백본만으로는 디지털 성공을 이룰 수 없다

우리는 3장에서 레고 그룹이 핵심 비즈니스 프로세스를 지원하는 견고한 운영 백본을 구축하는 데 어떻게 10년을 투자했는지 살펴보았다. 레고 임원진은 그 운영 백본을 전략적 비즈니스 자산으로 간주했지만, 이전 CEO인 크누스토르프는 운영 백본이 디지털 경제가 의미하는 기회와 위협에 대응하는 데 충분하지 않다고 말했다.[1]

우리가 아직 충분히 이해하지 못하는 부문은 작은 애플리케이션, 와해적 비즈니스 모델(disruptive business model),* 다양한 채널 환경, e-커머스, 웹 기반 서비스, 클라우드 기반 서비스와 같이 소프트웨어 개발에서 진행 중인 분야이다. 우리는 이 분야에서 민첩하지 못하다. 또한 우월한 플랫폼이 아닌, 레거시 플랫폼으로 끝나버릴 위험이 있다.

* 역주: 현재 존재하는 비즈니스 모델을 무의미하게 만들 수 있는 혁신적 비즈니스 모델을 말한다. 예를 들면, 애플의 앱 스토어는 CD에 음원을 수록하여 상점에서 판매하던 기존 비즈니스 모델을 와해시켰다.

레고의 운영 백본은 자산이다. 그러나 디지털 플랫폼은 아니다.

디지털 플랫폼의 성격은 운영 백본의 성격과는 많은 차이가 있다. 특별히, 운영 백본은 비즈니스 **프로세스**의 신뢰성과 안전성을 제공하기 위해 세밀하게 통합된 빈틈없는 생산 환경을 제공한다. 이와는 대조적으로 디지털 플랫폼은 **디지털 제품**을 구성하는 데이터, 비즈니스, 기술 컴포넌트에 대한 손쉬운 접근성을 제공한다. 운영 백본은 신뢰성과 투명성을 제공함으로써 고객 만족도를 높인다. 이와 다르게 디지털 플랫폼은 실제 디지털 제품에 대한 실험, 신속한 혁신, 지속적인 속성 개선을 가능케 함으로써 고객 만족에 기여한다. 승차 공유 서비스 회사인 리프트를 예로 들어보자. 처음에 리프트는 고객이 승차 요청, 픽업, 운전사에게 운임과 팁을 지불하는 것을 하나의 앱에서 모두 할 수 있는 서비스를 제공했다. 이 각각의 고객 서비스는 디지털 플랫폼에 저장된 소프트웨어 컴포넌트이다. 이와 같은 기본적인 비즈니스 컴포넌트들을 완성한 후, 리프트는 운임 나누기, 중간 정차, 합승과 같은 추가 서비스를 제공하여 앱의 기능을 확장하는 작업에 착수했다. 리프트는 새로운 컴포넌트를 개발하고 디지털 제품에 새로운 특성을 부여

하여 재구성함으로써 가치 제안을 지속적으로 향상시킬 수 있다.[2]

디지털 플랫폼이란 무엇인가?

디지털 플랫폼은 **디지털 제품을 신속하게 구성하는 데 사용되는 비즈니스 컴포넌트, 데이터 컴포넌트, 인프라 컴포넌트의 저장소**다. 그렇다면 디지털 플랫폼을 특별하게 만드는 것은 무엇인가? 바로 재사용 가능한 디지털 컴포넌트들이다. 디지털 플랫폼을 구축하는 과정에서 기업은 미래의 디지털 제품에서 유용하게 사용될 수 있는 컴포넌트의 포트폴리오를 축적한다. 컴포넌트란 특정 과업을 수행하는 코드 조각이다. 과업의 예로는 고객 계좌의 잔고 조회, 목적지까지의 경로 제시, 장비의 고장으로 센서 데이터 수집을 못할 확률의 계산, 쇼핑 카트에 주문 추가하기, 사용자의 ID 확인, 대시보드에 성과 표시하기 등이 있다. 이와 같은 컴포넌트들을 디지털 플랫폼에 저장해놓으면, 개개의 사람들이 새로운 디지털 제품을 개발할 때 이 컴포넌트들을 사용할 수 있다. 디지털 제품의 모든 기능 요구 조건을 충족시키기 위해 코드를 작성하는 대신, 개발자는 이미 존재하는 컴포넌트들을 '호출'하여 디지털 제품을 구성할 수 있다.

컴포넌트를 재사용 가능하게 만들기 위해(개발자가 새로운 코드를 작성하는 대신 컴포넌트를 호출할 수 있게 하기 위해), 개발자들은 컴포넌트에 API 기능을 부여한다. API는 응용 프로그램 인터페이스(Application Programming Interface)를 의미한다. API는 하나의 컴포넌트가 다른 컴포넌트와 데이터를 교환할 수 있게 해준다. 잘 설계된 디지털 플랫폼에서, 각각의 컴포넌트는 API를 제공한다.(다시 말해, API 기능이 부여된다.) 따라서 API가 없었다면 서로 독립적이었을 컴포넌트들 간에 미리 정해진 '플러그 앤드 플레이(plug and play, 역주: 사용자가 컴퓨터에 새로운 장치를 연결하면 컴퓨터를 재부팅하면서 플러그 앤드 플레이 바이오스가 자동으로 새로운 장치를 감지하여 필요한 환경 값을 설정해주는 기능)' 연결이 가능해진다.

디지털 플랫폼은 〈그림 4.1〉과 같이 클라우드 테크놀로지 기반 위에 구축되는 세 가지의 저장소로 구성된다.

• 정의에 따르면, 디지털 제품은 풍부한 정보를 담고 있다. 따라서 디지털 플랫폼의 중심에는 **데이터 컴포넌트**가 자리 잡고 있다. 기업들은 디지털 제품을 만들 때 운영 백본에 있는 운영 데이터를 주로 이용하지만 센서, 스마트 기기, 다른 웹 서비스로부터 데이터를 구매하고 수집하기도 한다. 그런 다음 재사용 가능한 API 기능이 있는 소프트웨어 컴포넌트들을 구축(그리고 아마도 구매)하는데, 그 각각의 소프트웨어 컴포넌트는 데이터의 일부를 저장, 조작, 분석, 또는 출력시키는 코드를 갖고 있다.

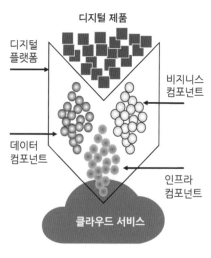

〈그림 4.1〉 디지털 플랫폼의 구성

- **인프라 컴포넌트** 저장소는 클라우드 플랫폼에 탑재된 서비스를 기업의 특정 제품이나 고객의 요구에 맞게 조정하기 위한 기술적 서비스 컴포넌트를 제공한다. 여기에는 사용 기록 추적과 데이터 프라이버시 보장은 물론, 사용자 인증과 접근 제어, 다양한 스마트 기기와의 연결, 그 기기들 사이의 커뮤니케이션 조정 등이 포함된다. 비즈니스 컴포넌트가 특정한 개별 클라우드 공급자의 플랫폼 서비스를 직접 사용하여 어느 하나의 클라우드 공급자에게 고착되는 것을 막기 위해, 인프라 컴포넌트는 비즈니스 컴포넌트와 클라우드 서비스를 연결하는 다리 역할을 한다.

- **비즈니스 컴포넌트** 저장소는 여러 디지털 제품에서 필요로 하는 기능을 제공한다. 이 서비스는 대시보드, 특정 상황 발생 시 고객과 직원에게 알려 주의를 주는 규칙, 신규 고객과의 관계를 형성하는 초기 프로세스, 고객에게 표준화된 지원 서비스를 제공하는 봇 등을 포함한다. 상호 관련성이 없는 복수의 비즈니스를 가지고 있는 기업들은 하나 이상의 공통 비즈니스 컴포넌트 저장소를 보유하기도 한다.

- 디지털 플랫폼의 근간은 애플리케이션의 호스팅과 성능 관리 기능을 제공하는 **클라우드 서비스**이다. 이와 같은 클라우드 공급자들의 서비스는 대부분 표준화가 되어 있다. 따라서 대부분의 기업은 마이크로소프트, 아마존, 구글, 세일즈포스, IBM과 같은 퍼블릭 공급자로부터 구매하지만, 또 다른 기업들은 프라이빗 클라우드 서비스나 프라이빗과 퍼블릭 겸용의 하이브리드 클라우드 서비스를 이용하기도 한다.

- 디지털 플랫폼은 기업의 **디지털 제품**의 요구사항에 대해 서비스를 제공한다. 디지털 제품은 그 제품에 고유한 코드(예를 들면, 고객 세그

먼트에 고유한 특성)와 여러 저장소에서 필요로 하는 재사용 가능한 컴
포넌트에 대한 API 호출을 포함하는 소프트웨어이다. 디지털 제품의
수가 증가하면, 기업은 종업원과 고객, 그리고 파트너들이 디지털 제
품에 적절하게 접근할 수 있도록 제품 목록을 유지 관리하게 된다.

디지털 플랫폼은 지속적으로 진화할 수 있으며 진화해야 한다. 새
로운 카셰어링과 다른 디지털 제품들을 지원하기 위해 디지털 플랫폼
을 개발한 토요타 자동차 북미사업부는 디지털 제품의 개발 촉진을
위해 컴포넌트 저장소가 어떻게 활용되는지의 사례를 보여준다.

토요타와 서브코 퍼시픽의 Hui: 디지털 플랫폼 기반 제품의 사례

토요타 자동차 북미사업부(TMNA)와 (주)서브코 퍼시픽(Servco Pacific Inc.)은 최근 휘(Hui)라고 불리는 디지털 제품을 출시했다. Hui는 정거장 기반의 왕복 카셰어링 서비스이다.[3] 이 디지털 서비스는 토요타의 하와이 판매회사인 서브코가 운영하며, 70대의 토요타 및 렉서스 자동차를 호놀룰루 전역의 접근성 좋은 25개 장소에서 사용할 수 있다. 호놀룰루에는 많은 콘도가 있지만 상대적으로 주차 공간이 매우 적어, 카셰어링은 주민과 방문객 모두에게 매력이 있다. Hui는 고객이 시간 또는 일(日) 단위로 자동차 예약을 할 수 있게 하였고, 모바일 앱으로 문을 잠그고 열고 시동을 걸 수 있다.

Hui는 TMNA의 모빌리티 서비스 플랫폼 및 고객 응대 모빌리티 서비스 앱 가운데 최초의 공공 애플리케이션 중 하나이다. 토요타 커넥티드 북미(Toyota Connected North America, TCNA)는 현지 전문성을 살린 모빌리티 제품을 출시하고 싶어 하는 다른 토요타 판매회사들이 재사용할 수 있도록 이 디지털 플랫폼을 구축했다.

TCNA의 최고 경영자이자 대표이며 TMNA의 디지털 최고 경영자인 잭 힉스가 모빌리티 서비스를 제공하는 디지털 플랫폼 개발에 앞장섰다. 그는 또한 디지털 플랫폼이 제공하는 많은 기회에 대해 회사 내부에 적극적으로 알렸다. 그는 플랫폼 개발이 **데이터 컴포넌트 저장소**의 필요성에 대한 인식으로부터 출발했다고 이야기한다. 자동차와 폰에 부착된 센서는 엄청난 양의 데이터를 수집한다. TCNA는 이런 데이터가 모바일 서비스의 잠재적 기능에 어떻게 기여할 수 있을지 고민했다. 여기서 잠재적 기능이란 자동차가 현재 어디에 위치해 있고 어디를 주행했는지, 어떤 고객이 무슨 서비스를 언제 그리고 왜 이용했는지, 고객들이 이러저러한 자신의 차량에 어떤 종류의 수리를 하고 얼마의 비용을 썼는지 등에 관한 정보를 제공하는 것이다. 기술 전문가들은 이런 데이터의 수집, 저장, 처리와 공유를 위한 프로세스를 설계했다.

또한 TCNA는 클라우드 플랫폼 위에 인프라 컴포넌트를 구축했다. TCNA는 인프라 컴포넌트를 통해 자동차를 클라우드에 연결하고, 서비스 사용을 원하는 고객을 인증하며, 대금 결제업체 및 기타 여러 테크놀로지 서비스와 연계할 수 있었다. 이와 더불어 TCNA는 차량 예약 모바일 앱, 스마트키 박스(스마트폰으로 차량을 잠그고 열고 시동을 걸 수 있는 디지털 키 생성), 차량의 가용성을 확보하기 위한 차량 추적, 대금 결제 서비스 등을 포함하는 **공통 비즈니스 컴포넌트**를 구축하기 시작했다.

Hui는 TCNA의 디지털 플랫폼을 이용하게 될 많은 디지털 서비스 중 하나이다. 플랫폼의 컴포넌트들을 재사용하는 모빌리티 서비스의 포트폴리오가 확장될수록 플랫폼의 가치는 증가한다. Hui가 출시되고 곧바로 토요타는 일본의 두 도시 사이를 운행하는 버스들을 추적하는 디지털 제품을 출시했다. 디지털 플랫폼이 존재했기 때문에 토요타는 6일 만에 이 새로운 디지털 제품을 출시할 수 있었다.

힉스는 디지털 플랫폼을 구축하는 데 미래의 비즈니스 모델에 대한 구체적인 이해나 TCNA가 만들 제품에 대한 결정이 필요하진 않았다고 이야기한다.

오히려 그는 모빌리티 서비스의 중요성을 좀 더 일반적으로 상상했다.

"이렇게 말해보면, 우리가 어떤 구체적인 비즈니스 모델을 실현하고자 애쓰고 있는지에 대한 고민을 멈출 수 있습니다. '나는 원격으로 자동차 문을 열수 있으면 좋겠어. 운전사가 누군지 알고 싶어. 운전사를 평가할 수 있으면 좋겠어. 전자 플랫폼이 자동차의 헤드 유닛에 연결돼 있으면 좋겠어.' 이런 것들은 어떤 형태의 비즈니스 모델에건 적용할 수 있습니다. 이를테면 아마존은 업무 중인 고객이 직장에 주차해놓은 차량의 트렁크로 배송할 수 있도록 일회성 트렁크 열기 서비스를 시작했습니다. 똑같은 기술을 이용해, 누군가는 마드리드의 길가에 주차된 차량을 1시간 동안 빌릴 수 있지요. 이런 것이 우리가 바로 그 미래의 비즈니스 모델을 가능케 하기 위해 시작한 것들입니다."

TMNA의 디지털 플랫폼 설계, 구축, 판매를 책임지는 조직인 TCNA는 2018년에 약 200명으로 이루어진 소규모 팀이었다. 리더들은 고객 대면 조직들이 디지털 제품의 구성과 관리에 대한 주요 책임을 진다면 TCNA는 데이터, 공통 비즈니스 컴포넌트, 인프라 컴포넌트의 저장소를 확보할 것이라고 예견한다. 따라서 TCNA는 성장할 가능성이 높지만, 계속해서 그 규모에 비해 훨씬 큰 영향력을 갖게 될 것이다.

디지털 플랫폼과 운영 백본: 서로 다른 두 가지 역할

TMNA는 새로운 디지털 서비스를 구성하기 위해 모빌리티 서비스 디지털 플랫폼에 의존하는 반면, 핵심 비즈니스 프로세스의 신뢰성과 효율성을 확보하기 위해서는 운영 백본을 활용한다. 대부분의 기존 기업과 마찬가지로 토요타는 기존의 운영 백본에 장단점이 있음을 알고 있다. 따라서 디지털 플랫폼을 구축할 때 운영 백본의 최신화 작업을 지속적으로 하기 위해 노력하고 있다. 기업이 효율성과 매출 증대를 동시에 필요로 하는 한, 디지털 플랫폼과 운영 백본 양쪽 모두에 투자가 필요하다.

대부분의 디지털 스타트업들은 디지털 플랫폼에 집중하고 운영 백본의 중요성은 뒤늦게 깨닫는 경우가 많다. 이와 반대로 대부분의 기존 기업들은 운영 백본의 구축에 더 집중해왔다. 특히 대형 금융회사 같은 기업들은 (모기지, 은행 계좌, 신용카드 등) 각각의 상품당 하나씩의 레거시 시스템을 구축했다. 이와 같은 상품 중심의 플랫폼은 디지털 플랫폼이라기보다는 프로세스와 상품 기술이 결합된 단일체 플랫폼에 가깝다. 게다가 불행히도 금융회사의 상품 플랫폼 대부분은 단일 상품 지원을 위해 구축되었다. 따라서 이런 기업에는 API와 같은 재사용 가능한 컴포넌트가 없다. 결과적으로, 대부분의 금융회사는 상품을 지원하는 시스템과 프로세스에 중복성이 높다.

기업들은 디지털 플랫폼을 무엇으로 구축하고 운영 백본을 무엇으로 구축할지에 대해 몇 가지의 옵션이 있다. 예를 들어 신규 고객 직무훈련(onboarding, 역주: 새로 합류한 사람이 빠르게 조직 문화를 익히고 적응하도록 돕는 과정)은 디지털 플랫폼에서는 재사용 가능한 비즈니스 컴포넌트가 될 수 있고, 운영 백본에서는 시작부터 끝까지를 지원하는 프로세스가 될 수 있다. 어떤 옵션이 가장 합리적일지는 기업이 신규 고객 직무훈련을 혁신(즉, 디지털 컴포넌트)을 통해 정기적으로 향상되는 맞춤형 경험으로 만들길 원하는지, 아니면 효율성과 신뢰성을 위해 설계된 표준화된 프로세스(즉, 핵심 운영 프로세스)로 만들길 원하는지에 달려 있다.

어떤 기능은 디지털 플랫폼으로도 운영 백본으로도 구축이 가능하지만, 이 두 가지의 구성요소는 효율성과 매출 증대라는 서로 다른 비즈니스 목표를 충족한다. 이 둘은 디지털 비즈니스의 성공에 매우 다른 방식으로 기여하기 때문에, 조직 설계에 요구되는 사항도 매우 다르다.

디지털 플랫폼 설계에 필요한 요구사항

디지털 전환에 성공하려면 기업은 데이터, 비즈니스, 인프라라는 세 개의 컴포넌트를 정의하고, 그것들을 재사용하기 위한 설계를 해야 한다. 달리 말하면, 고객에게 제공하고자 하는 것을 컴포넌트의 관점에서 다시 생각해야 한다. 디지털 플랫폼의 힘은 재사용이 가능한 비즈니스, 데이터, 인프라 저장소로부터 나온다.

따라서 **디지털 플랫폼 설계의 핵심은 기업에 이미 있거나 앞으로 예상되는 디지털 제품을 데이터, 비즈니스, 인프라 컴포넌트로 해체하는 것이다.** 이것은 매우 다른 사고방식이다! 여러분이 디지털 플랫폼의 설계 요건들을 이해할 수 있도록, 〈표 4.1〉에서 디지털 플랫폼과 운영 백본에 필요한 요구사항을 비교해놓았다.[4]

표에서 보듯이, 디지털 플랫폼과 운영 백본은 다섯 가지 면에서 서로 다르다. 그것은 (1) 목적과 결과 (2) 기술적 요구사항 (3) 주요 데이터 요구사항 (4) 한쪽에서는 비즈니스 프로세스를, 다른 쪽에서는 디지털 제품을 가능하게 하는 개발 프로세스 (5) 개발 프로세스에 참여하는 사람들의 주요 역할이다.

표 4.1 운영 백본과 디지털 플랫폼의 요구사항 비교

	운영 백본(디지털화)	디지털 플랫폼(디지털)
지향하는 성과	프로세스 효율성, 예측 가능성, 수익 증대를 유도하는 신뢰성	매출 성장을 유도하는 디지털 제품의 신속한 혁신
기술 요구사항	안정적이고 확장성 있고, 안전한 운영 시스템; 반복적인 프로세스의 자동화	API로 작동되는 비즈니스, 데이터, 인프라 컴포넌트 저장소
데이터 요구사항	정확하고 접근 가능한 트랜잭션과 마스터 데이터	애널리틱스를 위한 유연한 빅데이터(센서, 소셜미디어 등으로부터 얻은) 저장소
프로세스 요구사항	신중하고 방법론적인 설계와 트랜잭션 처리 애플리케이션 구축	디지털 제품의 반복적 설계, 개발, 구성과 상업화
인적 요구사항	프로세스 책임자와 데이터 설계자; 대형 프로젝트의 프로젝트 리더	플랫폼 설계자; 컴포넌트의 기능에 대한 가설 설정과 검증, 관리

성과

3장에서 논의했듯이, 운영 백본은 핵심 비즈니스 프로세스를 지원한다. 운영 백본의 주요 성과는 디지털로 비즈니스를 하는 가장 기본적인 이유인 운영 우수성과 관련이 있다. 반면에 이 장에서는 디지털 플랫폼이 고객과의 친밀도를 높이고 고객의 문제를 해결하는 디지털 기술의 능력을 지렛대 삼아 어떻게 새로운 매출을 창출하는지를 기술하였다.

기술 요구사항

운영 백본의 핵심 기술은 반복적인 프로세스의 자동화 수준 향상을 지원한다. 이 기술은 시간, 비용, 그리고 에러 발생 가능성을 감소시켜야 한다. 이는 트랜잭션과 운영 프로세스를 단순화하고 자동화하는 시스템의 구축을 수반한다. 여기에 해당하는 것으로는 전사자원관리(ERP), 고객 관계 관리(CRM), 전자의료기록(EMR), 핵심 금융 엔진, 제품수명주기관리(PLM) 시스템 등이 있다. 이와 비교하여, 디지털 플랫폼은 API로 작동되는 데이터, 인프라, 비즈니스 컴포넌트의 저장소를 포함한다. 이를 이용하여 기업은 디지털 제품과 서비스를 신속하게 구성하여 상업화할 수 있다.

흥미롭게도 운영 백본과 디지털 플랫폼은 새로운 디지털 기술을 적극 활용하는 정도에는 차이가 없다. 디지털 플랫폼은 소셜, 모바일, 애널리틱스, 클라우드 컴퓨팅, 사물인터넷(즉, SMACIT) 등의 디지털 기술을 이용하여 디지털 제품을 향상시키기 위해 존재한다. 그러나 이와 같은 디지털 기술은 운영 백본에서도 중요한 역할을 한다.

대부분의 기업은 원래 메인프레임과 기업 내부에 존재하는 ERP 같은 오래된 기술을 기반으로 운영 시스템을 구축했지만, 디지털 기술이 기업의 운영 백본을 현대화하는 데 도움을 주고 있다. 예를 들어, 기업들은 기반 시스템을 자체 보유하기보다는 점차 외부의 클라우드 기반 소프트웨어를 이용하여 핵심 비즈니스 프로세스를 지원하고 있다. 또한 많은 기업에서 현장 직원들에게 손쉬운 데이터 접근과 원격 기능을 위한 모바일 기술을 제공한다. 기업의 인지 컴퓨팅 시스템은 인공지능을 반복적인 비즈니스 프로세스에 적용한다.

데이터 요구사항

운영 백본과 디지털 플랫폼은 데이터로 연계되지만, 데이터 수집과 저장에서 서로 다른 역할을 수행한다. 운영 백본은 대부분의 트랜잭션과 마스터 데이터에 대한 수집, 저장 및 제공을 지원한다. 운영 백본은 이런 종류의 데이터를 생성하고 조작하는 비즈니스 프로세스를 지원하도록 설계되었기 때문이다. 이론적으로 이 데이터는 기업 운영에서 증거 기반의 의사결정을 지원한다. 그래서 어떤 이들은 이 것을 "진실의 단일한 원천"이라고 부른다.

반면에 디지털 플랫폼은 제품에 대한 분석과 통찰을 얻을 목적으로 센서, 소셜미디어, 공공 및 구매 데이터 등을 포함하는 빅데이터를 수집하고 저장한다. 이런 구별은 분명하지는 않다. 예를 들면, 어떤 센서 데이터는 장비 위치를 추적하거나 기업 내부 운영을 지원하기 위해 작동할 수 있다. 나아가, 운영 백본과 디지털 플랫폼은 때때로 서로의 데이터를 사용한다. 예를 들어 운영 데이터는 디지털 제품에 내장된 애널리틱스에 자주 사용되고, 디지털 플랫폼은 기업의 일부 마스터 데이터와 거래 처리 데이터를 생성하는 트랜잭션을 일으킬 수 있다.

프로세스 요구사항

우수한 운영을 하려면, 기업은 변동성이 기업 데이터나 비즈니스 성과의 신뢰성에 부정적인 영향을 미칠 수 있는 영역은 반드시 표준화된 프로세스를 구축해야 한다. 운영 백본을 구축하기 위해 대다수 기업들은 코딩을 하기 전에 가급적 많은 요구사항을 해결할 수 있는 방법론적 접근법을 사용한다. 운영 백본을 위해 서비스형 소프트웨어 솔루션을 채택하는 기업들조차도 시스템과 프로세스 요구사항을 정의하는 데 신중하다. 운영 백본을 수정하는 프로세스도 조심스러운 계획과 테스트, 그리고 정기적인 업데이트를 필요로 한다.

이와 대조적으로, 디지털 플랫폼을 위한 주요 프로세스 요구사항은 2장에 기술했듯이 실험과 관련이 있다. 디지털 제품은 가치를 입증하면서 확장될 수 있는 최소한의 생존력이 있는 제품으로부터 출발한다. 지속적인 컴포넌트 개선은 지속적인 소프트웨어 출시에 의존하며, 그럼으로써 고객은 신속하게 혁신과 개선의 덕을 볼 수 있다. 디지털 플랫폼에 존재하는 컴포넌트의 수는 증가할 수 있고, 증가할 것이다. 변화 프로세스는 개발 프로세스와 차이가 없어지게 될 것이다.

인적 요구사항

효과적인 운영 백본 설계를 위해 설계자는 기업의 핵심 프로세스들(예를 들어 주문-현금화 프로세스, 글로벌 공급사슬, 인사관리 프로세스 등)을 구체화하는 '최종 상태' 또는 '목표 상태', 그리고 프로세스들이 어떻게 데이터를 공유할지를 규정한다. 그러고 나면 기업은 시니어 프로젝트 매니저들이 어떻게 궁극적으로 목표 상태를 실현할 수 있을지 로드맵을 그릴 수 있다. 이런 프로젝트 매니저들은 기업의 대형 프로젝트를 기간 내에 마칠 수 있도록 관리한다. 그들은 필요에 따라 일부 조직에서 채택할 수 있는 기업 솔루션에 대해 협상하기도 하고, 신속히 가치를 실현하도록 솔루션을 출시하기도 한다.

설계자들은 디지털 플랫폼에서도 중요한 역할을 수행한다. 그중 가장 중요한 것은, 어떤 컴포넌트가 재사용 가능성이 높은지 결정하여 그것이 재사용을 위해 설계되고 저장소에 저장되도록 하는 일이다. 그들은 API 인터페이스를 위한 표준을 설계할 수도 있다. 그러나 최종 상태를 설계하지는 않는다. 디지털 플랫폼은 새로운 컴포넌트가 생성되면서 지속적으로 진화한다. 5장에서 기술할 컴포넌트 소유자들은 자신들의 컴포넌트의 가치에 대해 반복적으로 가설을 수립하고 테스트를 수행한다.

운영 백본과 디지털 플랫폼의 협업

운영 백본과 디지털 플랫폼은 서로 구별되지만, 공통적으로 데이터를 매끄럽게 주고받을 수 있어야 한다. 디지털 플랫폼은 애널리틱스와 고객 서비스 목적으로 마스터 데이터와 트랜잭션 데이터에 접근해야 할 때가 많다. 또한 디지털 플랫폼은 트랜잭션 처리 및 디지털 제품을 위한 여타 지원을 제공하기 위해 운영 백본에 도움을 요청하기도 한다. 한편, 운영 백본은 디지털 제품의 지속적인 변화로부터 자신을 보호하기 위해 디지털 플랫폼에 의존한다. 〈그림 4.2〉는 운영 백본과 디지털 플랫폼 간의 관계를 보여준다.

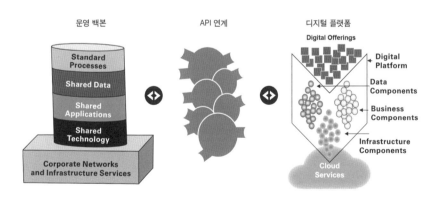

〈그림 4.2〉 운영 백본과 디지털 플랫폼은 서로 연계된다

운영 백본과 디지털 플랫폼 설계에 필요한 요구사항은 매우 다르므로(디지털화된 플랫폼 vs 디지털 플랫폼), 기업들은 이 두 종류의 플랫폼과 각 플랫폼을 책임지는 사람들을 서로 구분하는 것이 이득이 된다. 그러나 디지털 플랫폼과 운영 백본 간의 연계를 생성하고 유지하는 책임은 운영 백본에 관련된 사람들과 프로세스에 속한다. 디지털 플랫폼에 노출할 올바른 데이터 또는 적절한 프로세스를 선택하려면, 레거시 애플리케이션과 그것에서 비롯되는 프로세스가 실제로 어떻게 작동하는지에 대한 정교한 이해가 필요하다. 데이터나 기능을 추출하고 노출하는 것 역시, 운영 백본을 지원하는 이들에게는 일상적인 일인 조심스럽고 신중한 계획과 검증 프로세스의 사용을 요구한다.

디지털 플랫폼 구축하기

우리의 연구에 따르면 기존의 기업들은 아직 디지털 플랫폼 구축의 초기 단계에 있다. 하지만 이것은 빠르게 변하고 있다. 2016년에는 우리가 조사한 글로벌 대기업의 30%만이 디지털 제품을 위한 비즈니스와 인프라 컴포넌트 저장소를 구축하고 있었다.[5] 나머지 70%의 기업은 운영 백본 외에는 어떤 플랫폼 구축에 대한 설계도 시작하지 않은 상태였다. 그러나 2018년이 되자, 우리의 연구 대상 기업 중 74%의 글로벌 대기업이 적어도 디지털 플랫폼 구축 작업을 하고 있었다.[6] 이 디지털 플랫폼의 대부분은 개발 초기 단계였지만, 디지털 제품 개발을 시작하면서 비즈니스와 기술 리더들은 디지털 플랫폼이 신속한 혁신에 필수적이라는 사실을 알게 되었다.

디지털 플랫폼을 보유한 기업은 그렇지 않은 기업보다 3배 더 혁신적(신제품 매출액을 기준으로 측정)이다. 2018년에 폭넓게 채택되는 가치 있는 디지털 플랫폼을 갖춘 기업은 5% 미만이라고 보고되었다.[7]

디지털 플랫폼은 운영 백본보다 구축이 용이한데, 컴포넌트의 필요성이 명확해질 때 점진적으로 구축할 수 있다는 점이 그 부분적인 이유이다. 대부분의 기업은 아직 디지털 제품의 포트폴리오를 구축하지 않았기에, (아직) 디지털 플랫폼 대신에 단일체적인 시스템을 생성하지 않았다. 주의해야 할 것은, 장차 획일적인 제품들이 어떤 식으로 혁신을 저해하게 될지 인식하지 못한 채 당장의 기회에 대응하기 위해 단일체 디지털 제품 구축을 시작하기 쉽다는 것이다.

디지털 플랫폼의 설계와 구축은 모듈화, 재사용성, 로드맵 수립, 표준 API 설계와 같은 원칙을 충실히 준수할 것을 요구한다. 그리고 비즈니스와 기술 담당 리더들이 디지털 비즈니스에 대해 컴포넌트의 관점에서 사고할 것을 요구한다. 우리는 기업들이 20세기에서 21세기 기업으로 전환할 때 비즈니스 모델을 지원할 수 있는 디지털 플랫폼을 개발하는 데 도움을 줄 수 있는 두 가지 접근법을 관찰했다. 바로 디지털 플랫폼을 점진적으로 구축하거나 디지털 플랫폼을 구매하는 것이다.

디지털 플랫폼의 점진적 구축
언급했듯이, 디지털 플랫폼은 한 번에 한 컴포넌트씩 점진적으로 개발할 수 있다. 그리고 컴포넌트는 필요 없어지면 폐기할 수 있다. 디지털 플랫폼은 지속적으로 진화할 수 있고 또 그래야 한다.

생각건대, 디지털 플랫폼은 단 하나의 디지털 제품에 필요한 컴포넌트들로 시작할 수 있다. 성공적인 실험으로 기회가 드러나면 기업은 필요한 컴포넌트 구축을 시작할 수 있다. 그렇지만 그런 접근법은 초기 제품의 출시를 지연시킬 수 있고, 그렇게 되면 디지털 기업은 간단히 특정 제품의 기능을 일회성의 단일체 방식으로 코딩하고 싶은 유혹에 빠질 수 있다. 이 방법은 초기의 몇몇 제품에는 작동할 수 있다. 그러나 고객 요구에 대응하기 위해 제품을 수정해야 하는 경우가 늘어나면, 결국 재작업으로 이어질 것이다.

TCNA는 디지털 제품에 관한 실험을 하기 전에 모빌리티 서비스를 구축하였다. 마찬가지로, 에르베 쿠레유는 슈나이더 일렉트릭의 CIO였을 때(현재는 최고 디지털 책임자이다) 회사의 지능형 에너지 관리 솔루션 비전이 회사 내에 존재하지 않는 역량을 필요로 한다는 것을 깨달았다.[8] 그의 팀은 때로 공급자 파트너들과 협업해가면서 미래의 디지털 제품들을 지원해줄 네 그룹의 주요 컴포넌트를 구축했다. 네 그룹이란 다음과 같다.

1. 온디맨드(on-demand) 서비스 판매로부터 발생하는 반복적 매출을 기반으로 구축된 비즈니스 모델에 필요한 구독 결제 서비스.
2. 고객을 제품과 연계하고, 그렇게 함으로써 고객과 연결된 기기들에 대한 전체적인 이해를 제공해주는 일련의 신원 증명 서비스.
3. 센서에서 수집된 데이터를 그에 맞는 운영 지원 시스템으로 자동으로

보내주는 복잡한 이벤트 프로세싱.

4. 고객 데이터의 안전을 보장하기 위한 사이버 보안 서비스.

이 컴포넌트들은 슈나이더 일렉트릭의 에코스트럭슈어 디지털 플랫폼의 핵심 요소이다. 구독 결제 서비스는 비즈니스 컴포넌트 저장소에 있고, 신원 증명 서비스는 데이터 컴포넌트를 이용하며, 나머지 두 그룹의 서비스는 데이터 컴포넌트와 인프라 컴포넌트의 조합이다. 에코스트럭슈어와 같은 디지털 플랫폼은 기업이 디지털 제품의 신속한 개발이 가능한 위치에 자리잡게끔 해준다. 그러나 이와 같은 선제적 디지털 플랫폼 개발은 명확한 비전, 그리고 많은 기업 리더들이 주저하는 선행 투자를 요구한다.

디지털 플랫폼 구축에 대한 점진적 접근법의 문제는, 공식화된 관리가 필요할 정도로 컴포넌트가 충분히 많아지기 전까지는 디지털 플랫폼이 중요해 보이지 않거나 심지어는 문젯거리로 보일 수 있다는 것이다. 기업 전체의 구성원들이 디지털 플랫폼의 필요성을 인식할 때쯤이면, 아무도 책임지고 싶어하지 않는 뒤엉킨 단일체 디지털 플랫폼 유산을 구축해놨을지도 모른다.

특히 자율적 또는 반자율적 비즈니스 조직을 오랫동안 유지했던 기업의 비즈니스 리더들은 디지털 플랫폼 구축과 사용에 미온적이다. 그들은 자기들이 제품과 서비스를 개발했던 전통적 방식대로의 제품 개발을 선호한다. 비즈니스 컴포넌트들을 구성하여 제품을 만든다는 것은 그들에겐 자연스럽지 못한 사고이다. 로열 필립스의 부사장이면서 혁신과 전략 최고 경영자인 예룬 타스는 이렇게 지적한다.[9]

새로운 기능이 필요하다면, 레거시 시스템을 약간 수정하는 것이 언제나 더 쉬운 방법입니다. 바로 이 점 때문에 사람들이 플랫폼으로 옮겨가는 것이 어렵습니다. 그들은 늘 말합니다. "나는 이 조그만 기능이 필요해요. 오, 기존의 코드베이스에 그걸 끼워넣으면 되겠군요. 다른 플랫폼으로 전환하는 건 너무 위험하고 많은 노력이 듭니다." 그래서 모든 기업에서 보듯이 특별한 무언가를 하지 않는 한, 항상 레거시가 승리합니다.

슈나이더 일렉트릭의 디지털 리더들은 비즈니스 담당 리더들에게 공유 컴포넌트의 장점을 설득해야 했다. 심지어 성공적인 재사용을 시작했을 때도, 디지털 리더들은 비즈니스 부서들에 더 많은 재사용을 권장하고 디지털 제품의 추가 개발을 촉진하기 위해 디지털 플랫폼의 장점을 계속 전파했다. 비즈니스 리더들은 기존의 역량이 어떻게 신상품에 기여할 수 있을지를 상상해보는 것보다 신상품을 고립시켜 생각하는 쪽이 더 편한 경우가 많았다. 그러므로 기업은 디지털 플랫폼의 개발과 사용을 확고히 할 수 있는 장려책이나 필요한 것들을 제공할 필요가 있다. 달리 말해, 디지털 리더들은 컴포넌트 사고체계를 자주 주입해야 한다.

> 잘 구축된 디지털 플랫폼을 보유한 기업은 평균적으로 디지털 제품의 61%를 재사용 가능한 컴포넌트로부터 개발하지만, 그에 비해 제대로 구축되지 않은 디지털 플랫폼을 보유한 기업은 32%를 재사용 가능한 컴포넌트로부터 개발한다.[10]

이런 관점을 좀 더 거들어보자면, 우리가 조사한 몇몇 기업은 재사용 가능한 컴포넌트가 있는지 식별하기 위해 디지털 제품을 검토하는 설계 직책과 관련 프로세스를 설치해놓았다. 한 예로, 뉴욕 멜론 은행(BNY Mellon)의 CIO 보고 라인에 있는 한 임원은 신규 또는 개선된 재무 서비스 제품을 검토해 어떤 기능이 다른 제품에서 사용될 가능성이 가장 높은지를 판단하는 직무를 맡고 있다. 그녀가 속한 팀의 책임은 재사용 가능한 기능을 공유 컴포넌트로 개발하는 것이다. 기능 리더들은 나머지 제품을 개발하는 책임을 맡는다.[11] 그녀의 역할은 사실상 회사가 컴포넌트의 관점에서 사고하도록 돕는 것이다.

디지털 플랫폼을 설계하고 구축하려면, 리더들은 장기적 요구가 현실에서 명백해지기 이전에 그것을 인식하고 투자해야 한다. 만약 비즈니스 리더들이 재사용 가능한 컴포넌트의 관점에서 생각하지 않고 디지털 플랫폼 구축을 결행한다면, 조만간 값비싸고 허술한 디지털 제품군을 보게 될 위험이 있다. 그런 리더들은 과거에 구축했던 뒤엉킨 레거시 시스템으로부터 얻은 교훈을 떠올려보는 편이 현명할 것이다. 운영 백본은 오늘날 도전적인 과제이며, 그 주된 이유는 대부분의 기업이 회사의 장기적 요구보다 당장의 국지적 요구를 충족하기 위한 시스템을 구축했기 때문이다.

디지털 플랫폼 구매

디지털 플랫폼이 없는 기업에게는 플랫폼을 갖춘 스타트업을 인수하는 것도 선택이 될 수 있다. 이러한 기업 인수를 통해 여러 새로운 디지털 고객 서비스를 확보할 수 있고, 디지털 비즈니스 역량 수용을 촉진할 수 있다. 노스웨스턴 뮤추얼 생명보험(Northwestern Mutual Life Insurance)[12]은 가트너가 "기술기업 인수(techquisition)"라고 지칭하는 것, 즉 디지털 역량 개발을 촉진하기 위한 기술기업 인수를 통해 비즈니스 전환을 가속화했다.[13]

노스웨스턴 뮤추얼이 런베스트를 인수하다

1857년에 설립된 노스웨스턴 뮤추얼은 440만 명의 고객에게 생명, 장애, 장기 케어 보험과 연금, 투자 상품, 그리고 광범위한 재무 계획, 중개 및 자문 서비스 등을 제공한다. 노스웨스턴 뮤추얼은 B2B와 B2C를 동시에 수행하는 비즈니스로 설계되었고, 오랫동안 경쟁 우위를 점해온 것 중 하나인 재무 전문가 집단 네트워크를 통해 만족도 높은 고객들(재계약률이 98%에 달한다)에게 서비스를 제공한다. 많은 고객들이 자신의 재무 전문가와의 관계를 계속해서 가치 있는 것으로 평가하며, 노스웨스턴은 앞으로도 계속 그럴 것이라고 가정한다.

재무 전문가 집단은 언제나 이 기업의 비즈니스 모델에서 중추적인 역할을 해왔기 때문에, 노스웨스턴 뮤추얼은 시스템과 프로세스를 고객 요구 충족에 집중시켰다. 하지만 노스웨스턴 뮤추얼의 리더들은 잠재 고객 중 많은 수, 특히 덜 복잡한 재무 요구를 가진 젊은 고객층이 재무 전문가보다는 디지털 채널을 통한 재무 자문을 더 많이 찾는다는 사실을 인지했다. 많은 젊은이들은 재무 자문가와 개인 정보를 공유하는 것보다 디지털 도구에 데이터를 입력하는 것을 더 편하게 느낀다. 그들은 수차례의 미팅에 참여할 만한 인내심도 없다. 그리고 자신들의 옵션에 대한 즉각적인 피드백과 재무 안전 결정에 대한 신속한 합의를 원한다. 게다가 재무 자문가와의 관계를 중요하게 여기던 고객도 점차 온라인, 실시간, 모바일 서비스를 요구하고 있다.

노스웨스턴 뮤추얼의 리더들은 신속함, 편의성, 즐거운 고객 경험을 세계

적 수준의 전문가 및 상품과 결합하면 해당 업계에서 독보적인 승리 공식을 만들어낼 것이라고 믿는다. 따라서 이 기업의 디지털 비전은 고객의 재무적 요구를 고객이 주도하는 경험으로 충족시키는 개인적 디지털 상호작용의 포트폴리오 제공을 요구한다.

이러한 비전을 조속히 실현해야 한다는 위급성을 느끼자, 노스웨스턴 뮤추얼은 2015년 런베스트(LearnVest)를 인수했다. 런베스트는 밀레니얼 세대에게 디지털 방식으로 재무 계획을 제공하는 데 주력하는 회사로, 설립할 때부터 디지털 기업이었다. 런베스트 인수는 디지털 재무 계획 도구를 제공했을 뿐 아니라, 규모에 따른 애자일(Agile)*과 다른 문화적 변화들을 수용하는 데 촉진제 역할을 했다. 결과적으로, 노스웨스턴 뮤추얼은 즐거운 디지털 고객 경험 제공과 재무 전문가들을 위한 새로운 디지털 도구라는 양쪽 모두의 개발을 가속화할 수 있게 되었다.

인사, 재무, 시설, 기술을 포함해 노스웨스턴 뮤추얼로 완전히 통합되자, 런베스트는 세계 최상급의 고객 경험 제공에 집중하는 몇 개의 통합된 팀으로 진화했다. 이 통합된 팀들은 재무 계획, 애널리틱스, 온라인 자문 서비스를 구축 중이다. 인수 시 150명 규모였던 이 기업은 2018년 중반 500명 규모의 조직으로 성장했다.

* 역주: 신속한 반복 작업을 통해 실제 작동 가능한 소프트웨어를 개발하여 지속적으로 제공하기 위한 소프트웨어 개발 방식.

디지털 전환을 추진 중인 기업 입장에서, 처음부터 디지털 기업으로 설립되어 현재 디지털 플랫폼을 갖추고 있는 기업을 인수하는 것은 쉽고 빠른 선택지이다. 하지만 우리는 이런 기업을 인수하여 디지털 플랫폼을 확보하는 것에 대해 한 가지 경고를 하고 싶다. 디지털 플랫폼이 어떻게 구축되고 유지되며 사용되는지를 더 잘 이해하기 위해 우리는 처음부터 디지털 기업으로 설립된 여러 기업의 플랫폼을 연구했다. 그리고 그중 몇몇 기업은 인기 있는 제품을 갖고 있지만 항상 제대로 설계된 디지털 플랫폼을 가지고 있는 것은 아님을 알게 되었다. 이들은 주먹구구식으로(예를 들어, 길을 찾는 사람들처럼) 새로운 기능과 심지어는 새로운 디지털 제품까지 도입하고 있다. 이 기업들은 재사용이 가능한 비즈니스, 데이터, 그리고 인프라 컴포넌트를 주의 깊게 설계하지 않았다. 컴포넌트 대신, 단일체의 제품을 갖고 있다.

이렇게 성공한 스타트업의 리더들은 자기 회사의 단일체 제품이 쉽게 확장성을 갖지 못하리라는 것을 깨달으면 자신의 비즈니스를 매각하기 위해 노심초사한다. 그러나 이런 기업들을 인수하는 것은 좋은 선택이 아닐 공산이 크다. 만약 스타트업이 컴포넌트화된 제품이 아닌 하나 또는 그 이상의 제품을 개발했다면, 이 스타트업을 인수하는 기업은 디지털 브랜드를 얻을 수는 있겠지만, 기업 인수를 통해 디지털 플랫폼을 획득할 수는 없다.

기업 인수로 디지털 플랫폼을 확보하려는 기업이 기억해야 할 또 하나의 사실은, 기업이 운영 백본을 구축할 때와 디지털 플랫폼을 구축할 때 각기 다른 습관을 취한다는 점이다. 다른 기업의 디지털 플랫폼을 인수하는 것만으로는 충분하지 않다. 기업 인수는 사람과 그들의 업무 방식까지 가져와야 한다. 모기업에 영향을 미치려면, 컴포넌트의 구축과 구성 업무를 하는 모든 이들이 오래된 습관을 버리고 스타트업의 습관을 받아들여야 한다.

디지털 플랫폼 제대로 운영하기

현재, 기존의 비(非)디지털 비즈니스 모델을 가진 대부분의 기업은 이미 하고 있는 일에서 더 좋은 성과를 내기 위해 디지털화에 대부분의 자원을 분배하고 있다. 이 기업들은 가까운 장래에 예측할 수 있는 전통적 수익원에 의존할 가능성이 높고, 이들의 디지털 비즈니스는 효율적인 핵심 비즈니스 프로세스에 의존할 것이다. 그러므로 이들이 운영 백본에 투자하는 것은 현명하다.

그러나 장기적 관점의 성공은 디지털 비즈니스 역량에 달려 있기 때문에, 기업들은 어떻게 제품을 컴포넌트화하고 디지털 플랫폼을 구축하는지 학습하는 데 자원을 할당해야 한다. 대부분의 산업에서, 전통적인 제품과 서비스로부터 디지털 제품으로 전환하는 사이에는 디지털 제품의 개발을 촉진할 새로운 시스템과 프로세스를 어떻게 도입할 것인지 학습할 시간이 주어진다. 그렇다 해도 디지털 플랫폼의 구축과 활용은 매우 다른 조직을 요구하므로 기업들은 디지털 플랫폼을 구성하는 블록으로부터 출발해야 한다. 만일 디지털 제품이 절실하게 필요해질 때까지 기다린다면, 너무 늦을 것이다.

이번 장에서는 다음과 같은 요점들을 설명했다.

• 디지털 제품의 컴포넌트화는 디지털 전환에서 큰 차이를 만든다. 디지털 제품의 신속한 혁신을 뒷받침하는 디지털 플랫폼을 구축하려면, 귀사의 비즈니스를 컴포넌트 관점에서 생각할 필요가 있다. **귀사에는 컴포넌트화되지 않은 디지털 제품이 있는가? 그런 제품을 미래의**

제품에 재사용할 수 있는 컴포넌트로 분해할 수 있는가?

• 운영 백본과 디지털 플랫폼의 설계 요구사항은 매우 다르다. **귀사는 디지털 컴포넌트의 저장소를 이용하여 디지털 플랫폼을 설계하고 있는가?**

• 디지털 플랫폼은 운영 백본과 다르지만, 운영 백본과 협업한다. 운영 백본을 책임진 사람들은 데이터와 프로세스가 디지털 제품에 접근 가능하도록 만들 필요가 있다. **귀사에는 운영 백본과 디지털 플랫폼 간의 연계를 책임지는 사람들이 있는가?**

기업은 디지털 컴포넌트와 디지털 제품을 개발하면서 소프트웨어 기업이 된다. 소프트웨어 제품은 전통적인 제품과 서비스보다 훨씬 빨리 변화한다. 따라서 기업의 빠른 변화 수용 역량은 디지털 성공의 열쇠이다. 빠른 변화는 새로운 의사결정 책임과 직무 설계를 요구할 것이다. 이것이 바로 다음 장의 주제이다.

5
책임 프레임워크 구축

2012년 영화 〈어벤저스〉에서 각각의 슈퍼히어로들은 자신의 무기를 뽐내며 작은 승리를 거둔다. 그러나 세상을 구하려면 슈퍼히어로들은 개별 재능들을 연합해서 공동의 목표를 달성하기 위해 팀으로 일해야 한다. 문제 해결을 위해 슈퍼히어로들이 무엇을 해야 하는지 지시해주는 이는 없다. 사실 영화 속 세계안전보장이사회는 어벤저스 팀을 신뢰하지 않고 적을 저지하기 위해 핵폭탄을 발사하려 한다. 그러나 슈퍼히어로들은 각자의 재능을 활용하고 조정·협업함으로써 다른 결정, 즉 더 나은 결정을 내리고 세상을 구한다.

기업이 디지털 플랫폼의 인원을 구성하고 디지털 제품을 구축할 때는 자체의 슈퍼히어로 팀을 배치할 것이다. 개별적으로 이 슈퍼히어로들(업계의 팀 또는 개인)은 멋진 앱을 작성하거나 인공지능 알고

리듬을 개발하는 것 같은 훌륭한 일을 달성할 수 있다. 다시 말해, 각각의 슈퍼히어로는 컴포넌트를 성공적으로 생성할 수 있다. 그러나 기업의 큰 목표를 이루려면, 슈퍼히어로들은 개별 컴포넌트를 잘 결합하여 진정으로 놀라운 디지털 제품을 제공해야 한다.

전통적으로 기업들은 관리자들이 비즈니스 목표 달성 방법을 알고 다른 사람들에게 무엇을 해야 할지 지시하게끔 해왔다. 이런 접근 방식은 특히 잘 알려진 문제를 해결할 때 비즈니스 효율성을 창출할 수 있다. 그러나 이 방식은 혁신을 촉진하지 않는다.

만일 기업이 디지털 방식으로 성공하기를 바란다면, 즉 가치 있는 디지털 제품을 대규모로 개발하고자 한다면, 직원들에게 훌륭한 컴포넌트를 상상하고 구축할 권한을 주어야 한다. 마찬가지로 중요한 것은, 권한을 부여받은 사람들의 노력을 조정하여 그 컴포넌트들이 효과적으로 함께 작동하도록 해야 한다는 것이다. 기업에 책임 프레임워크가 필요한 이유는 개인들의 노력을 전체적으로 조정하면서 사람들에게 권한을 부여한다는 바로 이 목표 때문이다. 디지털 플랫폼은 디지털 성공을 위한 기술 기반이다. 책임 프레임워크는 디지털 플랫폼을 구축하고 사용하기 위한 역할과 프로세스를 정의한다.

혼돈이 아닌 창의성

효율성을 위해 설계된 기존의 기업들은 일반적으로 계층적 구조에 크게 의존해왔다. 명령과 제어 관리의 접근 방식이 회사의 최적화된 프로세스를 구현하는 데 도움이 되었기 때문이다. 신뢰성과 예측 가능성이 프로세스의 가장 중요한 특성인 경우, 경영진은 직원들이 그 프로세스를 어떻게 실행해야 하는지를 규정하려 할 것이다.

디지털 제품(과 그것의 기본적인 컴포넌트)의 개발은 표준화된 프로세스에 덜 의존하고 빠른 혁신에 더 의존한다. 리더는 사람들이 무엇이 가능한지 상상하고 그것을 실현하기를 기대한다. 창의적 사고와 탐구를 자극하기 위해, 디지털 리더는 정해진 계층적 프로세스를 따르지 않고 사람들에게 디지털 서비스를 식별, 생성 및 관리할 수 있는 권한을 부여하려고 한다. 이는 스타트업과 매우 유사하다.

권한을 부여하면, 생존 가능한 조직의 가장 낮은 단계까지 의사결정이 밀려 내려간다. 그렇게 되면 결정을 내리는 사람들이 실제로 자신의 결정이 미치는 영향을 확인할 수 있다. 더 높은 단계의 분석과 숙의, 합의 구축을 기다리는 대신, 의사결정권자는 변경 사항이 고객이나 다른 직원에게 해로운 영향을 끼칠 때 즉시 대응할 수 있다. 이러한 의사결정권자들은 일반적인 비즈니스 규칙이나 프로세스로 물러나기보다 문제를 해결하기 위해 무엇이든 하기에, 즉 틀 밖에서 사고하기에 더 좋은 위치에 있기도 하다.

물론, 팀이 개별적으로 디지털 제품을 관리할 수 있도록 권한을 부여하면 조직이 혼란에 빠지기 쉽다. 특정 컴포넌트나 제품을 책임지는 직원은 해당 컴포넌트나 제품을 최적화하는 조치를 취할 수 있지만, 그 이상의 기업 목표 달성에는 실패할 수 있다. 기업들은 책임 프레임워크를 개발함으로써 혼란을 피한다. 여기서 책임 프레임워크란 "디지털 제품과 컴포넌트에 대한 책무 분배로서, 자율성과 조정의 균형을 잡는 것"으로 정의한다. 책임 프레임워크 빌딩 블록은 각각의 디지털 컴포넌트에 대한 소유권을 확립한다.

대부분의 경영진은 (운영 백본과 반대되는) 디지털 플랫폼을 구축하고 활용하는 데 필요한 책임 프레임워크를 채택하려면 근본적인 행동 변화가 필요하다는 것을 알고 있다. 일부 경영진은 단순히 인센티브에 변화를 줌으로써 이러한 행동 변화를 유도할 수 있다고 말했다. 우리도 그러면 좋겠다! 인센티브는 더 권한이 많고 더 컴포넌트화된 업무 환경에서 리더십의 일부를 이루는 퍼즐 조각일 뿐이다.

권한을 가진 팀은 더 광범위한 회사 전체의 목표에 기여하는 팀의 목표를 달성하기 위해 지표를 설정하고 프로세스를 규정하고 결과를 평가하고 자체 활동을 조정한다. 개별 팀의 노력이 다른 팀의 노력과 충돌하기보다 그것을 보완하게 하려면, 기업은 책무를 신중하게 설계해야 한다. 명확한 목표, 지원 도구 및 자원에 대한 접근 기회, 많은 교육과 코칭이 필수적이다. 그렇지 않으면 권한을 부여받은 팀이 창의성보다 혼란을 야기할 것이다. 이 경우 컴포넌트는 있지만 경쟁력 있는 디지털 제품을 생산할 가능성은 거의 없다.

'살아 있는' 자산의 관리

디지털 제품은 소프트웨어 기반이다. 소프트웨어는 무형이기 때문에 끝없이 개선할 수 있다. 중요한 소프트웨어 컴포넌트는 고객이 무엇을 원하고 기술이 무엇을 할 수 있는지에 대해 새로이 알게 된 것을 반영하기 위해 변화할 수 있고, 변화해야 한다. 사람들이 일상 활동을 수행하는 데 사용하는 소프트웨어를 만드는 애플, 마이크로소프트,

세일즈포스 및 여타 공급업체는 지속적인 소프트웨어 업데이트를 우리 생활의 일부로 만들었다. 디지털 비즈니스가 되면, 기술 파트너가 소프트웨어 업데이트를 요구할 때 불평하는 기업에서 고객에게 도움이 되는 부가가치 있는 소프트웨어 업데이트를 정기적으로 수행하려고 노력하는 기업으로 변하게 될 것이다.

소프트웨어는 정기적으로 변할 수 있고 또 그래야 하기 때문에, 우리는 디지털 제품과 그것의 주요 소프트웨어 컴포넌트를 '살아 있는 자산'으로 생각한다. 이 살아 있는 자산은 작고 단순하게 시작하여 고객의 관심을 끌면서 성장한다. 결국 쇠퇴할 수도 있다. 고객의 요구와 새로운 기술 역량에 적응하기 위해 살아 있는 자산은 관심을 필요로 하며, 많은 경우에 지속적인 관심이 필요하다.

따라서 컴포넌트로 업데이트하는 것은 대부분의 디지털 가치 제안에서 필수적인 부분이지만, 사람들이 일하는 방식에 대한 새로운 요구를 제기한다. 사람들은 새로운 고객 통찰에 신속히 대응해야 하며, 그렇게 함으로써 역동적인 업무 환경이 창출된다. 바로 이 역동적 업무 환경으로 인해 권한 분산과 책무는 매우 중요해진다. 계층적 의사 결정 프로세스는 너무 느리며, 계층 구조의 최상위에 있는 리더는 끊임없이 변화하는 고객의 요구에 대응하는 데 필요한 모든 것을 도저히 알 수가 없다.

책임 프레임워크에서 핵심 역할은 컴포넌트 소유자의 역할이다. 컴포넌트 소유자는 가치 있는 컴포넌트를 구축하는 것을 책임질 뿐만 아니라, 그 컴포넌트의 수명이 다할 때까지 그것에 의존하는 이들(직원, 고객 그리고/또는 파트너)에게 컴포넌트의 질, 비용 효율성, 유용성이 유지되도록 하는 것 역시 책임지는 팀 또는 개인이다.

어떤 컴포넌트 소유자들은 디지털 제품을 책임진다. 이들은 디지털 제품을 정의하는 코드를 개발하고 유지한다. 이 코드는 필요한 경우 재사용 가능한 컴포넌트에 접근하며, 한편으로는 유일한(재사용할 수 없는) 기능을 제공하기도 한다. 또 다른 컴포넌트 소유자들은 디지털 제품이 의존하는 비즈니스, 데이터 또는 인프라 컴포넌트를 책임진다. 이들은 디지털 제품의 소유자들이 새로운 기능이 준비되는 대로 출시할 수 있게 해준다.

살아 있는 자산을 관리할 수 있는 조직을 만드는 것은 단순히 애자일 방법론을 채택하는 것보다 훨씬 더 근본적인 조직 변화라는 점에 유의해야 한다. 애자일 방법론은 기업이 소프트웨어를 개발하는 방식을 바꾼다. 개발자는 처음부터 일련의 상세한 시스템 요구사항을 개발하기보다는, 단기적인 '최적의 프로세스'(SPRINTS, 역주: Strategic Program for Innovation and Technology Transfer. 최소의 시간으로 최상의 결과를 얻도록 조정된 최적의 프로세스)를 통해 반복적으로 개발된 소프트웨어에 대한 피드백을 유도하여 사용자의 요구를 표면화해야 한다. 살아 있는 자산을 관리하기 위해 기업은 끊임없이 진화하는 소프트웨어 컴포넌트에 대해 책임을 할당해야 한다.

뉴욕 멜론 은행의 전 CIO인 수레슈 쿠마르는 컴포넌트 소유자란 자기 제품의 성공에 관해 전적인 책임을 지는 '미니 CEO'(역주: 프로젝트 오너라고도 하며, 제품에 대한 대부분의 책임을 지고 의사결정을 하는 사람을 일컫는다)라고 설명했다.(디지털 관리가 그만큼 어렵다는 건 놀라운 일이 아니다. 디지털 회사에는 많은 CEO가 있다!) 컴포넌트 소유자(미니 CEO)는 하나 또는 그 이상의 컴포넌트와 이 컴포넌트가 생성하는 가치를 관리한다. 개념은 간단하지만 구현은 그렇지 않다. 쿠마르는 원래의 컴포넌트 소유자 중 약 3분의 1만이 자연스럽게 미니 CEO가 되었다고 말했다. 그렇지 못한 이들은, 전부는 아니지만 많은 경우 훈련시킬 수 있다.[1] 훌륭한 제품이나 컴포넌트를 제공하는 것은 도전적인 일이다. 기업의 비즈니스 목표를 달성하기 위해 개별 컴포넌트와 제품을 조정하는 것은 그보다 훨씬 더 도전적인 과제이다.

책임 프레임워크는 자율성과 통합성을 모두 촉진한다

기업이 부가가치를 창출하는 디지털 플랫폼을 구축하고 사용하고자 할 때 직면하는 가장 큰 도전은 기술적인 것이 아니다. API 지원 기술, 데이터, 또는 인프라 컴포넌트를 구축하는 것은 숙련된 엔지니어에게 상당히 간단하다. 어떤 재사용 가능한 컴포넌트가 필요한지, 그 컴포넌트들이 어떻게 함께 작동할지, 어떤 종류의 개선이 가치를 더할 것인지, 어떤 디지털 제품이 비즈니스 성공에 가장 큰 기여를 할 것인지를 정의하는 것은 훨씬 더 어렵다. 이것이 바로 기업에 책임 프레임워크가 필요한 이유이다. 책임 프레임워크 빌딩 블록 설계의 핵심은, 자율적인 팀과 개인들에 걸쳐 협력을 촉진하는 동시에 창의성을 마음껏 발휘할 수 있는 자율성을 제공하는 역할과 프로세스를 채택하는 것이다.

스포티파이(Spotify), DBS 은행, 카맥스(CarMax), 노스웨스턴 뮤

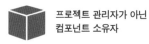 프로젝트 관리자가 아닌
컴포넌트 소유자

 예정 공개 배포가 아닌
지속적 공개 배포

 구조가 아닌 임무

 매트릭스화된 기능이 아닌
자원이 풍부한 팀

 지시가 아닌 지표

 계층 구조가 아닌 협업

 주요 출시가 아닌 실험

 통제가 아닌 신뢰

〈그림 5.1〉 디지털 책무 설계를 위한 관리 원칙

추얼, 뉴욕 멜론 은행 등과 같은 기업에 대한 연구를 기반으로 우리는
자율성과 협력의 균형을 유지하기 위한 8가지 기본 원칙을 확인했
다.(〈그림 5.1〉 참조)

프로젝트 관리자가 아닌 컴포넌트 소유자: 디지털 제품과 컴포넌트
의 소유자는 컴포넌트의 수명 주기 동안 자신이 생성한 것에 대해 지
속적인 책임을 진다. 그들은 프로젝트 관리자처럼 품질 보증 팀이나
운영 팀, 상품화 팀 또는 고객 서비스 부서에 코드를 넘기지 않는다.
컴포넌트 소유자의 철학은 "당신이 만들었고, 당신이 소유한다"는 것
이다. 컴포넌트 소유와 관련된 책임의 범위는 광범위하며, 그에 필요
한 기술은 습득하기 어렵다. 컴포넌트 소유자는 문제 해결사여야 하

기에, 지시를 기다릴 수 없다. 소유자 역할을 효과적으로 수행하는 방법을 배우려면 많은 경우 코칭이 도움이 될 수 있는데, 특히 이전에 프로젝트 매니저였던 이들에게 그러하다.

구조가 아닌 임무: 형식적인 계층 구조는 안정성을 제공하며, 표준화된 비즈니스 프로세스를 강화하는 데 유용하다. 그러나 컴포넌트 소유자는 변화하는 고객 요구와 새로운 비즈니스 기회에 대응하고 있다. 그들은 형식적인 구조가 덜 필요하고, 영감이 더 필요하다. 그들의 활동이 기업 목표에 기여하도록 하려면, 컴포넌트 팀에 회사 목표와 연계된 특정 임무가 있어야 한다. 임무는 우리 팀이 완수할 것과 다른 팀이 완수할 것을 명확히 해준다. 이런 식으로 임무는 팀에 목표와 경계를 모두 제공하므로, 형식적 구조 내에서 조직의 경계를 정확하게 설명해야 할 필요성을 줄여준다. 임무는 자율성을 촉진한다. 팀은 자기 임무 범위 내에서 목표를 추구하고, 필요할 때만 다른 팀과 협력한다. 팀의 독립성을 유지하기 위해 리더는 컴포넌트 소유자와 협력하여 가능한 한 상호의존을 피하는 방식으로 팀의 임무를 지속적으로 명확히 해주어야 한다.

지시가 아닌 지표: 임무를 이행하기 위해, 컴포넌트 팀은 컴포넌트를 구축하고 향상할 때 자신들이 임무를 잘 진행하고 있는지를 알려주는 지표를 설정해야 한다. 그들을 돕기 위해 리더는 팀이 제안한 지표를 검토하고 이러한 선택의 적합성에 대해 숙고한다. 리더는 지시를 내리지 않는다. 이러한 방식으로 리더는 팀의 창의적인 재능을 최적으로 활용하고 팀원들이 효과가 있는 것과 없는 것을 학습하도록 돕는다. 필요하다면 리더는 지표를 선택하고 추구하는 더 나은 방법

에 대해 팀을 지도할 수 있지만, 어떻게 임무를 완수할지를 결정하는 팀의 책임을 함부로 빼앗을 수는 없다.

주요 출시가 아닌 실험: 팀은 어떤 기능 또는 작업이 바라던 효과를 가져올 것인지 가정하여 지표를 추구한다. 그들은 실험을 설정하여 가설을 테스트한다. 어김없이 여기에는 고객(또는 다른 팀)이 어떻게 반응하는지 보기 위해 일부 코드를 작성하고 배포하는 작업이 포함된다. 팀은 실험 결과를 설정한 지표와 비교한다. 성공하면 새로운 목표를 세울 수 있다. 실패하면 가설을 변경하거나 다른 실험을 시도한다.

예정 공개 배포가 아닌 지속적 공개 배포: 팀이 빠르게 배우고 반응하려면, 새 소프트웨어 코드를 개발하는 즉시 공개 배포해야 한다. 아마존은 몇 초마다 코드를 공개 배포한다.[2] 대부분의 기업들은 이 정도의 빈도를 맞출 필요가 없지만, 팀이 피드백을 얻으려면 예정된 정기적인 배포 날짜를 기다릴 수 없다. 또한 팀은 대기열을 개발하고 편의에 따라 컴포넌트를 생산에 투입하는 운영 팀에 의존할 수도 없다. 지속적인 공개 배포를 용이하게 하기 위해, 기술 조직은 데브옵스(DevOps, 역주: development[개발]와 operations[운영]가 합쳐진 단어로 시스템 개발자와 운영 담당자 간의 소통, 협업, 통합, 자동화를 바탕으로 애플리케이션 개발과 고객 서비스 제공을 빠른 속도로 할 수 있도록 조직 역량을 향상시키는 소프트웨어 개발론) 환경을 만들고 있다. 이 환경은 소프트웨어 애플리케이션을 개발하는 책임과 애플리케이션을 생산에 배치하고 지원하는 책임 사이의 분리를 최소화하거나 제거한다.[3]

매트릭스화된 기능이 아닌 자원이 풍부한 팀: 컴포넌트 팀이 성공하려면 임무를 수행하는 데 필요한 모든 자원에 쉽게 접근할 수 있어야 한다. 우선, 이는 대부분의 팀이 교차 기능을 수행해야 함을 의미한다. 그러나 교차 기능 팀이라 해도 고유한 전문 지식에 대한 모든 요구사항을 충족할 수는 없다. 대부분의 대기업이 비즈니스 라인과 지역에 걸쳐 수평적 기능 서비스를 제공하기 위해 개발한 복잡한 매트릭스 구조는 너무 느리고 표준화되어 디지털 팀의 요구사항을 충족하지 못한다. 따라서 리더는 자원 요구사항을 정의하고 창의적으로 해결하기 위해 기업 내 미니 CEO를 신뢰해야 한다. 너무 많은 비용이 들 것 같은가? 사실 그렇다. 운영 백본이 효율성에 관한 것이라면 디지털 플랫폼은 속도에 관한 것임을 기억하라. 높은 비용이 낭비를 의미하는 것은 아니다. 미니 CEO에게 필요한 자원을 제공하라. 그러면 결과와 그 결과를 만들어낸 비용을 전적으로 책임지는 팀을 얻을 수 있을 것이다. 핑계는 허용되지 않는다!

계층 구조가 아닌 협업: 잘 설계된 임무는 컴포넌트 팀들 간의 상호 의존을 제한한다. 그러나 디지털 비즈니스에서는 동시에 너무나 많은 일이 발생하기 때문에 특정 팀이 다른 팀과 협업해야 하는 경우가 있다. 이런 상황이 발생할 때 계층적 의사결정 프로세스는 값비싼 장애물이다. 팀은 자신들이 어떤 팀에 의존하는지, 그리고 어떤 팀이 자신들의 결과물에 의존하는지 알아야 한다. 그런 다음 필요에 따라 관련 당사자와 직접 작업할 수 있다. 리더는 공동 작업 공간(co-location), 상호의존 관계를 가시화한 자료, 주간 미팅과 같은 협업 도구와 프로세스를 제공하여 이러한 노력을 지원한다.

통제가 아닌 신뢰: 문제가 발생했을 때, 전통적으로 위계화된 조직

에서 리더의 자연스러운 본능은 개입하여 수정하는 것이다. 리더들은 그런 경향을 삼가야 한다. 명확한 임무와 정확한 경계, 실행 가능한 지표, 필요한 자원에 대한 접근 권한을 가진 컴포넌트 팀은 그 팀의 보스보다 문제를 해결하는 데 훨씬 더 나은 위치에 있다. 디지털 기업의 리더는 구성원들이 무엇이 잘못됐는지 또는 다음에 무엇을 할 것인지 이해하는 것을 돕기 위해 팀을 코치한다. 그러나 리더는 주어진 문제나 그 해결책에 대해 팀이 아는 것보다 훨씬 덜 알고 있다. 리더는 명령과 통제로 개별 활동을 동기화하는 스포츠 팀의 수석 코치가 아니라, 개인들이 컴포넌트에 대한 완전한 책임을 맡는 기술을 연마하도록 돕는 프로세스 코치이다.

이 원칙들은 기존 기업이 디지털 플랫폼을 구축하고 이용할 때 직면하는 관리 변화의 규모가 얼마나 큰지를 부각시킨다. 애초에 디지털 기업으로 설립된 회사에서도 이 원칙들은 구현하기 어렵다. "자유와 책임"에 전념하는 넷플릭스(Netflix)의 리더들조차도 모든 것이 완벽하게 작동하지는 않는다고 이야기한다.[4] 실제로, 이러한 원칙을 채택한 기업들은 책무가 지속적으로 진화하고 있다고 말한다. 기업이 하나의 과제를 해결하면, 새로운 과제가 나타난다.

우리가 연구한 대부분의 기존 회사는 책임 프레임워크 개발의 초기 단계에 있었다. 디지털 음악 서비스인 스포티파이가 컴포넌트 소유자들에게 권한을 부여하고 그들을 조정하는 이중의 과제와 수년간 씨름한 후 무엇을 알게 되었는지를 이해하면, 이러한 프레임워크가 어떻게 진화하는지를 파악하는 데 유용할 것이다.

스포티파이는 어떻게 자율성과 협력의 균형을 구현하는가?

2008년에 설립된 스포티파이는 무료 및 구독 기반 서비스를 모두 제공하는 음악 스트리밍 회사이다. 다른 많은 디지털 태생 기업과 마찬가지로 스포티파이는 효율성보다는 혁신의 속도에 맞게 설계되었다. 많은 스타트업들처럼 이 회사는 이익보다 성장을 강조한다. 그 결과 스포티파이의 디지털 플랫폼은 운영 백본보다 더 발전되었다. 디지털 플랫폼을 지속적으로 향상시키기 위해, 회사는 디지털 팀이 개별 컴포넌트를 최적화하면서 전사적 비즈니스 목표를 달성할 수 있도록 하는 데 노력을 기울였다.[5]

스포티파이에 항상 디지털 플랫폼이 있었던 것은 아니다. 초기 제품인 데스크톱 고객 음악 제공 서비스는 하나로 된 단일체 소프트웨어였다. 이 설계는 회사의 제품이 단순할 때는 실행 가능했지만, 제품 팀이 증가하고 회사가 기능과 후속 제품을 추가하자 단일체 구조는 기존 기업의 레거시 시스템처럼 비즈니스 위험을 증가시켰다. 특히 단일체 제품은 시장 반응을 제한했는데, 모든 팀이 자체 코드를 완전히 테스트하고 회사가 모든 상호작용을 테스트한 후에야 새 코드를 생산에 투입할 수 있었기 때문이다.

단일체 디지털 제품의 위험을 인식한 스포티파이는 최초의 제품을 리버스 엔지니어링(reverse engineering, 이미 만들어진 시스템을 역으로 추적하여 처음의 문서나 설계기법 등의 자료를 얻어내는 일)하여 가능한 한 재사용 가능한 API 지원 컴포넌트를 추출했다.[6] 그런 다음 기술 리더들은 회사의 디지털 플랫폼을 구축할 때 모듈식 설계 원칙을 계속 적용했다.[7] 지금은 3,000명의 스포티파이 직원 중 절반이 회사의 디지털 플랫폼을 구축하고 이용하여 디지털 제품과 컴포넌트를 설계, 제공, 유지한다.

네 가지 메커니즘이 스포티파이가 자율성과 조정의 균형을 유지하는 데 도움을 주고 있다.

자율 소그룹의 컴포넌트 소유

스포티파이는 하위 부문과 소그룹에 디지털 제품과 주요 컴포넌트의 소유권을 할당한다. 일반적으로 하위 부문이 디지털 제품을 처음부터 끝까지 책임진다. 예를 들어 뮤직 플레이어 부문은 파트너로부터 오디오 가져오기를 비롯해 저장, 스트리밍, 검색 및 다양한 관련 서비스를 처리한다.[8] 가장 큰 부문인 인프라 및 운영 부문은 대부분의 인프라 컴포넌트를 제공한다.

하위 부문은 소그룹으로 나뉘며, 각 소그룹은 디지털 제품이나 기본 디지털 컴포넌트를 지원하는 하나 또는 그 이상의 컴포넌트를 소유한다. 뮤직 플레이어 부문에는 검색을 담당하는 소그룹이 있다. 인프라 부문에는 AB 테스트 환경을 담당하는 소그룹이 있다. 스포티파이의 리더들은 소그룹 간 협업의 필요성을 제한하기 위해 경계를 규정할 필요성을 강조한다.

소그룹 자율성의 기본은 제품 또는 컴포넌트에 대해 작업하는 사람들이 그에 관한 결정을 내릴 수 있는 가장 좋은 준비가 되어 있다는 전제이다. 따라서 스포티파이는 소그룹에 프로세스나 기술 결정을 지시하지 않는다. 대신 코치는 소그룹이 이런 결정을 내리는 방법을 배울 수 있도록 소그룹들과 함께 일한다. 소그룹은 자체 목표를 설정하고, 자체 프로세스와 기술을 선택하며, 지표를 지정하고, 실험을 수행하고, 지표와 대조하여 실험 결과를 평가한다.

자율성을 지원하는 모듈식 설계

스포티파이는 모듈식 디지털 플랫폼을 설계했다. 이것은 (4장에서 설명한 것처럼) 플랫폼이 API 지원 컴포넌트의 저장소 집합이라는 의미이다. 이 설계는 "제한된 적용 반경"을 지원한다. 다시 말해, 한 소집단의 새로운 코드가 다른 소집단의 컴포넌트를 무너뜨릴 위험을 최소화한다. 예를 들어, 한 소집단의 실험이 실수로 음악 플랫폼에서 앨범 사진들을 꺼내 갈 수 있다. 그러나 스포티파이의 컴포넌트화된 설계로 인해 문제는 앨범 사진으로만 제한된다. 제한된 적용 반경은 앨범 사진의 문제가 사용자의 음악 재생 및 검색 기능과 같은 다른 중요한 컴포넌트에 영향을 미치지 않는다는 것을 의미한다.

모듈화를 통해 회사는 데브옵스 개발 환경을 만들 수 있다. 그리고 데브옵스 환경을 통해 팀은 코드가 안정되는 즉시 새로운 개선 사항과 기능을 프로덕션에 적용할 수 있다. 이렇게 되면 신속한 고객 피드백이 가능해지므로, 학습 속도가 빨라지고 더 많은 실험이 가능하다.

허용 한계 내에서의 임무 부여

부문 내부 및 부문 간 조정을 보장하는 중심 메커니즘은 스포티파이의 임무 개념이다. 임무는 각 부문(그리고 궁극적으로 개별 소그룹)이 소유한 장기적인 핵심 전략 목표에 대한 진술이다. 예를 들어, Music Player 부문의 임무는 "전 세계의 모든 음악에 대해 빠르고 안정적인 접근을 제공하는 것"이다. 인프라 부문의 임무는 "고가용성 서비스를 유지하면서 높은 제품 개발 속도를 가능하게 하는 것"이다.

임무는 회사의 "베팅(bets)"에 따라 움직이며, 어느 정도까지는 그 베팅을 확립하는 데도 도움이 된다. 임무가 부문의 목표를 정의한다면, 베팅은 회사 전체의 전략적 목표이다. 그다음에는 지표가 소그룹이 부문의 목표에 어떻게 기여할지를 결정한다. 예를 들어, "[이렇게 하면] 유지율을 높이거나 ○명의 사용자 또는 더 많은 아티스트에게 도달할 수 있다고 믿는다"라는 것이 하나의 베팅이 될 수 있다. 스포티파이의 조직 코치 안데르스 이바르손은 다음과 같이 보다 상세히 설명했다.

"'회사의 베팅(Company bets)'이란 우리가 회사의 최우선 사항이라고 일컫는 것들이다. 즉, 우리가 기업으로서 하는 최상위 10가지 또는 5가지의 일을 말한다. 결과가 어떻게 나올지 모르기 때문에, 우리는 그 각각을 하나의 베팅이라고 부른다. 우리는 우리가 이것에 관해 가지고 있는 모든 데이터가 무엇인지 묻는 것부터 시작한다. 우리는 이 데이터에서 어떤 통찰을 이끌어 내고 있는가? 그 통찰을 바탕으로 우리가 세상에 대해 가지고 있는 믿음은 무엇인가? 그 믿음을 바탕으로 우리가 만들고 있는 베팅은 무엇인가?"

스포티파이에서 임무와 베팅은 상향식과 하향식 프로세스를 통해 설정된다. 어떤 아이디어는 리더십에서 나온다. 스포티파이 컴포넌트에 대해 작업하거나 그것을 이용하는 개인들로부터는 더 자주 아이디어가 나온다. 그러면 그 아이디어들은 정해진 시간 내에 달성해야 할 목표로 설정되고, 명확하게 정의된 지표에 매핑된다.

시장 상황이 바뀌거나 회사가 새로운 기회를 확인하면, 베팅과 임무도 바뀐다. 이런 변화는 소그룹과 하위 부문의 재구성을 요할 수도 있다. 스포티파이에서 변화는 늘 일어난다.

일관성을 유지하는 공유 지식

소그룹들이 매일 하는 활동을 동기화하기 위해 스포티파이는 챕터(chapter)와 길드(guild)라는 두 개의 협력 및 지식 공유 메커니즘을 도입했다. 챕터는 테스트, 그래픽 디자인 또는 백엔드 개발 같은 역량을 중심으로 구성된다. 모든 소그룹 구성원은 챕터에 속한다. 챕터는 여러 소그룹 간에 보다 일관된 기술 결정을 할 수 있도록 이끄는 학습을 촉진한다. 소그룹은 리더가 없지만 챕터에는 라인 관리자 같은 기능을 하는 장이 있으며, 이 장들은 자기 챕터 사람들의 발전을 책임진다. 개인들이 챕터를 바꾸지 않고도 새로운 소그룹으로 옮길 수 있기 때문에, 이 설계는 유연성을 증진시킨다. 이것은 특정 문제를 해결하기 위해 임시 팀을 구성하는 데 특히 유용하다. 컴포넌트 팀과 달리, 이러한 팀은 필요에 따라 형성되고 해체할 수 있다.[9]

길드는 조직의 여러 부문과 섹션에서 비슷한 관심사를 공유하는 사람들을 모은다. 길드는 해당 영역의 최신 발견을 공유하고 최고의 사례를 공식화하기 위해 내부에서 '언컨퍼런스(unconference, 일반적인 회의와 달리 참석자 중심으로 진행되는 회의)'를 연다. 이런 방식으로 길드는 구성원이 새로운 기술을 개발하도록 돕는다. 예를 들어, 블록체인 길드는 블록체인에 관심이 있는 모든 사람들을 위한 학습 포럼을 제공한다. 누구나 길드에 가입할 수 있다.

스포티파이에서 애자일 코치는 지식 공유에서 중요한 역할을 하며, 특히 방법론에서 그러하다. 그들은 한 부문 내의 여러 소그룹과 함께 일하기 때문에, 다른 소그룹이 구현한 방식들을 추천할 수 있다. 다른 공식 및 비공식 지식 공유 메커니즘 중에는 소그룹들이 서로의 실패한 실험에서 배울 수 있는 사후 분석, 모든 이가 진행 상황을 공유하고 진행을 가로막는 문제들을 표면으로 끄집어내는 주간 스탠드업 미팅 등이 있다.

스포티파이의 리더들은 회사가 끊임없이 진화하고 있다고 말한다. 어떤 실행 장치도 계획한 대로 정확하게 작동하는 경우는 없으며, 모든 솔루션은 새로운 문제를 노출한다. 그래서 회사는 현재의 문제와 기회를 다루기 위해 끊임없이 스스로를 재설계한다. 우리는 이것이 디지털 회사의 표준이 되리라고 기대한다.

〈그림 5.2〉는 스포티파이의 책임 프레임워크의 핵심 메커니즘을 요약한 것이다.

- 명확한 컴포넌트 소유권이 있고 풍부한 자원을 지원받는 **권한이 있는 팀**
- 다른 소그룹의 컴포넌트를 위험에 빠뜨리지 않으면서 자신들의 실험에 대한 신속한 피드백을 받을 수 있도록 팀이 지속적으로 코드를 공개 배포할 수 있게 해주는 **모듈식 설계(독립적 구조)**
- 회사의 목표를 지원하는 한편 팀 지표의 공식화를 안내하는 뚜렷한 목표를 제공하는 **책무**
- 필요한 협업을 촉진하는 공식화된 **지식 공유** 메커니즘. 이러한 메커니즘은 자율성과 협력 사이의 균형을 보장하므로, 리더는 팀이

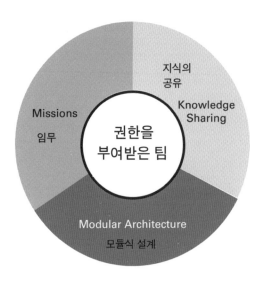

〈그림 5.2〉 책임 프레임워크의 핵심 메커니즘

혼란을 일으키지 않고 신속하게 혁신할 것을 확신할 수 있다.

기존 기업에서 자율성과 협력을 뒷받침하는 메커니즘은 반드시 기존의 제품 개발 및 운영 프로세스를 보완해야 한다. 디지털 제품은 초창기에는 기업의 수익 중 작은 비율만 창출하므로, 리더는 전통적인 비즈니스 수행 방식을 교란하지 않으면서 디지털 제품을 개발하는 책임 프레임워크를 정하려 할 것이다. 이것은 자율성과 협력의 균형을 구현하는 메커니즘이 적어도 초기에는 전체 제품과 서비스의 포트폴리오보다는 디지털 제품을 목표로 삼는다는 의미이다. 1993년 온라인 중고차 판매업체로 설립된 카맥스는 회사 전체가 아닌 디지털 혁신 부서에만 새로운 책임 프레임워크를 도입함으로써 혼란을 줄였다.

카맥스는 어떻게 자율성과 협력의 균형을 구현하는가

약 200개의 매장과 25,000명의 직원을 보유한 미국 최대 중고차 소매업체 카맥스는 고객 경험을 변화시키기 위한 노력의 일환으로 책무를 재정의했다. 카맥스는 자동차를 사고파는 소비자 대상 사업, 금융 사업, 도매 자동차 경매 사업 등 세 가지 사업을 가지고 있다. 이 회사는 또한 중고차 구매자에게 보증 연장, 갭 보험, 다른 회사의 자동차 금융과 같은 다양한 보완 제품 또는 서비스를 제공한다. 회사의 새로운 책임 프레임워크에는 고객 대면과 고객 지원(즉, 직원 대면) 경험을 모두 개선할 수 있는 기회를 찾고자 하는 팀이 포함된다. 스포티파이처럼 카맥스는 자율성과 협력의 균형을 구현하기 위해 〈그림 5.2〉의 네 가지 메커니즘에 의존한다.

권한을 지닌 팀과 그룹: 카맥스는 그들이 '제품'이라 부르는 것의 수명 주기를 책임지는 7~9명으로 구성된 25개 이상의 팀에 컴포넌트를 구축하고 유지하는 책무를 할당한다. 제품 팀들은 같은 곳에 있으며, 지속적인 관계를 유지한다. 제품의 예로는 온라인 금융, 검색 엔진 최적화, 디지털 머천다이징 및 플랫폼 서비스 등이 있다. 제품 팀(스포티파이의 소그룹 같은)들의 그룹(스포티파이의 하위 부문 같은)은 고객 검색, 고객 구매, 고객 판매와 같은 고객 여정의 다양한 단계에 중점을 둔다. 개인들은 공식적으로 대개의 경우 기술, 마케팅, 운영 등 서로 다른 기능 영역(스포티파이의 챕터와 유사한)에 속해 있지만, 자신의 팀과 매우 강한 일체감을 느낀다. 각 팀의 세 가지 핵심 역할은 제품 관리자, 수석 개발자, 사용자 경험 설계자이다. 이런 역할을 맡은 개인들은 함께 존속하고, 동료애를 조성하고, 팀의 화합을 도우려는 경향이 있다. 반면에 다른 역할들은 추가되기도 하고 없어지기도 한다.

임무: 임무를 명확히 하고 팀과 리더의 결과 추적에 도움을 주기 위해 카맥스는 'OKR(objectives and key results, 목표와 핵심 결과)'을 이용한다.

일례로, 디지털 머천다이징 제품 팀은 클릭률을 2% 증가시키기 위해 OKR을 설정할 수 있다. 팀들은 OKR을 겨냥하여 2주 목표를 정한다. 한 그룹 내의 팀들은 고객 성과 OKR을 공유하며, 그렇게 함으로써 각각의 팀은 고객 경험을 위한 회사의 목표에 팀을 맞추게 된다. 팀은 비교적 안정적으로 유지되지만, OKR은 바뀔 수 있다. 스포티파이처럼 카맥스는 '무엇'은 구체적으로 알려주되 '어떻게' 할 것인지를 알아내는 것은 팀에게 맡김으로써 팀의 역량을 강화한다. 리더들은 팀원들이 가설을 세우고 테스트하고 배우도록 격려한다. 카맥스의 과거 운영 방식에 비추어 이것은 기념비적인 변화이다.

모듈식 설계: 자율성을 촉진하기 위해 카맥스는 스포티파이와 마찬가지로 애자일 방법론을 사용하여 디지털 플랫폼을 위한 재사용 가능한 컴포넌트를 구축한다. 중요 인프라를 통해 팀은 (목표 주기에 맞추어) 적어도 2주에 한 번씩 코드를 공개 배포한다. 어떤 제품 팀은 하루에 여러 번 코드를 공개 배포한다. 스포티파이에서처럼, 모듈화를 통해 다른 팀의 컴포넌트에 영향을 주지 않고 자기 팀의 컴포넌트를 변경할 수 있다. 이 모듈성은 팀 자율성과 비즈니스 성과 목표의 공동 달성에 핵심적인 것으로 간주된다.

지식 공유: 카맥스는 자율적인 팀들의 전사적 협력을 장려하기 위해 지식 공유를 위한 공식적 메커니즘과 비공식적 메커니즘을 모두 이용한다. 경영진 차원에서는 마케팅 최고 책임자, 정보 및 기술 최고 책임자, 운영 최고 책임자(COO)가 매일 의논을 하며, 그들은 자신의 직무 중에서 개인에 대한 인력 개발 책임을 계속 유지한다. CarMax Technology(카맥스의 IT 그룹)의 부사장과 마케팅 부사장은 긴밀하게 협력하여 팀 코칭을 제공한다. 스포티파이에서처럼 그룹 리더들은 팀들의 우선 사항을 정하며, 비록 경계가 명확하여 발생하는 문제의 수는 제한적이지만 그룹 간 갈등이 생길 경우 해결하기 위해 협력한다. 팀들은 격주로 열리는 오픈하우스에서 지식을 공유할 책임이

있다. 이 오픈하우스에서 팀들은 서로서로, 그리고 다른 수백 명의 회사 사람에게 직전 기간의 팀 목표와 결과를 15분으로 요약하여 제공한다. 이 세션은 카맥스의 매장들을 선별하는 라이브 캐스트(Live Cast)이며, 모든 사람에게 공개되어 있다. 이와 같은 지식 공유는 본질적인 가시성과 투명성을 제공하므로, 제품 팀의 비교적 소수의 사람들이 회사의 비즈니스 방식에 큰 영향을 미치는 것이 가능하다.

카맥스의 책임 프레임워크는 새로운 디지털 제품의 개발을 촉진했다. 예를 들어 회사가 온라인 금융 옵션을 추가하길 원하자 한 팀이 2주마다 고객들에게 테스트했고, 결국 고객이 집에서 자동차 금융 옵션을 신청하고 평가할 수 있는 제품을 출시했다. 지금은 항구적인 온라인 금융 제품 팀이 온라인 금융 제품을 소유하고 개선한다. 이것이 바로 디지털 기업이 끊임없는 진화하는 방식이다.

책임 프레임워크 개발 방법

많은 기업들이 애자일 방법론을 채택하여 소프트웨어 개발을 가속화하고 있다. 이것은 기업이 지속적인 피드백과 반복을 통해 공유된 고객 통찰을 축적하는 속도를 높이는 데 도움을 준다. 또한 팀에 해당 책임이 있는 경우, 재사용 가능한 컴포넌트로 디지털 플랫폼을 채우는 데 도움을 줄 수도 있다. 하지만 애자일 팀이 있다는 이유만으로 여러분이 디지털화되었다고 자축하진 말라. 애자일 방법론만으로는 비즈니스에서 대규모 디지털 제품을 만들어낼 수 없다. 자율성과 협력의 균형을 이루는 책임 프레임워크가 필요하다.

앞서 설명한 원칙과 메커니즘은 디지털 혁신을 촉진하는 책임 프레임워크를 설계하는 데 도움이 될 수 있다. 하지만 거기에 여러분의 디지털 조직을 위한 템플릿은 없다는 걸 유념해야 한다. 여러분의 목표 상태를 규정하려고 컨설턴트를 고용할 수는 없다. 대신, 현재의 요구를 충족하고 문제를 해결하기 위해 지속적으로 책무들을 발전시킬 순 있다. 여러분의 회사가 디지털 비즈니스로 성공하려면 어떻게 해야 하는지를 **배워야** 한다.

스포티파이는 하위 부문과 소그룹, 그리고 그것을 지원하는 메커니즘을 지속적으로 개조하고 있다. 카맥스는 권한을 가진 팀들이 목표와 성과를 공유하는 혁신 부서를 통해 변화하고 있다. 중국의 대형 가전제품 제조업체인 하이얼(Haier)은 4,000개 이상의 작은 회사들로 사업을 분할했으며, 그곳들은 대부분 직원이 10~15명이다.[10]

이 소규모 회사들은 하이얼의 다른 파트로부터 어떤 서비스를 확보해야 할지, 오픈 마켓에서 어떤 서비스를 확보해야 할지에 대해 각각 시장 기반의 결정을 내리며, 그럼으로써 자율성을 최대화한다. 그러나 하이얼은 관련 있는 소규모 회사들을 플랫폼으로 조직하기도 하며, 그럼으로써 소규모 회사들 간의 협력을 장려한다. 디지털 플랫폼을 구축하는 모든 기업이 자율성과 협력의 균형을 유지해줄 책무들을 할당하는 법을 배우고 있다.

때로 그 배움은 고통스러울 것이다. 위계적이고 관료적인 환경에서 성장한 리더는 사람들이 혁신하고 협업하리라고 신뢰를 보내기보단 그들에게 무엇을 해야 할지 명령하는 편이 더 편할 것이다. 그런 리더는 자신이 지시가 아닌 코치를 하기에는 준비가 덜 되었다고 느낄 수도 있다. 마찬가지로, 명령을 받는 데 익숙해진 많은 사람들은 결정을 내리고 그에 대한 책임을 지는 것이 불편할 것이다. 요컨대, 책임 프레임워크를 개발하려면 대대적인 문화의 변화가 필요하다. 우리의 연구는 기업이 책임 프레임워크와 그것이 요구하는 문화를 도입하는 데 도움이 되는 몇 가지 가이드라인을 밝혀냈다.

- 내부 프로세스에 대한 책임과 신제품에 대한 책임을 구별할 것
- 점진적으로 구현할 것
- 코칭 역할을 만들 것
- 거버넌스를 재검토할 것

내부 프로세스에 대한 책임과 디지털 신제품에 대한 책임 구별하기

앞서 언급했듯이 운영 백본과 디지털 플랫폼은 비즈니스 성공에 필수적이다. 하지만 이 둘은 매우 다른 역할을 한다. 일반적으로 운영 백본은 효율적인 내부 프로세스를 용이하게 하고, 디지털 플랫폼은 혁신적인 디지털 고객 제품을 뒷받침한다. 하나는 비용 절감과 신뢰도 측면에서 성공을 측정하고, 다른 하나는 수익 증가 및 조직적 학습 측면에서 성공을 측정한다. 직원 대부분이 둘 다가 아니라 그중 하나의 환경에 대한 책임을 수용한다면, 기업은 더 큰 성공을 거둘 수 있다. 회사 전체의 개인들이 효율성에 대한 요구와 혁신에 대한 요구 두 가지를 양립시키려고 끊임없이 애쓴다면, 둘 다 제대로 못할 공산이 크다.

예외 없이, 새로운 디지털 제품을 개발하려는 팀은 운영 백본과 관

련된 문제에 직면한다. 좋은 고객 데이터를 얻지 못할 수도 있고, 거래에 대해 더 높은 가시성이 필요할 수도 있으며, 공급사슬 프로세스에 문제가 발생할 수도 있다. 이런 팀의 디지털 리더들은 망가진 것을 바로잡기 위해 뭔가를 하려는 경향이 있다.(고객 데이터베이스 구축이나 공급사슬 정비 등이 그 예이다.) 그것은 큰 실수이다.

프로세스 소유자만 손상된 프로세스를 수정해야 한다. 그렇지 않으면 여러 팀이 동일한 문제에 대해 서로 다른 접근을 하게 된다.(고객 파일을 여러 개 생성하거나 공급망 프로세스를 서로 다른 방식으로 고치는 일이 발생한다). 최선의 경우라 해도 그들의 노력은 불필요한 것이 되고, 최악의 경우에는 서로 충돌한다.

내부 프로세스 지원에 전념하는 팀은 새로운 디지털 제품과 그 플랫폼을 개발하는 팀과 떼어놓는 것이 유용하다. 예를 들어 로열 필립스에서는 IT 부서가 운영 백본을 담당한다. 회사의 디지털 플랫폼인 HSDP와 CDP[2]에 대한 책임은 혁신 및 전략 최고 책임자 산하의 팀에 있다.

슈나이더 일렉트릭과 토요타 자동차 북미사업부는 CIO를 디지털 비즈니스 책임자로 승진시키고 운영 백본과 디지털 플랫폼 모두에 대한 책임을 맡겼다. 그러나 그들의 디지털 조직에는 백본 및 디지털 플랫폼에 각각 별도의 리더가 있다. 이런 배치는 개별 책임을 구분하는 동시에 그 책임들이 매우 상호의존적이라는 것을 명확히 한다.

점진적으로 구현하기

자율성 원칙은 컴포넌트 소유자가 기회와 문제를 창의적으로 해결할 수 있게 해준다. 협력 원칙은 하나의 디지털 제품에 적용된 창의적인 솔루션이 다른 디지털 제품을 보완하고 기업의 사명을 완수할 수 있게 해준다. 디지털 플랫폼이 성숙하고 디지털 플랫폼을 개발하고 사용하는 직원의 수가 증가하면서, 자율성을 축소하지 않고는 협력을 유지하는 것이 점점 더 어려워지고 있다.

많은 기업들은 회사의 첫 번째 디지털 팀이 조직상의 문제가 거의 없이 첫 번째 제품을 출시할 수 있다는 사실을 알게 되었다. 그 첫 번째 제품과 후속 제품들의 재사용 가능한 컴포넌트를 지원하기 위해 두 번째나 세 번째 팀을 만드는 것도 조직적으로 어렵지 않다. 하지만 늘어나는 팀원과 컴포넌트들의 상호의존성이 해결되지 않은 새로운 관리 문제를 낳는 데는 그리 오랜 시간이 걸리지 않는다.

일부 기업은 많은 수의 사람들을 민첩하고 권한이 부여된 조직적 환경 속으로 한 번에 이전시키고 있다. 만일 기업이 권한이 부여된 환경 내에서 책무를 정의하는 데 경험이 적다면, 이런 이전은 잘되지 않기 십상이다. 스타트업들은 직원이 수천 명이 아니라 수십 명일 때 책임 프레임워크를 시작한다. 그럴 때조차도 제대로 하기란 어렵다. 그러므로 점진적으로 이 새로운 비즈니스 디자인으로 성장하는 편이 더 낫다. 만일 스타트업처럼 행동하려 한다면 작게 시작하는 것이야말로 여러분이 포용해야 할 설계 특성이라는 것을 기억하라.

많은 기업이 IT 부서 내에서 시작하여 책임 프레임워크 개발 방법을 배우고 있다. 다수의 IT 종사자들은 컴포넌트화와 모듈식 설계를 자연스럽게 받아들이기 때문에, 이것은 논리적인 출발점이 될 수 있다. 이들은 애자일 방법론을 경험한 경우도 많다. 그러한 경험은 대체로 교차 기능적인 팀과 신속하고 반복적인 성취에 대한 선호로 이어진다.

예를 들어 노스웨스턴 뮤추얼은 고객, 고문, 직원이라는 세 가지 이해 관계자 그룹을 중심으로 IT 인력을 재배치하여 비즈니스 혁신을 촉발했다.[11] 그런 다음 IT 리더가 각 이해 관계자 그룹과 연관된 디지털 제품을 전체적으로 관리할 팀을 할당했다. 살아 있는 자산을 구축하고 향상시키려는 노력의 일환으로 회사는 비IT 비즈니스 전문가를 영구적으로 팀에 데려오고 비즈니스 제품 소유자를 임명하기 시작했다.

몇몇 기업은 별도의 디지털 조직에서 책임 프레임워크를 테스트하여 책무를 점진적으로 구현한다. 아우디 비즈니스 오노베이션(ABI, Audi Business Innovation)은 공유 경제 기반의 새로운 디지털 제품과 새로운 업무 방식을 모색하는 아우디의 디지털 부서인데, 아우디 본사가 위치한 잉골슈타트가 아니라 뮌헨에 기반을 둔 별도의 법인이다. 그래서 ABI의 직원들은 상당한 자율성을 누릴 수 있다. ABI는 아우디 전체가 더욱 디지털화 하도록 돕기 위해 아우디와 핵심 인력을 공유한다. 또한 아우디의 CIO는 ABI 이사회의 구성원이고, ABI는 아우디가 전액 출자하며, ABI 리더들은 디지털 제품을 위한 비즈니스 사례를 아우디와 공동으로 논의한다.[12]

마찬가지로 토요타 자동차 북미사업부도 2016년에 토요타 커넥티드를 설립하여 진행 중인 사업의 우선순위에서 디지털 실험을 분리했다. 최종적으로, 아우디와 토요타는 이런 디지털 유닛이 새로운 업무 방식을 모기업에 전파하는 중핵 역할을 하기를 희망한다.

회사의 책임 프레임워크를 안내하는 원칙을 문서화하면 그 원칙들을 명확히 하는 데 도움이 된다. 스포티파이와 넷플릭스 같은 기업은 업무 원칙을 서면으로 작성하여 인터넷에 게시했다. 마찬가지로 DBS 은행 같은 기업은 기대치를 명확하게 설정하기 위해서는 사람들이 어떻게 일하기를 바라는지 그 의도를 적을 필요가 있다는 사실을 알게 되었다. DBS의 데이터 및 전환 최고 책임자인 폴 코번은 "구호 같은 말들"('협력', '과단성', '권한 부여' 등을 떠올려라)을 뛰어넘어 자기 팀의 업무 방식에 대한 구체적인 서면 지침을 제공하고 싶다고 말한다. 예를 들어 DBS는 사람들에게 사일로를 넘나들며 업무를 하라고 지시만 하는 대신, 업무 공간을 변화시키고 공동 작업 공간을 늘림으로써 사일로 간 작업을 촉진하고 있다. 코번은 DBS에서 사일로 간 업무를 한다는 것이 무엇을 의미하는지도 상세히 풀어 쓰고 있다. 기업의 문화를 명시적으로 문서화하면 현재의 직원들이 그것을 논의하고 토론하고 개선하는 데 도움이 된다. 외부적으로는 기업에 적합한 인재를 유치하는 데 도움이 된다.[13]

코칭 역할 만들기

토요타 커넥티드 북미지사에서 이 200명 규모의 회사를 이끄는 경영 리더십 팀은 자신들의 역할을 그룹의 제품(즉, 디지털 컴포넌트) 소유자를 안내하는 것이라고 정의한다. EAT로 알려진 경영 실행 팀은 매일 만난다. 이 회사의 CEO인 잭 힉스는 그들의 노력을 이렇게 설명한다.

우리의 임무는 그들에게 무엇을 하라고 말하는 것이 아닙니다. 우리의 임무는 시니어 리더로서 방해가 되는 장애물을 제거하는 것이죠. 제품 관리자들은 수익성이 있는 한 원하는 만큼 고용하고 일할 수 있습니다. 그래서 수익을 재투자할 수 있죠. 그렇게 함으로써 비즈니스가 원하는 것과 고객이 원하는 것에 계속해서 집중할 수 있어요. 우리는 물론 피드백을 제공합니다. 나는 그들과 일대일 세션을 하지만, 일상적 활동을 관리하기 위해서는 아닙니다.

스포티파이는 팀이 프로세스를 정의하고 임무를 수행할 수 있도록 돕는 애자일 코치의 역할을 강조한다. 기업들은 애자일 방법론을 가르치는 것부터 디지털 팀을 감독하는 리더들을 지원하는 것까지 다양한 역할에 애자일 코치를 고용하고 있다.[14] 리더들은 그들의 역할 중 코칭이 점점 더 중요한 부분을 차지한다는 사실을 알게 될 것이므로, 대부분 코칭을 잘하는 법에 대한 코칭을 필요로 하게 될 것이다.

DBS 은행은 전환 부서에서 파견된 파트너를 자율적 팀의 리더들에게 배정하여, 그들이 자기 임무의 새로운 'CEO'적 측면을 배울 수 있도록 돕는다. 이 제도에서는 파트너를 "셰르파(Sherpa)"로 지칭하는데, 이는 팀이 목표를 명확하게 인식하고 달성하는 법을 배우는 데 도움을 주는 사람이다. 셰르파는 팀을 위한 템플릿과 방법론, 지침을 제공한다. 전환 팀이 원하는 것은, DBS 내의 사람들이 끊임없이 변화하는 자신의 역할을 해낼 준비가 되었다고 느끼는 것이다. DBS는 또한 혁신, 애자일 방법론, 증거 기반 관리 및 관련 기술에 대한 정식 직원 교육에 막대한 투자를 하고 있다. 이런 종류의 투자는 조직 문화를 바꾸는 데 필수적인 것일 수 있다. 디지털 제품을 설계하는 것은 기업에 크게 도움이 되지 않을 테지만, 그러한 제품의 장기적 성공의 열쇠가 될 사람들에게 투자하는 것은 실패하지 않을 것이기 때문이다.

거버넌스 재검토하기

많은 리더들이 거버넌스를 비즈니스 전략 수립 및 자원 조정과 관련 있는 고위 경영진이 그 전략의 실행을 보장하기 위해 내리는 결정이라고 생각한다. 우리는 거버넌스란 누가 어떤 결정을 내리고 누가 어떤 결정에 대한 책임을 지는지를 구체적으로 명시하는 것이라고 정의했다.[15] 책임 프레임워크를 구축하는 것은 거버넌스 활동이다.

디지털에 대한 책임 프레임워크는 많은 결정 권한을 자율적인 팀에게 위임하는 동시에, 그 팀들이 옳은 결정을 내리는 데 도움이 될 컨텍스트를 창출한다. 폴 코번은 DBS가 책임을 아래로 내려 보내기 위해 무엇을 하고 있는지 설명한다.

명확한 결과를 설정하고 사람들에게 경계를 부여해야 합니다. 우리는 그 경계를 "전기 울타리"라고 부르죠. 우리는 가치들을 매우 명확하게 정의하기 위해 아주 열심히 노력해요. 그러므로 사람들은 자신이 전기 울타리를 붙잡기 직전의 순간에 와 있을 땐 그걸 압니다. 울타리 안에서는 어디에서든, 목표를 향해 나아가고만 있다면 원하는 것은 무엇이든 할 수 있는 권한을 부여받죠. 우리는 사람들을 코치하기 위해, 그리고 자신의 팀에 권한을 부여하는 방법이 무엇인지 가르치기 위해 부단히 애쓰고 있습니다.

전통적으로, 회사에서 가장 중요한 고위 경영진 거버넌스 결정에는 자원 할당이 포함되었다. 비즈니스 전략을 수립한 후에는 경영진 리더들이 그 전략의 실행을 위한 책임을 할당하는 구조를 설계하고, 그다음에는 전략 실행 작업을 위한 자원을 제공하기 위해 투자 결정을 내렸다.

디지털 조직에서, 가장 중요한 고위 경영진 거버넌스 결정은 임무를 정의하는 것과 관련이 있다. 잘 정의된 임무는 자율적인 팀들이 목표 달성에 집중할 수 있게 해준다. 팀들은 자기들이 발생시키는 비용과 수익에 대한 책임을 지기 때문에, 가치로 전환할 수 없는 자원을 찾으려고 할 가능성이 적다. 임무가 대충 정의되거나 충분히 명확하지 않으면, 권한을 부여받은 팀들의 활동이 충돌하고, 기업의 목표는 위험에 처한다. 바로 이런 이유 때문에, 디지털 조직에서는 자원 할당 대신 명확한 임무 정의가 핵심 거버넌스 결정이 된다.

우리가 연구한 대부분의 기업은 그중 몇몇은 실패할 것임을 알고 있는 실험들에 자금을 지원한다. 이런 실험은 대개 수명이 짧다. 많은 기업은 실험으로 2~3개월 내에 최소 실행 가능 제품(MVP)을 산출할 것을 요구한다. 미래에 자금 지원을 받을지는 가치 입증에 달려 있다. 한 디지털 비즈니스 대표는 이 프로세스를 이렇게 설명한다.

만일 꾸준한 출시가 예측된다면, 우리는 계속해서 자금을 지원할 것입니다. 꾸준한 출시가 예측되지 않거나 고객들을 뚫고 나갈 수 없다면, 더 많은 거버넌스를 거쳐야 할 것입니다.

일단 수립된 팀은 유지 예산을 가지려는 경향이 있다. 그러나 리더십 팀은 팀들이 정상 궤도를 유지할 수 있도록 그들의 결과물을 모니터링한다. 토요타 커넥티드의 잭 힉스는 팀들의 임무와 지표가 명확하기 때문에 모든 것이 가시적이라고 말한다.

나는 무엇이 진행 중이고, 이번 주에 무엇이 출시되었는지, 그들의 번다운 차트(burn down chart)*는 어떤지를 잘 이해하고 있습니다. 이것이 바로 내가 일정 기간에 그들이 실제로 얼마나 생산하는지 아는 방법이죠.
* 역주: 소멸 차트라고도 한다. 남아 있는 일과 시간 사이의 관계를 그래픽으로 표현한 2차원적 차트로, 애자일 차트의 한 종류이다.

고위 경영진은 추구해야 할 새로운 전략적 이니셔티브와 포기해야 할 전략적 이니셔티브에 대해 계속해서 핵심 결정을 내릴 것이다. 여기에는 토요타와 슈나이더 일렉트릭, 필립스가 연결성에 투자하기로 내린 결정과 같은 인프라 컴포넌트에 대한 투자가 포함된다. 이러한 결정 중 일부는—이를테면 테스트할 가치가 있는 비즈니스 실험을 식별하는 것 같은—벤처 캐피탈 결정처럼 느껴지기도 한다. 필립스의 경영 팀은 어떤 디지털 제품에 자금을 지원할지에 대한 결정의 일부로서 제품(또는 그 바탕이 되는 컴포넌트)의 재사용 가능성을 명시적으로 고려한다.

성공적인 디지털 기업의 리더라면, 추진할 가치가 있는 새 제품과 디지털 성공에 장애가 되는 새로운 문제를 확인하는 것을 매일의 과제로 삼아야 한다. 그렇게 하면 그 새로운 기회와 도전에 관련된 임무를 맡을 사람들을 찾을 수 있을 것이다. 안정적인 조직 구조에 상당히 익숙해진 사람들이 지속적으로 진화하는 책임을 편안하게 느끼려면 시간이 걸릴 것이다. 그러나 시간이 지나면, 책임의 끊임없는 변화가 틀림없이 두 번째 천성으로 자리 잡을 것이다.

제대로 책임을 지게 하라

우리의 연구에 따르면 기존 기업들은 디지털 성공에 필수적인 책임 프레임워크를 이해하고 적용하는 데 극히 초기 단계에 있다. 그러나 그들은 배우고 있다! 책임을 할당하는 데 조직의 구조에 의존하는 전통적인 방식은 물론 쉽게 사라지지 않을 것이다. 하지만 일단 그들이 문제나 기회를 발견하고 즉시 팀이나 개인에게 해당 임무의 수행 권한을 부여하는 환경에 적응하면, 아마 뒤돌아보지 않을 것이다. 이번 장의 핵심 가르침은 다음과 같다.

- 디지털 플랫폼을 구축하고 사용하려면, 회사 내의 몇몇 사람들이 일하는 방식을 근본적으로 바꿔야 한다. 본질적으로, 귀사는 좀 더 소프트웨어 회사처럼 작동해야 한다. 그리고 이것은 살아 있는 자산에 대한 소유권을 할당하는 것을 의미한다. **여러분은 애자일 방법론을 채택했는가? 살아 있는 자산의 소유자를 지정하고 권한을 부여하는가?**
- 혼돈을 피하려면, 팀에 권한을 부여할 때 개별 팀의 자율성과 팀 간의 협력 사이에서 균형을 유지해주는 디지털 비즈니스에 대한 책임 프레임워크가 필요하다. 이를 위해서는 팀에게 임무를 명확히 구분해 주어야 한다. **여러분은 팀의 상호의존성을 최소화하는 수단으로 개별**

팀의 임무를 구별해주었는가? 무엇이 효과가 있는지에 관한 조직적 학습에 응하기 위해 책임 프레임워크를 지속적으로 조정하는 책임을 누군가가 맡고 있는가?

- 혁신을 촉진하려면, 혁신 팀에 충분한 자원을 제공해야 한다. 만약 쥐꼬리만 한 예산으로 생존해야 한다면 귀사의 혁신 팀은 새로운 가치 제안이나 디지털 제품을 창출하지 못할 것이다. 미니 CEO들은 궁극적으로 자신들의 컴포넌트와 제품의 비용을 감당해야 할 책임을 수용할 수 있다. 하지만 그들에겐 개시 자원이 필요하다. **귀사는 디지털 제품 창출에 재정적 약속을 했는가?**

- 기업들은 권한 부여 및 컴포넌트화를 지원하는 관리 원칙에 대한 경험이 제한되어 있으므로, 작게 시작하고 조직적 학습을 허용해야 한다. **귀사는 자율적인 몇몇 팀을 설립하고 그들을 효율적으로 만드는 방법을 학습하기 위한 프로세스를 수립했는가?**

- 디지털 조직의 관리자는 비즈니스의 성과를 최대화하기 위해 계층적 의사결정보다는 코칭에 더 의존한다. **귀사는 직원들이 훌륭한 코치가 되도록 돕는 일에 투자하고 있는가?**

책임 프레임워크를 구축하는 것은 가장 힘든 빌딩 블록일 수 있다. 살아 있는 자산을 관리하는 여러분 회사의 능력에 가장 큰 장애물이 무엇인지 찾아야 한다. 올바로 책임지는 법을 배우기 위한 실험을 시작해야 한다.

6
외부 개발자 플랫폼 구축

아이가 된다는 것은 어른이 되면 얼마나 멋질지 상상하는 것이다. 어른이 되면, 차를 운전하거나 친구들과 쇼핑몰에서 시간을 보내거나 밤늦게까지 깨어 있거나 운동장 저 멀리까지 공을 차 보내거나 립스틱을 바르거나 담배를 피우는 것과 같은 일을 할 수 있을 것이다. 분명 몇몇 열망은 달성할 수도 있고 바람직하다. 다른 것들은 중요하지 않거나 심지어 바람직하지 않으며, 혹은 달성할 수 없는 것으로 판명될 것이다.

태생적으로 디지털 회사가 아닌 기업들은 디지털 전환이 이루어지면 어떻게 될지 단지 상상해보기 시작한다. 전환이 이루어지면, 그들은 꿈꾸었던 것들의 일부를 성취할 것이다. 다른 것들은 중요하지 않거나 심지어 바람직하지 않으며, 혹은 달성할 수 없는 것으로 판명될 것이다.

경영진과 대화를 해보면 디지털 전환의 초기 단계에 있는 많은 기업들이 애플처럼 전체 생태계에 동력을 주는 역할을 선망한다는 것을 알 수 있다. iOS 같은 플랫폼을 만들어 타사의 앱 개발자가 해당 서비스를 이용할 수 있도록 하겠다는 아이디어다. 그러면 개발자들은 귀사의 고객들에게 앱을 팔고 그 매출에 대해 귀사는 수수료를 부과한다. 그다음 순서는 귀사의 시가 총액이 고공행진을 하는 것이다.

물론 이것이 모든 회사의 열망이 실현되는 방식은 아니다. GE는 고객사의 산업 자산을 더 잘 관리하기 위해 사물인터넷 데이터를 모아 분석하는 Predix 플랫폼을 구축했다.[1] GE는 외부 개발자들이 Predix 플랫폼의 기능을 확장하는 컴포넌트를 만들 거라고 예측했다. 그러나 고객의 요구는 느리게 발전했고 개발자들은 기대한 기능을 제공하는 데 큰 관심을 보이지 않았다.[2]

이런 경고성 이야기에도 불구하고 대부분의 회사들은 생태계의 파트너들을 지원하는 그들의 디지털 플랫폼을 확장하는 데 가치를 둘 것이다.[3] 이러한 파트너 관계에서 무엇이 실제로 바람직하고 달성 가능한 것인지는 또 다른 문제다.

애플의 열망

애플의 앱 개발자 생태계가 회사의 초기 비즈니스 모델의 일부가 아니었음은 주목할 가치가 있다. 초기부터 애플에서 자체 개발된 응용 프로그램들은 디지털 기술의 이동성 및 연결 기능을 활용했다. 앱

스토어에 앱을 게시하도록 외부 개발자를 초대하기 전부터 회사는 자체적으로 브라우저, 이메일 클라이언트, 단문 메시지 서비스 도구, 카메라, 날씨 앱 및 각종 생산 도구 등을 앱으로 만드는 데 능숙해졌다. 스티브 잡스는 처음에 iOS 플랫폼을 외부 개발자들에게 공개하는 데 반대했지만,[4] 결국 애플이 모든 앱을 소유할 필요가 없다는 사실을 깨달았다. 그때까지 애플은 주도권을 쥐고 있었다. 애플이 기본 인프라를 소유하고 있고 고객에 대한 접근이 용이했기에 앱 개발자들은 애플 플랫폼에서 디지털 상품을 구축함으로써 상당한 이득을 얻을 수 있었다.

고객의 모든 요구사항을 최상의 솔루션으로 자신이 전부 해결할 수 없다면, 스티브 잡스처럼 디지털 제품을 만들 때 외부 파트너의 창의성을 **활용해야** 한다. 그렇지 않으면 열악한 환경에서 강력한 회사들의 동맹과 경쟁하게 될 것이다. 시급함도 한 변수이다. 회사에서는 파트너의 컴포넌트를 사용하는 것보다 자체 컴포넌트를 개발하는 것을 선호할 수 있지만, 고객은 그렇게 하는 데 걸리는 시간에 대해 기다릴 인내심이 없을 수 있다. 따라서 궁극적으로 대다수 기업의 디지털 성공에서 생태계는 관건이 될 것이다.

세일즈포스, 이베이(eBay), 우버, 페이스북을 비롯하여 지금은 전설이 된 많은 디지털 스타트업의 비즈니스 모델은 생태계를 기반으로 한다. 사실, 생태계를 둘러싼 과대광고로 인해 제3의 공급자와 소비자로 구성된 활기찬 커뮤니티를 연결하는 성공적인 플랫폼을 누구나 구축할 수 있고 구축해야 한다는 인식이 퍼지고 있다.

생태계는 시장의 여러 참여자들(예를 들면, iOS의 앱 사용자와 개발자, 우버의 운전자와 승객, 페이스북의 게시자, 독자, 광고주, 게임 개발자)을 연결하려는 비즈니스 모델이다. 그렇기에 그들은 직접 상호작용할 수 있다. 생태계는 선순환과 교차 네트워크 효과를 만들어낸다. 한쪽(개발자) 참여자가 많을수록 다른 쪽(사용자) 참여자를 위한 가치가 더 많이 생성되고, 그 반대의 경우도 마찬가지다.[5]

기업의 실행력에 방해가 되는 내재된 문화에 초점을 두기보다 이 전략의 탁월함에 주목하는 것이 더 흥미진진하다. 이전 장에서 자세히 설명했듯이 기업은 긴 여정에 걸쳐 재사용할 수 있는 디지털 컴포넌트의 플랫폼을 구축하고 관리하는 방법을 학습한다. 기업의 컴포넌트를 외부에 공개하면 또 다른 설계 과제들이 추가된다. 이러한 과제를 해결하려면 다섯 번째 빌딩 블록이 필요하다. 바로 외부 개발자 플랫폼이다.

디지털 플랫폼을 확장하는 외부 개발자 플랫폼

외부 개발자 플랫폼(ExDP)은 **외부 파트너에게 공개된 디지털 컴포넌트의 저장소**이다. 서로 다른 두 가지 외부 개발자 플랫폼을 생각해 보는 것이 유용하다.

1. **기업이 자체 개발한 컴포넌트를 파트너가 파트너의 제품에 사용할 수 있게 하는 ExDP.** 예를 들어, 구글 맵스 ExDP는 구글 지도와 관련된 기능 및 데이터를 외부 개발자가 다른 회사의 제품에 사용할 수 있도록 해준다.[6] 캐비지(Kabbage)의 ExDP는 자동화된 대출 엔진

을 타 금융회사가 사용할 수 있도록 해준다.[7]

2. **관련된 디지털 제품들을 위한 시장을 창출함으로써 일종의 산업 플랫폼을 제공하는 ExDP.** 예를 들어, 애플은 앱 개발자들을 초대하여 자사의 앱 스토어를 통해 애플 기기 소유자가 그들의 제품을 사용할 수 있게 한다. 이와 마찬가지로 세일즈포스는 타사에서 개발된 확장 제품을 AppExchange를 통해 자사 고객들에게 제공한다.

외부 개발자 플랫폼은 APIs를 통해 디지털 플랫폼 컴포넌트를 외부에 안전하게 공개함으로써 생태계 파트너십을 지원한다.(API는 프로그래밍된 작업을 완료하기 위해 한 컴포넌트가 다른 컴포넌트를 초대할 수 있게 해주는 코드임을 기억하라.) 파트너가 자체 개발된 API 지원 컴포넌트를 사용하게 하려면, 외부 개발자 플랫폼에 일반적으로 개발자 포털이 탑재되어야 하는데, 이를 통해 사용 가능한 모든 컴포넌트에 대한 카탈로그 및 설명을 제공한다.(종종 줄여서 APIs라고 부른다.) ExDP는 소프트웨어 개발 키트(SDK)와 같은 도구를 제공하여 외부 개발자가 플랫폼 컴포넌트에 의해 수행되는 서비스를 활용하는 새 코드를 빠르게 작성할 수 있도록 돕기도 한다.[8]

4장에서 우리는 디지털 플랫폼을 데이터, 인프라, 비즈니스 컴포넌트 등 디지털 컴포넌트의 저장소로 설명했다. 잘 설계된 디지털 플랫폼은 API 지원 컴포넌트로 구성된다. APIs를 통해 기업은 각 제품에 맞는 획일적인 코드 더미를 작성하는 대신 모듈식 '플러그 앤드 플레이' 방식으로 컴포넌트로부터 제품의 환경을 구성할 수 있다. 일단 API가 개발되면, 자체 보안 및 거버넌스 기능을 통해 누가 API에 접

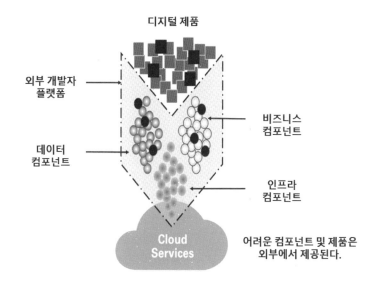

디지털 제품

외부 개발자
플랫폼

비즈니스
컴포넌트

데이터
컴포넌트

인프라
컴포넌트

Cloud
Services

어려운 컴포넌트 및 제품은
외부에서 제공된다.

〈그림 6.1〉 외부 개발자 플랫폼에 의해 활성화된 생태계

근할 수 있고 기본 서비스를 사용할 수 있는지 지정할 수 있다. 요약
하면, **외부** 개발자 플랫폼(ExDP)은 기업의 디지털 플랫폼에서 선택
된 일련의 컴포넌트에 할당된 APIs에 대한 접근 권한을 외부 파트너
에게 확장한다. 기업은 공개된 온라인 개발자 포털을 통해 APIs에 대
한 제한 없는 접근을 제공하거나 선택된 파트너들에 대해서만 접근을
제한할 수 있다. 〈그림 6.1〉은 기업의 디지털 플랫폼과 외부 개발자
플랫폼의 관계를 보여준다.

어떤 회사는 자사의 디지털 플랫폼에 대한 외부 접근을 관리해야
할 긴급한 필요성이 있다. 예를 들어, 개인에게 자기 데이터에 대한
관리 권한을 더 크게 부여하려는 노력의 하나로서 유럽과 호주의 오

픈 뱅킹은 가장 큰 금융 기업들이 인증된 제3자에게 APIs를 통해 고객의 계좌 정보에 접근하거나 결제 서비스를 시작할 수 있게 허용하는 것을 자격 요건으로 삼는다.

금융 대기업인 웨스트팩 그룹(Westpac Group)의 일원인 웨스트팩 뉴질랜드는 자사의 고객 정보와 관련 뱅킹 서비스에 외부에서 접근할 수 있게 해주는 방식을 〈그림 6.2〉로 도식화했다. ExDP는 회사의 디지털 플랫폼에 탑재되어 있는 비즈니스 및 데이터 컴포넌트에 접근하

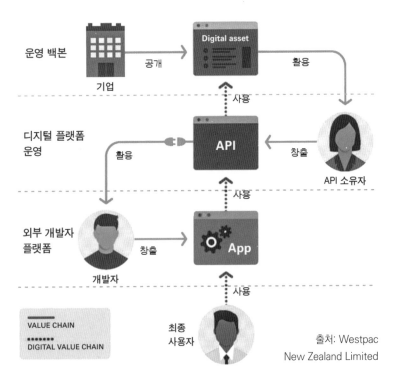

〈그림 6.2〉 외부 개발자 플랫폼이 작동하는 방식에 대한 Westpac의 묘사

는데, 어떤 경우에는 운영 백본의 데이터와 프로세스 링크에까지 접근하게 된다. (운영 백본이 판돈임을 깨닫게 해주는 또 다른 증거이다!)

웨스트팩의 기술 리더들은 ExDP가 타사의 개발자들과 형성하는 새로운 관계를 관찰해왔다. 이러한 개발자들은 파트너일 뿐만 아니라 사실상 자사 APIs의 고객이기도 하다. 기업들은 ExDP를 구축하는 과정에서 이러한 새로운 유형의 고객(자사의 최종 고객을 위한 부가 서비스를 개발하는 이들)을 위한 비즈니스 모델을 정의하게 될 것이다.

우리가 조사한 기존 회사들은 외부 개발자 플랫폼을 구축하는 초기 단계에 있다.[9] 초기 단계인 까닭에 모범 사례가 이제 막 나오기 시작했다. 싱가포르의 DBS 은행, 우버, 로열 필립스와 슈나이더 일렉트릭은 기업이 외부 개발자 플랫폼에 어떻게 접근할지에 대한 사례를 제공한다.

2018년 현재, 설립된 회사의 1.5%만이 널리 이용되고 가치 있는 외부 개발자 플랫폼을 보유하고 있다. 또 다른 11%의 회사는 외부 개발자 플랫폼의 출시를 준비하고 있다.[10]

DBS와 우버는 파트너가 제품 개발에 사용할 수 있는 비즈니스 및 데이터 컴포넌트를 제공한다. 필립스와 슈나이더는 타사 제품을 위한 인프라를 제공하는 산업 플랫폼을 개발하고 있다.

DBS 은행은 파트너에게 뱅킹 서비스를 제공한다

DBS 은행은 외부 파트너에게 200개 이상의 API 지원 디지털 컴포넌트에 대한 접근을 제공한다. 몇몇 컴포넌트는 인프라 서비스(DBS의 APIs에 대한 보안 접근을 위한 인증 서비스 같은)를 제공하지만, 대다수 컴포넌트는 비즈니스 및 데이터 서비스를 제공한다. 여기에는 신용카드 관리, 대출 자격 심사, 고객 선호 채널 목록, 환율 계산, DBS ATM 위치 목록, 각종 지불 서비스 및 고객 지출 패턴과 같은 일부 분석 서비스가 포함된다. DBS는 몇몇 제품(DBS 신용카드, DBS ATM 등)은 브랜드화한다. 다른 경우에는 파트너사의 고객이 DBS의 역할을 인지하지 못할 수 있다.

DBS는 어떤 종류의 ExDP 서비스와 관련 비즈니스 모델이 고객과 제3자, 그리고 자사의 이익을 극대화할지에 대해 여전히 배우고 있다. 신용카드와 관련된 몇몇 컴포넌트는 신용카드에서 DBS의 수익을 증대시킬 수 있었다. 다른 경우에 DBS는 고객 만족을 목표로 하고 있다. 회사는 그 이익을 '고객 충성도' 측면에서 측정한다. 대부분의 경우 DBS는 현재 컴포넌트 사용료를 통한 수익 창출은 시도하지 않고 있다.

DBS 파트너의 가치는 금융적인(예컨대 지불) 요소를 지닌 디지털 제품을 빠르게 확장할 수 있는 능력에 있다. 파트너들은 DBS의 핵심 기능을 복제하는 대신(그리고 상품 서비스가 될 수 있는 부문에서 DBS와 경쟁하는 대신) 그 기능의 장점을 활용하여 고유한 디지털 제품을 개발하는 데 집중할 수 있다.

이해 당사자 모두에게 이익을 가져온 한 가지 사례는 소캐시(soCash)라는 핀테크[11] 회사와 DBS가 맺은 파트너십인데, 이 업체는 사용자가 ATM을 찾는 대신 참여 소매점(세븐일레븐과 같은)을 지정하여 가게의 금전 등록기에서 돈을 '인출'할 수 있게 하는 앱을 개발했다. 배후에서 소캐시 앱은 DBS의 외부 개발자 플랫폼의 APIs와 상호작용하면서 사용자의 DBS 계좌에서 돈을 인출하여 상점주의 계좌에 입금한다. DBS는 소캐시로부터 아무런 수수료도 받지 않는다. 대신 DBS는 현금을 ATM에 채워야 할 필요를 줄임으로써 이득을 얻는다. DBS는 또한 근처에 DBS ATM이 없을 때 현금을 편리하게 이용할 수 있도록 함으로써 고객 만족도를 높이고 있다.

또 다른 DBS 파트너인 인도의 ERP 소프트웨어 제공업체인 탈리(Tally)는 DBS의 결제 API를 사용하여 결제를 직접 처리할 수 있도록 지원한다. Tally ERP를 사용하는 사업자 고객은 자신의 DBS 계정에서 공급업체로 자금 이체를 시작할 수 있는데, 예를 들면 지급 계정 거래를 실행할 때 자신의 ERP에서 공급업체로 곧바로 이체할 수 있다. 이렇게 하면 고객의 지급 계정 처리가 한 단계 줄어든다.[12]

처음에 DBS는 외부 개발자 플랫폼에서 제공할 수 있는 APIs의 초기 목록을 기반으로 스타트업이 제공할 수 있는 것이 무엇인지 알아보기 위해 15개의 스타트업을 이틀간의 해커톤에 초대하여 ExDP의 가치를 실험해보았다. 스타트업은 실행 가능한 비즈니스 아이디어를 많이 가지고 있었다. 또 그들은 DBS가 고려하지 않은 몇 가지 부가 비즈니스 APIs를 찾아냈다. 해커톤 이후 DBS는 외부 서비스를 적극적으로 제공하고 있다.

DBS는 잠재적인 파트너가 디지털 서비스 카탈로그를 볼 수 있는 웹사이트 포털을 제공한다.[13] 자사의 디지털 서비스에 접근하는 데 관심이 있는 새로운 파트너들을 위해 DBS는 3단계 프로세스를 제시한다.

1. DBS 개발자 계정에 온라인으로 가입한다.
2. DBS API에 대한 연결을 파트너가 테스트할 수 있는 안전 샌드박스에서 실험한다.
3. DBS 서비스에 대한 연결이 활성화되도록 프로덕션 접근을 요청한다.[14]

디지털 컴포넌트를 외부에 노출하는 일은 잘 설계되고 관리되는 내부 디지털 플랫폼의 중요성을 부각시켰다. 처음에는 DBS를 통해 개별 사업부가 자체 API 지원 컴포넌트를 개발할 수 있었다. 이는 비즈니스 라인 내 혁신을 가속화했지만, 비즈니스 라인 전반에 중복을 초래했고, 근본적으로 각 비즈니스 라인이 자체 디지털 플랫폼을 개발하는 결과를 낳았다.

DBS가 외부에 컴포넌트를 제공하기로 결정했을 때 리더들은 자신들의 여러 디지털 플랫폼이 잠재적 외부 파트너에게 복수의 외부 개발자 플랫폼을 제공하게 됨을 의미한다는 것을 깨달았다. 이것은 개발자가 DBS와 파트너 관계를 맺는 것을 더 어렵게 하고 덜 매력적으로 만든다. 기술 파트의 리더들은 DBS의 외부 개발자 플랫폼에 대한 이런 우려를 활용하여 관련 내부 디지털 플랫폼의 합리화 및 통합 논의를 시작했다. DBS 혁신 그룹의 혁신 책임자인 비디유트 덤라는 그들이 이 과제를 어떻게 다루었는지 설명했다.

"우리는 '최초의' 금융 개발자 포털이 될 수 없음을 알기에 '최고'가 되는 것을 목표로 삼았습니다. 이는 파트너를 위한 단 하나의 공개 포털을 갖는다는 비전으로 바뀌었고, 모든 비즈니스 라인과 시스템 소유자를 한 테이블에 불러모아 어떻게 이를 실현할 것인지 토론하고 결정하게 해주었습니다. 그 결과 개발자 포털은 2017년 11월에, 150개 이상의 API와 서비스를 사용하는 50개 이상의 라이브 파트너를 지닌 세계 최대의 금융 API 포털로 출시되었습니다."

DBS는 3,000개 이상의 자체 APIs에 대한 단일 카탈로그를 개발 중이다. 이러한 노력은 디지털 컴포넌트의 재사용을 안팎으로 촉진할 것이다.

DBS는 잠재적 파트너가 생태계에 참여하도록 장려하고 외부 개발자 플랫폼 사용을 확장하기 위해 새로운 생태계 파트너 참여 프로세스에 투자하고 있다. 비즈니스 면에서 이 프로세스는 기회 발견 및 파트너 직무훈련, 공동 상품화 및 마케팅 옵션의 정의, 그리고 관련 비즈니스 지표 추적 등을 포함한다. 기술적인 면에서는 보안 검사, 관련된 신규 및 재사용 가능한 APIs의 식별, DBS와 파트너사가 하나의 서비스를 어떻게 지원할지에 대한 규정이 포함된다. DBS는 파트너 관리의 표준 프로세스를 구현(가능한 경우 자동화)하는 것이 ExDP에서 가치를 창출하는 데 중요함을 확인하고 있다.

DBS는 외부 개발자 플랫폼이 자사의 디지털 제품을 활용하여 고객이 사용할 수 있는 서비스를 확장하리라 기대한다. 우버는 수년 동안 고객에게 자사의 APIs를 공개해왔다. 우버는 ExDP의 기회를 포착하고 과제를 관리하는 방법을 여전히 배우고 있다.

우버는 외부 개발자를 지원한다

2014년에 ExDP를 출시한 우버에는 플랫폼 개발을 감독하는 책임을 지는 24명 이상의 직원으로 구성된 팀이 있다.[15] 이 팀은 개발자, 특히 외부 개발자에게 권한을 부여하여 이 회사에서 말하는 "활동 경험"을 구축하는 것을 목표로 삼는다. 우버의 외부 개발자 플랫폼에 노출된 APIs는 사실상 외부 개발자들과 **그들의** 고객을 위한 디지털 제품이다. 우버의 경우 외부 개발자 플랫폼의 주요 이점은 외부 개발자가 우버 서비스에 대한 수요를 증가시키는 디지털 기능을 만들어낸다는 것이다.

우버는 외부 개발자가 우버로 비즈니스를 추진하는 앱과 애플릿(소규모 응용 프로그램)을 제작하도록 독려하는 제휴 프로그램을 가지고 있다.[16] 그 결과 제휴사는 우버를 추천하는 미국 기반의 신규 고객 한 명당 미화 5달러를 보상으로 받는다. 우버의 ExDP는 API 지원 비즈니스 컴포넌트와 소프트웨어 개발 키트에 대한 접근 권한을 외부 개발자에게 제공한다. 우버는 또한 통합 요소(버튼과 위젯 같은)를 사용할 수 있도록 하여 우버의 친숙한 아이콘을 간단히 클릭하여 파트너사의 고객이 우버 차량에 접근할 수 있게 해준다.

우버는 세 가지 주요 APIs 세트를 통해 자사의 디지털 플랫폼에 대한 접근을 제공한다. 하나는 승차 초대 및 승차 서비스에 초점을 둔 것이고, 다른 하나는 운전자에 초점을 둔 것, 마지막 세 번째는 비즈니스 고객에 초점을 둔 것이다. 이러한 APIs 세트를 통해 우버는 제3자가 새로운 디지털 서비스를 만들 수 있도록 다양한 기능을 제공한다.

예를 들어 금융 기술 기업인 페이페어(Payfare)는 우버 드라이버 API를 활용하여 앱을 구축했다. 개별 운전자는 페이페어에 가입하여 날마다 수행하는 우버 운행에 대한 (일반적인 주급 대신) 일급의 지불을 승인할 수 있다. 페이페어는 운전자의 수입 데이터를 실시간으로 캡처한다. 그런 다음 페이페어 프로세스가 1%의 수수료로 각 운전자의 페이페어 마스터카드 계정으로 직접 지불한다. 우버와 페이페어의 파트너십은 모든 이해 당사자들에게 이익을 준다. 페이페어는 운전자가 지불하는 수수료에서 이익을 얻고, 우버는 운전자를 더 잘 유치하고 서비스할 수 있는 능력에서 이점을 얻으며, 운전자는 필요할 때 현금을 받는다.

물론 많은 잠재적 파트너십이 실패한다. 기업들이 ExDP 서비스와 관련한 공유된 고객 통찰을 갖추어야 하는 까닭이 여기에 있다. 예를 들어, 2014년 우버는 우버 운전자를 이용하여 패키지 및 기타 물품을 배달하는 소규모 비즈니스를 위한 배달 및 물류 서비스인 우버러시(UberRUSH)를 만들었다. 우버는 안팎의 개발자들이 우버의 비즈니스 고객을 위한 실시간 추적, 서명 확인, 배달 가격 견적 및 요약 보고와 같은 물류 서비스를 추가할 수 있도록 우버러시 API를 구축했다. 우버는 향상된 물류 기능으로 인해 점점 더 바람직한 운송 회사가 될 거라고 기대했다. 즉, 우버의 이익이 운송 수익으로 인해 증가하리라는 것이었다.

우버러시는 주문형 드라이클리닝 서비스, 다양한 레스토랑, P2P 드론 시장과 같이 주로 소규모 스타트업 사업들을 유치했다. 하지만 분명한 것은 우버러시가 운전자와 회사 모두에게 표준적인 우버 서비스보다 적은 수익을 창출하면서 리소스, 특히 운전자를 비효율적으로 활용했다는 것이다. 그 결과 2018년에 우버는 우버러시(와 그 API)를 중단하였다.[17] 이 같은 테스트와 학습의 경험은 기업이 ExDP를 구축하기 시작할 때 공통적이다.

우버의 개발자 플랫폼 팀에는 개발자 관계 팀, API 플랫폼 팀, API 기능 팀, 그리고 파트너 소프트웨어 개발자가 포함된다.[18] 개발자 플랫폼 팀은 디지털 플랫폼과 ExDP의 개발 우선순위를 정한다. 팀 구성원은 비즈니스 개발 동료와 협력하여 내부 요구사항을 식별한다. 또 일대일 상호작용과 전 세계에서 열리는 다양한 포럼과 해커톤을 통해 외부 개발자로부터 아이디어를 얻는다. 이들의 목표는 하얏트, 유나이티드 항공(United Airlines), 스텁허브(StubHub!), 아마존 에코(Amazon Echo) 등과 같은 대규모 업체로, 모두 자사 고객을 위해 우버 차량을 활발하게 요청하는 큰손들이다. 우버는 또 틈새시장을 위한 애플리케이션을 만드는 롱테일 개발자들도 끌어들인다.

우버의 ExDP 거버넌스는 주로 기회 창출에 중점을 둔다. 따라서 우버는 비즈니스 파트너들에게 파트너의 애플리케이션으로 유입되는 데이터에 대한 완전한 제어 권한을 부여한다. 영업 및 비즈니스 개발팀은 이름 있는 대형 파트너와 계약 및 특별 사용 조건을 협상한다. 다른 모든 외부 개발자를 위해 우버는 개발자가 ExDP 기능에 접근할 때 동의하는 표준 사용 조건을 제정했다. 우버는 제3자의 이용을 면밀히 모니터링하고 있으며, 사용 약관에 따라 파트너가 서비스를 오용하고 있음을 감지할 경우 '킬 스위치(kill switch: 사용 불가능하게 차단하는 것)'를 실행할 수 있다.

DBS와 우버는 비즈니스 및 데이터 컴포넌트를 외부 개발자들에게 공개하고 있다.

필립스와 슈나이더는 같은 일을 일부 수행하지만 그들의 비전은 인프라 컴포넌트도 공개하여 산업 플랫폼을 구축하는 데 초점이 맞춰져 있다.

필립스, 산업 플랫폼을 구축하다

많은 기업이 ExDP가 GE의 Predix와 같은 산업 플랫폼이 되기를 열망한다. 예를 들어, 필립스는 의료용 산업 플랫폼을 구축하고 있다. 필립스의 ExDP는 자사의 디지털 플랫폼인 HSDP[19](HealthSuite 디지털 플랫폼)를 활용하여 파트너가 핵심 인프라에 애플리케이션을 구축할 수 있도록 컴포넌트에 대한 접근을 제공한다.

DBS와 우버는 파트너에게 비즈니스 및 데이터 컴포넌트에 대한 접근 권한을 주로 제공하지만, 산업 플랫폼을 구축하는 기업은 파트너에게 인프라 컴포넌트에 대한 접근 권한을 부여할 가능성이 크다. 예를 들어 HSDP는 Amazon Web Services(AWS) 클라우드 기반에서 인프라 컴포넌트를 제공한다. 특히, HSDP는 의료 기술과 장치로 얻어진 사물인터넷 센서 데이터에 대한 접근과 제어를 활성화하는 일곱 개의 기술 컴포넌트를 구축했다.

- 승인 – 중앙 집중식 ID 및 접근 관리를 제공하고 데이터 프라이버시를 보장한다.
- 호스트 – 글로벌 배치 전반에 걸쳐 시스템 상태와 애플리케이션 성능을 모니터링하는 도구를 제공한다.
- 연결 – 소비자 단위의 웨어러블 장치로부터 대규모 의료 시스템에 이르는 스마트 장비에서 데이터를 관리, 업데이트, 모니터링 및 수집한다.
- 저장 – 클라우드 호스팅 저장소를 통해 애플리케이션에서 데이터를 수집, 접근 및 관리한다.
- 분석 – 의사결정 지원 알고리듬 및 기계 학습 애플리케이션을 구축하기 위한 인프라를 제공한다.
- 오케스트레이션 – 워크플로 최적화, 규칙 관리, 일상적인 업무 자동화 및 커뮤니케이션 조정을 위한 도구를 제공한다.
- 공유 – HealthSuite 지원 앱과 외부 타사 시스템이 설치된 장치 간의 상호 운용성을 제공한다.

필립스는 외부 개발자 플랫폼을 "초대에 의해서만" 우호적인 외부 개발자 그룹에 개방했다. 이는 회사가 더 큰 컴포넌트 포트폴리오를 구축함에 따라 확장될 수 있으며, 회사의 ExDP를 활용할 기회를 더 잘 식별할 수 있게 해준다. 시간이 흐르면서, 필립스는 HSDP를 기반으로 구축된 내부와 외부의 애플리케이션을 통해 의료 데이터에 대한 개별적 제어를 촉진하고 의료 시스템 안에 데이터를 더 많이 통합할 수 있을 것으로 기대하고 있다. 수많은 의료 공급자와 고객들이 HSDP에 의존하게 되면, 필립스는 의료 고객을 위한 자사의 디지털 제품뿐만 아니라 의료 산업 플랫폼의 사전준비 서비스(provisioning)에서도 수익을 창출하기 시작할 것이다.

필립스는 엄선된 컴포넌트(예를 들면, 방문자 분석 및 AI 서비스)를 제3자가 사용할 수 있도록 하는 실험을 하고 있지만, 회사는 내부 디지털 플랫폼 구축에 집중하고 있다. 초점은 자체 개발한 컴포넌트의 개발 및 재사용을 가속화하는 데 있다. 날로 성장하는 필립스의 제품 포트폴리오는 관리 문제를 해결할 준비가 되면 제3자에게 유용한 컴포넌트를 제공할 것이 거의 확실하다.

슈나이더 일렉트릭, 에너지 관리 솔루션을 위한 생태계를 만들다

필립스와 마찬가지로 슈나이더 일렉트릭은 산업 플랫폼을 제공할 계획이다. 슈나이더는 자사의 산업이 혁신에 대한 접근 방식에서 중대한 변곡점에 놓여 있음을 인식한다. 이러한 변화는 고객 경험과 참여에 혁명을 일으키고 있다. 또한 문제 해결을 놓고 더 나은 장비를 만드는 대신 공급자와 구매자 간의 대화에 다시 집중하고 있다. 이에 따라 슈나이더는 사물인터넷 에너지 관리 및 자동화 솔루션 공급업체와 구매자의 생태계를 지원하도록 설계된 ExDP인 슈나이더 일렉트릭 거래소[20]를 개발했다. ExDP를 통해 개발자, 데이터 과학자, 최종 사용자, 발명가, 기업가 등 생태계의 이해 당사자가 솔루션을 생산, 협업 및 확장할 수 있다. 슈나이더는 ExDP를 통해 이 개방형 생태계를 조율한다.

외부 개발자의 관심을 끌기 위해, 2018년 4월 슈나이더는 해결해야 할 몇 가지 과제를 제기함으로써 ExDP를 출범시켰다. 슈나이더는 외부 개발자들을 해커톤에 초대해 세 가지 과제에 대한 솔루션을 요청했다. 최고의 솔루션은 보상을 받았다. 해커톤을 준비하기 위해 슈나이더는 제안된 과제를 해결하려는 개발자에게 가장 중요한 분석 및 데이터 세트를 공유하는 API를 확인했다. 이런 식으로 슈나이더 일렉트릭은 ExDP(Schneider Electric Exchange)를 구축하고 타사에서 개발한 제품도 확보하고 있다. 회사는 개발자 APIs를 개발하여 공개하면서 추가적인 해커톤을 개최할 계획이다. 슈나이더는 자사 거래소에서 사용할 수 있는 디지털 제품을 늘림으로써 더 많은 트래픽을 생성하는 한편, 생태계의 주도자로 자리매김했다.[21]

필립스와 슈나이더가 개발 중인 산업 플랫폼들은 플랫폼을 통해 디지털 제품을 판매하는 파트너사에 수수료를 부과하여 수익을 창출할 수 있다. 그러나 그런 식의 플랫폼을 개발하는 회사들의 경우 미래의 수익원은 보장되지 않는다. 기업들이 수익을 창출하는 ExDP 가치 제안을 구축하는 방법을 배우기 위해서는 실험이 필요하다.

외부 개발자 플랫폼(ExDP)은 누구에게 필요한가?

기업은 외부 개발자 플랫폼을 통해 고객 상품의 수와 범위를 확장하고 새로운 수익을 창출하거나 고객 만족도를 높일 수 있다. 요컨대,

외부 개발자 플랫폼은 규모의 장점을 누릴 수 있게 해준다. 소프트웨어 배포 비용은 문제가 되지 않기에 이론적으로 디지털 컴포넌트의 재사용은 거의 제로에 수렴하는 비용으로 그 가치를 높이는 기회를 제공한다. 다시 말해, ExDP는 기업이 디지털 플랫폼에 이미 투자한 비용에 대한 투자 회수율을 높인다.

이것은 ExDP가 '무료'라는 뜻은 아니다. 실제로 2018년에 필립스는 HSDP에 대한 외부 연결 노력을 덜 강조하고 있는데, 더 중요한 다른 디지털 노력들에 대한 관심이 분산되기 때문이다. 예를 들어 외부 개발자를 지원하려면 생태계 파트너 관리와 탑재 기능의 설계 및 자동화가 필요했다. 필립스의 CTO인 헹크 판 하우텐은 내부 컴포넌트를 구축하는 것과 ExDP를 구축하는 것 사이의 긴장을 다음과 같이 설명했다.

디지털 플랫폼을 외부에서 상업화하는 것은 기존의 가장 성공적인 비즈니스를 그곳으로 옮겨 실행상의 모든 어려움을 해결하고 최종 사용자 가치를 증명하지 않는 한 설득력 있는 제안이 아닙니다. 그래서 이것이 최우선 과제입니다. 규모의 이점을 위해 외부 사용자가 필요하다는 건 지극히 작은 문제일 뿐이죠.

슈나이더 일렉트릭 역시 내부 디지털 플랫폼인 에코스트럭슈어를 구축하는 데 대부분의 자원을 집중해왔다. 경우에 따라 해커톤을 활용함으로써 파트너십의 이점을 경험하기 시작했지만, 회사는 내부 에코스트럭슈어 제품을 개발하고 상품화하는 데 주력한다. ExDP에 대한 노력은 시간이 지남에 따라 확실히 증가할 것이다.

많은 경영진은 외부 개발자 플랫폼을 구축하는 데 관심이 없다고 말했다. 그들은 자사의 디지털 제품에서 이익을 얻는 데 초점을 둔다. 디지털 전환의 초기 단계에서 ExDP를 무시하는 것은 현실적이고 심지어 현명한 전략일 수 있다.

그럼에도 우리의 연구에 따르면, 외부 개발자 플랫폼을 포함한 다섯 개의 빌딩 블록은 모두 상호의존적이다. DBS와 같은 기업의 경험은 이러한 상호의존성을 부각시킨다. ExDP는 기업의 운영 백본에 대한 요구를 제기했고, 기업이 자사의 디지털 플랫폼을 합리화하고 나아가 전문화하도록 압박했다. DBS의 디지털 플랫폼과 마찬가지로 외부 개발자 플랫폼도 우선순위 결정과 컴포넌트 소유권, 그리고 반복적이고 민첩한 방법론 등 기업의 책임 프레임워크의 핵심에 주의를 기울여야 한다. 마지막으로 고객에 대한 실험 및 통찰은 고객이 원하는 것과 DBS와 외부 파트너가 협력하여 제공할 수 있는 것의 교차점을 더 잘 이해하는 데 중요하다.

ExDP가 다른 빌딩 블록에 의존하는 것과 마찬가지로, ExDP는 여타의 디지털 기능을 구축하는 데 도움을 줄 수 있다. 예를 들어 ExDP는 고유한 자격 요건을 가지고 있으며 자율적인 팀과 함께 책임을 나누며 실험하기에 자연스러울 수 있다. 이것은 상충하면서도 수렴하는 요구를 지닌 완전히 새로운 이해 당사자들에게 회사를 노출하는데, 고객에 대한 통찰력을 키울 기회를 제공하는 것은 바로 이들이다. 디지털 플랫폼에 추가할 수 있는 유용한 컴포넌트를 제공하는 것도 ExDP다. 다시 말해, 잘 관리되는 ExDP는 거의 확실히 다른 빌딩 블록을 향상시킬 것이다. 그러나 다른 네 가지 빌딩 블록과 달리 회사가 다른 네 가지와 관련된 몇몇 기능을 미리 개발하지 않는 한 ExDP의 구축은 시작조차 하기 어렵다.

외부 개발자 플랫폼의 설계와 개발

DBS, 우버, 로열 필립스와 슈나이더 일렉트릭의 사례에서 알 수 있듯이 개발자 생태계에 동력을 공급하는 외부 개발자 플랫폼을 설계하면 매출과 수익, 그리고 고객 만족도를 높일 수 있다.[22] 하지만 우리는 기업에게 세상이 필요로 하는 외부 개발자 플랫폼을 추측하여 개발해보라고 권하지는 않는다. 그 대신, 우선 기업들은 자사의 디지털 제품에서 재사용 가능한 가치 있는 컴포넌트 포트폴리오를 개발해야 한다. 그런 다음 다른 디지털 빌딩 블록들을 성숙시키면서 컴포넌트 중 일부를 외부에서 사용할 수 있게 만들 수 있다.

ExDP를 구축하려면 내부 컴포넌트의 APIs를 공개하고 개발자 포털에 그것을 분류해 올리는 것 이상의 작업이 필요하다. 첫 번째 과제는 어떤 디지털 컴포넌트가 귀사와 귀사의 고객 및 파트너에게 이익을 줄 것인지 식별하는 것이다. 그런 다음 해당 컴포넌트에서 제품을 구성하는 외부의 혁신을 자극해야 할 것이다.

전략적 이익을 제공할 수 있는 가장 큰 잠재력을 지닌 디지털 컴포넌트를 식별하는 것이 어려울 수 있다. 기업 고유의 데이터를 담고 있거나 탑재한 컴포넌트는 외부 당사자에게 특별한 가치가 있을 수 있다. 이와 마찬가지로 경쟁사가 가지고 있지 않은 지식이나 기능이 포함된 컴포넌트는 특별한 경쟁력을 가질 수 있다. 반면에 고유하지 않거나 대체 불가능하지 않은 모든 컴포넌트는 소비재이며, 결국 바닥을 향한 경쟁을 피할 수 없다. 여러분은 결국 귀사의 ExDP가 회사 스스로 개발하기를 바라지 않거나 시장의 요구에 맞춰 제때 개발할 수 없을 것 같은 컴포넌트에 대한 접근을 잠재적 파트너에게 제공하여 고객에 대한 그들의 가치를 증대시키기를 바랄 것이다.

앞서 언급했듯이 외부 개발자 플랫폼은 두 가지 형태로 제공된다. 하나는 파트너가 귀사의 데이터 또는 비즈니스 기능을 활용하여 디지털 제품을 만들 수 있도록 비즈니스 및 데이터 컴포넌트를 공개하는 것이다. 다른 하나는 파트너가 그들의 디지털 제품을 귀사의 시장에 추가할 수 있도록 인프라 컴포넌트를 노출하는 산업 플랫폼이다. 두 경우 모두 귀사의 비즈니스 파트너가 ExDP의 고객이 된다. 다음 세 영역에 책임이 있는 부서에 ExDP의 소유권을 할당해야 한다. 바로 (1) 파트너와 협력하여 가치 있는 컴포넌트를 찾아내는 부서, (2) 컴포넌트를 공개하고 이용하는 방식을 관리하는 부서, (3) 파트너 관계를 관리하는 부서이다.

우리의 조사에 따르면 디지털 제품에서 발생한 전체 매출의 평균 점유율은 5%였다. 잘 개발된 외부 개발자 플랫폼을 보유한 소수의 기업은 평균적으로 매출의 20%를 디지털 제품 및 서비스에서 창출했다.[23]

올바른 외부 개발자 플랫폼 만들기

외부 개발자 플랫폼은 다섯 가지 디지털 빌딩 블록 중 하나일 뿐이다. 아마도 이것이 첫 번째는 아니어야 할 것이다. 그러나 ExDP가 제공하는 기회를 우회하는 것은 다른 경쟁 위험을 초래한다. 유럽과 호주의 오픈 뱅킹 자격 요건과 같은 규정으로 인해 기업이 미처 준비하기도 전에 ExDP의 개발이 강제될 수도 있다. 대다수 기업에서 ExDP는 중요한 빌딩 블록이 될 것이다. 다음은 이 장의 핵심들을 요약한 것이다.

• 고객의 모든 요구사항에 대한 최상의 솔루션을 스스로 적시에 제공할 수 없다면 디지털 제품을 만드는 데 외부의 창의성을 활용해야 한다. 바로 이것이 외부 개발자 플랫폼(외부 파트너에게 개방된 컴포넌트 저장소)이 필요한 이유이다. **여러분은 이미 ExDP의 필요성을 알고 있는가? ExDP가 귀사의 비즈니스에 어떤 이익을 주리라고 생각하는가?**

• 외부 개발자 플랫폼에는 두 가지 선택지가 있다. 하나는 외부 개발자들이 디지털 제품을 개발하는 데 자사의 비즈니스 및 데이터 컴포넌트를 사용할 수 있게 하는 것이다. 다른 하나는 여러 회사의 디지털 제품을 배포하는 시장 역할을 하는 산업 플랫폼을 제공하는 것이다. **귀사는 두 가지 선택지 중 어느 쪽을 선택할 것인가? 하나 또는 두 유형의 ExDP에서 가치를 창출하는 법을 찾아내려면 어떤 실험이 필요할까?**

- 외부 개발자 플랫폼은 다른 빌딩 블록들의 전문화를 압박하기는 하지만, 다른 빌딩 블록들의 특정한 성숙 수준에 의존하기도 한다. 바로 이것이 대다수 기성 기업들이 디지털 전환을 외부 개발자 플랫폼을 설계하는 것으로 시작해서는 안 되는 이유이다. **귀사의 다른 빌딩 블록들은 외부 개발자 플랫폼에 기여할 준비(충분한 성숙)가 되어 있는가?**

- 외부 개발자 플랫폼의 소유자는 파트너와 협력하여 기회를 포착하고 가치를 제공할 책임을 진다. 이를 위해서는 비즈니스와 기술에 대한 실제 지식이 필요하다. **귀사의 ExDP에 대한 소유권은 누가 가져야 할까?**

7
디지털 전환을 위한 로드맵

기억하겠지만, 캔자스로 돌아가고 싶었던 도로시는 오즈의 마법사를 찾아가야 했다. 마법사를 찾기란 쉽지 않았지만, 적어도 길은 분명했다. 노란 벽돌길을 따라가면 되었기 때문이다.

디지털 전환을 원하는 기성 기업들에게, 메시지는 명확하다. 다섯 가지 빌딩 블록을 개발하라는 것이다. 불행하게도 그 길은 노란 벽돌길보다 훨씬 더 어수선하다. 기성 기업들은 기존 비즈니스를 유지하고 개선하면서 디지털 능력을 개발하고자 노력한다. 모든 것을 한 번에 할 수는 없다. 이 장에서는 디지털 기업으로 향하는 또 다른 경로를 살펴보기로 한다.

빌딩 블록 조립

앞의 다섯 장에서 살펴본 디지털 빌딩 블록은 디지털에서 성공하기 위해 기업이 개발해야 하는 조직 역량이다. 요약하면, 잘 설계된 디지털 조직들은 다음과 같은 다섯 가지 능력을 지니고 있다.

• 어떤 디지털 솔루션을 개발하여 고객이 지갑을 열게 할 것인지에 대한 **공유된 통찰**(이 빌딩 블록은 기업이 디지털 기술로 제공할 수 있는 것과 고객이 원하는 것 간의 교집합에 대한 지식을 끊임없이 확장한다).

• 핵심 운영 프로세스를 통합하고 표준화하는 데 필요한 기업의 조건들을 포착하는 **운영 백본**(이 빌딩 블록은 기본 프로세스 실행의 신뢰성과 기업 데이터의 무결성을 강화한다).

• 디지털 제품을 만드는 데 필요한 재사용 가능한 디지털 컴포넌트를 모아 놓은 **디지털 플랫폼**(이 빌딩 블록은 비즈니스와 데이터, 그리고 인프라 컴포넌트에 대한 접근 권한을 제공한다).

• 자율성과 통일성을 함께 보장하기 위해 의사결정권을 할당하는 **책임 프레임워크**(이 빌딩 블록은 디지털 플랫폼을 개발하고 이용하는 데 속도와 통일성을 지원하는 역할, 의사결정권, 그리고 프로세스를 규정한다).

• 외부 파트너에게 디지털 컴포넌트를 공개하는 **외부 개발자 플랫폼**(이 빌딩 블록은 디지털 파트너 관계를 가능케 하는 기술과 프로세스, 그리고 역할을 제공한다).

〈그림 7.1〉은 디지털 전환에 필요한 다섯 가지 빌딩 블록이다.

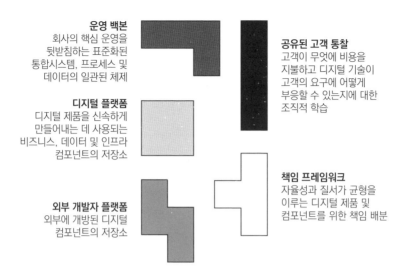

운영 백본
회사의 핵심 운영을
뒷받침하는 표준화된
통합시스템, 프로세스 및
데이터의 일관된 체제

디지털 플랫폼
디지털 제품을 신속하게
만들어내는 데 사용되는
비즈니스, 데이터 및 인프라
컴포넌트의 저장소

외부 개발자 플랫폼
외부에 개방된 디지털
컴포넌트의 저장소

공유된 고객 통찰
고객이 무엇에 비용을
지불하고 디지털 기술이
고객의 요구에 어떻게
부응할 수 있는지에 대한
조직적 학습

책임 프레임워크
자율성과 질서가 균형을
이루는 디지털 제품 및
컴포넌트를 위한 책임 배분

〈그림 7.1〉 디지털 빌딩 블록(1장에서 소개한 대로)

우리의 연구는 통계적으로 각각의 빌딩 블록이 개별적으로 그리고 조합을 이루어 비즈니스의 성공에 기여하는 다섯 개의 고유한, 그렇지만 상호 연관된 조직적 자산임을 확인해준다.[1] 각 빌딩 블록은 기업의 인력과 프로세스, 기술에 변화를 가져온다. 결과적으로, 디지털 여정만 긴 것이 아니라 주어진 어떤 빌딩 블록을 개발하기 위한 일련의 자기 결정 그 자체가 여정이라 할 수 있다.

> 잘 개발된 빌딩 블록 세트는 더욱 혁신적인 디지털 제품으로 이어져 더 많은 매출과 이윤, 그리고 높은 고객 만족도를 얻게 해준다.[2]

완벽한 세계라면 기업은 외부 개발자 플랫폼 정도를 제외하고 빌 딩 블록들을 동시에 개발할 수 있을 것이다. 동시적인 개발은 빌딩 블 록들의 상호의존성을 기업이 활용할 수 있게 해줄 것이다. 하나를 개 선하면 다른 것도 개선되어 전체적인 혜택이 커지는 것이다.

그러나 우리는 큰 기업이 디지털 전환을 시작하는 경우 모든 빌딩 블록을 동시에 감당할 수 없음을 알게 되었다. 수많은 조직적 변화를 요구하는 움직이는 요소들이 너무 많기 때문이다. 따라서 리더들은 주 어진 시간에 어떤 빌딩 블록에 집중할지 전략적 결정을 내려야 한다. 디지털 전환 로드맵은 빌딩 블록의 순차적 개발에 도움이 될 수 있다.

우리의 연구는 모든 회사에 적용되는 최상의 단일한 로드맵은 없 음을 시사한다. 기업들은 서로 다른 경쟁력과 문화를 가지고 디지털 전환에 착수하고 서로 다른 미래상을 꿈꾼다. 기업들의 공통점은 다 섯 개의 빌딩 블록 속에서 포착된 능력을 개발해야 한다는 것이다. 그 들의 차이점은 디지털로 가는 여정의 속도와 순서다.

예를 들어, 카맥스의 경영진은 디지털 제품에 집중하는 일부 직원 들을 위해 업무를 극적으로 재설계한 새로운 책임 프레임워크를 구현 함으로써 전환을 '촉발'하기로 결정했다. 곧이어 카맥스는 디지털 플 랫폼 개발에 착수했다. 수년 전, USAA는 미군 회원들을 위한 통합 솔루션을 제공하기 위해 고객 통찰에 착수했다. 그런 다음 직원들의 책임 프레임워크를 재설계하여 새로운 솔루션을 제공할 수 있게 했 다. 필립스와 슈나이더는 핵심 비즈니스 프로세스를 지원하고 디지털 주도권을 가능케 해주는 운영 백본을 정비하는 데 여러 해를 투자했 다. 그런 다음 디지털 플랫폼 개발에 착수했다. 노스웨스턴 뮤추얼은 자사의 디지털 전환을 추진하기 위해 초보적인 디지털 플랫폼을 갖춘 스타트업인 런베스트를 인수했다. 그런 다음 책임 프레임워크를 재설계하여 디지털 컴포넌트를 구축하고 활용할 수 있게 했다.

이렇게 서로 다른 접근 방식이 각 기업의 요구에 적절히 부합한다는 점을 감안하여, 우리는 단일한 최적의 디지털 여정을 제안하지 않을 것이다. 대신 귀사의 여정을 어떻게 그려볼 수 있는지 몇 가지 아이디어를 제공하기 위해 네 회사의 서로 다른 여정을 설명할 것이다. 이 기업들의 디지털 여정은 기회가 열리는 시기를 파악하고 그 기회를 포착하는 데 가장 큰 걸림돌을 해결하는 데 도움이 될 것이다. 가장 성공적인 기업들은 역량을 키우는 일관된 계획에 집중함으로써 지나친 조직적 변화의 리스크 없이 점진적인 발전을 이룬다. 중요한 것은 다섯 개의 빌딩 블록에서 시작하는 것이다. 칠레의 프린시펄 파이낸셜(Principal Financial)은 한 회사가 바로 그것을 어떻게 하고 있는지 보여주는 사례이다.

PI 칠레의 디지털 전환 로드맵

2,000명의 직원이 있는 프린시펄 금융그룹의 계열사인 프린시펄 인터내셔널 칠레(PI Chile)는 약 80만 명의 고객이 재정적으로 은퇴를 준비하도록 돕는 데 주력하고 있다.[3] 이는 의무 저축 계획과 자발적인 추가 예금을 위한 뮤추얼펀드, 퇴직자 연금보험 등을 제공하는 방식으로 이루어진다.

칠레의 연금제도는 피고용인들이 급여의 10%를 의무적으로 저축하도록 요구한다. 하지만 이는 대다수 사람들이 퇴직 전과 후의 생활을 균형 있게 유

지하는 데 충분치 않다. PI 칠레는 칠레 은퇴자의 재정 안정성을 개선하는 데 디지털 제품을 활용하고자 매진하고 있다.

PI 칠레는 고객들이 쉽게 접근 가능한 간단한 조언을 바란다는 것을 알고 있는 디지털 스타트업을 관찰해왔다. 하지만 디지털 전환을 위한 초기 노력은 기술 투자에 초점을 맞췄다. PI 칠레의 지역 본부장인 페드로 아트리아는 이 전략의 제한적인 영향에 대해 이렇게 설명했다.

"그래서 우린 여기서도 뭔가를 하고 저기서도 뭔가를 하기 시작했습니다. 우린 '반짝이는 장난감' 증후군을 겪을 위험을 무릅썼어요. 인공지능, 클라우드, 모바일, 증강현실까지 시도했습니다. 약 1년 전에 우린 '디지털 세계에 있는 이 놀라운 것들 가운데 정말로 무엇이 고객에게 가치를 더해줄까?'라고 물었죠."

2017년 9월, 경영진은 실리콘밸리의 기업들을 방문하기 위해 1주일간의 출장을 떠났다. 그들은 디지털에 관해 예상했던 것과는 매우 다른 논의에 접어들게 되었다. 아트리아는 이렇게 말했다. "우리의 모든 논의는 전략, 비전, 가치 제안, 고객에 관한 것이었어요. 디지털은 전략이에요. IT가 아닙니다."

이 출장 직후 고위 경영진은 새로운 디지털 전략을 수립했다. 고객이 재정적 안정성을 달성할 수 있도록 디지털 기술을 활용하는 데 초점을 둔 이 전략은 PI 칠레의 기본 비즈니스 전략이 되었다.

디지털을 위한 준비

PI 칠레가 디지털 전환에 착수하자, 리더들은 회사의 기존 운영 백본을 수정하고 디지털 플랫폼을 구축하기 시작했다. 회사의 운영 백본에는 고객과 상품에 대한 데이터와 기능을 제공하는 자체 개발된 두 개의 핵심 시스템이 포함되어 있었다. 이러한 획일적인 시스템 설계는 점점 더 디지털화되는 회사에 완벽하게 적합하지는 않았지만, 회사의 운영 프로세스를 안정적으로 지원했다. PI 칠레는 클라우드 기반 CRM 시스템을 구현하여 고객 중심의 판매 프로세스를 디지털화했다.

PI 칠레의 초기 디지털 플랫폼은 프린시펄커넥트(PrincipalConnect.cl)의 기반이었다. 회사는 이를 구축하기 위해 지역 스타트업과 계약했고, 그 스타트업은 두 달 만에 첫 번째 버전을 제공했다. PI 칠레의 경영자들은 자사의 운영 백본과 디지털 플랫폼을 디지털 비즈니스를 구축하는 훌륭한 출발점으로 보았지만, 디지털 제품을 만드는 데 필요한 조직 역량인 이른바 '근육'을 키워야 한다고도 생각했다. 아트리아는 이렇게 설명했다.

"디지털 회사가 되려면 더 나은 데이터가 필요해요. 새로운 기능과 별개의 프로세스, 정련된 새로운 기술을 갖춘 조직도 필요하고요. 아날로그 세계에 기반한 기존 조직 구조를 디지털 세계에 맞게 전환할 필요도 있죠."

2017년 9월 디지털 전략을 발표한 후, 리더들은 두 가지 디지털 빌딩 블록 개발에 초점을 둔 전환 여정을 기획했다. 디지털 제품을 지원하는 **운영 백본**을 준비하는 것과 **책임 프레임워크** 및 업무 방식에 변화를 가져오는 것이었다.

운영 백본의 개발

운영 백본의 데이터와 기능을 필요로 하는 디지털 제품의 신속한 개발을 위해 PI 칠레의 CIO는 핵심 시스템을 APIs로 '감싸기'로 결정했다. 말하자면, APIs가 운영 백본과 디지털 제품의 중개 역할을 하도록 만든 것이다. 이렇게 하면 디지털 제품이 향후 교체될 수 있는 레거시 시스템에 직접 접근하지 않아도 백본 데이터나 기능에 접근할 수 있다.

최고 경영진은 첫 번째 APIs 개발을 위한 예산을 할당했다. 새로운 중앙 IT 부서의 직원 두 명이 APIs 개발을 조정했다. 디지털 제품 팀이 운영 백본에서 데이터나 기능을 사용할 필요가 생기면 중앙 API 팀에 연결했다. API 팀은 API가 이미 존재하는지 확인해보고 그렇지 않을 경우 재사용 가능한 새로운 API를 설계했다. 2018년 중반 현재 API 팀은 약 50개의 APIs를 개발했다.

책임 프레임워크의 개발

새로운 작업 방식을 실험하기 위해 PI 칠레는 2017년에 디지털체험연구소(DXLab)를 신설했다. 소수 직원으로 민첩하게 시작한 연구소는 2018년 중반 43명의 직원이 있는 규모로 성장했다. DXLab의 소장인 대니얼 랜던은 연구소의 작업 방식이 여타 PI 칠레의 작업 방식과 매우 다르다고 말했다.

"앉는 방식과 위치, 협업 방식과 위치, 시간표, 특권, 조직 구조, 미래 경력 등등 **모든** 부분과 차원에서 우리는 근본적인 변화를 겪고 있습니다."

DXLab은 자율적인 팀들로 조직되었다. 각 팀은 적어도 비즈니스를 깊이 이해하는 제품 소유자 1인, 개발자 2인, 디자이너 1인으로 구성되었다. 경험 많은 사람들이 팀의 애자일 코치로 지원했다. 각 팀은 PI 칠레 사업체 중 한 곳에 속한 비즈니스 스폰서와도 연결되었다.

각 팀은 개별 제품(PrincipalConnect.cl 등) 또는 여러 제품이 공유하는 컴포넌트(고객의 은퇴 준비 정도를 측정하는 성취도 컴포넌트 등)에 대한 책임을 진다. 팀은 '도메인(Domain, 영역)'으로 조직되었다. 예를 들어, '자문 및 영업', '달성', '관계' 등은 도메인, '마케팅 클라우드'는 '관계'의 하위 도메인, '재무 설계'는 '자문 및 영업'의 하위 도메인이다. 팀들이 가능한 한 독립적으로 일할 수 있도록 도메인이 거의 겹치지 않게 하자는 아이디어였다.

또 다른 큰 변화는 팀이 자기 '제품'을 전체 주기 동안 책임지는 것이었다. 랜던은 "제품은 결국 생명을 다하기 마련이지만, 기준 역할을 할 가능성이 더 크며, 만약 당신이 팀을 완전히 해체하게 되면 그동안 축적해온 노하우와 정보를 모두 잃어버리게 될 것"이라고 말했다.

'셀(cell)'이라 불리는 팀들은 자율적으로 일했다. 위계에 따라 모든 것을 논의하기보다는 자기 '제품'에 대해 스스로 결정했다. 이런 식으로 팀에게 권한을 부여하면 관련 지식과 더 가까운 곳에서 의사결정을 내리게 된다. 랜던은 권한을 부여받은 팀들에 대한 의존이 경영의 역할을 바꾸었다고 설명했다.

"[위계적 의사결정으로] 팀은 먼저 모든 것을 몇 가지 주제어로 세분하여

(매니저인) 내가 결정할 수 있게 합니다. 그런 다음, 깊은 그림이 없는 제가 팀이 **몇 주** 동안 검토해온 문제들에 대해 질문하죠. 그리고 제안을 마구 던지기 시작합니다. 이미 그들이 고안했거나 조사했거나 대안으로 검토했거나 폐기했던 것을 말이죠! 그런 식으로 모든 대화가 반복됩니다. 그런 일이 일어나는 유일한 이유는 진정한 자신감도, 신뢰성 있는 위임도 없기 때문입니다. 대신, 우리가 **지금** 말하는 것은, '바로 이것이 당신의 영역이고 현장이며, 일을 처리하는 데 필요한 것'이라는 겁니다. 우린 그저 올바른 문화와 올바른 팀을 만들고, 자율적으로 일하고 스스로 의사결정을 할 수 있게끔 직원을 믿으면 됩니다. 마찰이 생기면, 우리가 해결하죠! 마찰을 해결하는 것이 제 역할입니다."

랭던은 자율성이 크면 책임도 크다는 것을 팀들에게 분명히 했다.

"이젠 우리가 원하는 걸 경영진이 주지 않았다고, IT 직원들이 요구사항을 묵살했다고, 거래처가 일을 제대로 하지 않아서…운운하며 변명할 수 없어요. 더는 안 됩니다. 그런 건 다 **사라졌어요**. 당신이 책임을 져야 해요."

PI 칠레는 DXLab의 작업 방식을 다른 사업 분야로 확산시키기를 기대했다. 리더들은 PI 칠레의 다른 지역에 지역 혁신에 초점을 둔 몇 개의 애자일 셀을 설립했다. DXLab 코치들은 이 셀들을 지원했다. 애자일 셀의 수는 빠르게 증가할 것으로 예상됐다.

또 다른 빌딩 블록의 개발

경영진은 처음에 운영 백본과 책임 프레임워크에 집중했지만, PI 칠레는 **디지털 플랫폼**을 개발하고 **고객 통찰**을 얻기 위한 몇 가지 초기 단계도 밟았다. 이 시기에 리더들은 외부 개발자 플랫폼의 추진에 대해 의식적으로 반대했다.

언급한 바와 같이 PI 칠레는 DXLab이 확장한 프린시펄커넥트를 지원하는 초기 **디지털 플랫폼**을 구입했다. 이 회사는 또한 새로운 모바일 앱과 다양한 공유 디지털 비즈니스 컴포넌트(앞서 언급한 성취도 컴포넌트 같은)를 구축하고 있었다. 동시에 DXLab은 디지털 플랫폼에 재사용할 수 있는 다양한 기술 컴포넌트(단일 서명 기능과 같은)를 만들고 있었다.

한편, DXLab은 **고객에 대한 통찰**을 얻기 위한 실험을 수행하고 있었다. 회사는 제품보다 고객에 대한 통찰을 모방하는 것이 더 어렵다고 생각했기에, 고객 중심이 되는 것이 핵심적이라고 여겼다. 셀들은 무엇이 효과가 있고 없는지를 빠르게 학습하기 위해 반복적이고 점진적인 방식으로 작업했다. 이러한 실험들에 대해 PI 칠레의 최고 디지털 책임자인 후안 마누엘 베가는 다음과 같이 말했다.

"우리는 많은 위험을 감수합니다. DXLab은 우리가 실제로 **실패**할 수 있는 공간입니다. 우리는 실패하리라 예상되는 것들에 대해 여러 시도를 하고 있습니다. 실패는 18개월 전에는 선택지가 아니었죠. 오늘 우리는 빠르게 실패하고 **있는데**, 다행인 것은 그 실패의 대가가 저렴하다는 거죠."

새로운 제품을 개발할 때, DXLab 팀들은 고객으로부터 배우고자 했다. 예를 들어, 첫 번째 버전의 모바일 앱을 만들 때 고객들은 자신이 사용하는 스마트폰에 기록되는 방식으로 시제품을 사용해달라는 요청을 받았다. 이를 통해 팀은 고객의 반응을 관찰할 수 있었다. DXLab은 고객에 대해 그들이 학습한 것을 전달하는 방편의 하나로, 그리고 더 많은 내부 피드백을 얻기 위해 매주 금요일마다 작업 중인 제품 중 하나를 선보였다.

앞을 내다보다

PI 칠레 리더들은 성공적인 디지털 전환을 위해서는 실험이 필요함을 잘 알고 있다. 프린시펄 라틴 아메리카의 로베르토 워커 사장에 따르면 이 회사의 전환 로드맵은 이러한 실험을 촉진하기 위해 고안된 것이다.

"우리는 하나부터 열까지 디지털 기업이 되고 싶습니다. 처음엔 제대로 할 수 없을 거라는 것도 압니다. … 우리가 성취하고 싶은 것이 뭔지는 꽤 잘 알지만, 그것이 어떤 모습일지, 또는 무엇이 최선일지, 또는 그곳에 도달하는 가장 빠른 방법이 뭔지는 정확히 모르니까요."

첫해에 PI 칠레는 디지털 전환에 상당한 진전을 이뤘다. 〈그림 7.2〉는 PI 칠레의 여정에 대한 저자들의 해석을 나타낸 것이다. 회사가 초기에 해당 빌딩 블록을 구축하는 데 집중한 기간을 반영하는 모양을 사용하여 각 빌딩 블록에 대한 초기 투자 형태를 나타냈다. 그림에서 보듯, 먼저 회사는 디지털 접근을 위한 APIs에 핵심 시스템을 감싸는 방식으로 운영 백본을 공략했다. 회사의 책임 프레임워크는 전환의 핵심이다. 고객 통찰과 디지털 컴포넌트에 대한 소유권을 명확히 하고 운영 백본 데이터를 보호함으로써 PI 칠레는 다른 빌딩 블록의 개발을 지원할 과업에 대한 소유권을 할당한다. DXLab은 PI 칠레가 새로운 책임 프레임워크와 작업 방식, 디지털 플랫폼 개발, 고객 통찰의 축적 등 자사의 빌딩 블록들을 개발할 수 있는 안전한 환경을 제공한다. 책임 프레임워크를 시작점으로 PI 칠레는 디지털 전환

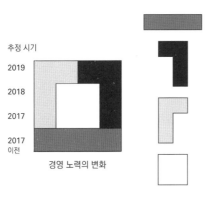

운영 백본
고객 및 제품 관련 데이터와 기능성을 제공하는 두 개의 핵심 시스템;
판매 프로세스를 디지털화하는 CRM

고객 통찰 공유
고객과 직접적으로 관련된 디지털 제품에 대한 반복 실험

디지털 플랫폼
로컬 스타트업이 제공하는 PrincipalConnect.cl의 기반

책임 프레임워크 자율적이고 민첩한 셀들이 신설된 디지털 체험 연구소에서 디지털 컴포넌트와 제품을 개발하고 새로운 작업 방식을 개척

외부 개발자 플랫폼
초기 단계에서는 의도적으로 실질적인 투자를 하지 않음

추정 시기
2019
2018
2017
2017 이전
경영 노력의 변화

〈그림 7.2〉 PI 칠레의 디지털 빌딩 블록 개발(저자의 해석)

을 가속화하고 있다. 한편, 외부 개발자 플랫폼에 자원을 돌리지 않음으로써 회사는 다른 빌딩 블록에 집중할 수 있다.

디지털 자산을 구축하는 대안적 로드맵

PI 칠레 사례는 빌딩 블록의 상호의존성으로 인해 생기는 이점과 과제를 모두 강조한다. 애초부터 디지털 회사가 아닌 기업에 디지털 문화를 빠르게 주입하고 디지털 역량을 키울 수는 없다. 기존 기업은 시간을 두고 디지털 역량을 축적할 수밖에 없다.

특정한 빌딩 블록을 개발할 때 마주치는 과제 중 하나는 오래된 습관에 천착하지 않고 새로운 습관을 들이는 것이다. 기업이 특정 빌딩 블록으로 인해 요구되는 새로운 습관을 제도화하는 데 상당한 자원을 투입할 때 비로소 그 빌딩 블록으로 성공한다는 것을 우리는 발견했다. 예를 들어, 기업은 고객 통찰을 구축하기 위해 디지털 제품을 가지고 실험할 때 테스트와 학습 방식을 채택한다. 그들은 운영 백본을 구축하는 표준화된 프로세스를 채택하는 데 투자한다. 디지털 플랫폼은 기업이 인프라, 비즈니스, 및 데이터 컴포넌트를 만들고 재사용할 것을 요구한다. 책임 프레임워크를 개발하는 것은 권한을 부여받은 엄선된 팀이 컴포넌트와 제품에 대해 책임지도록 권한을 부여하는 것과 결부된다. 외부 개발자 플랫폼은 기업의 디지털 플랫폼으로부터 추가적인 가치를 창출하는 파트너십을 개발할 것을 요구한다. 오래된 습관을 버리고 새로운 습관을 익히기 위해서는 조직적 헌신이 필요하다. 전체 빌딩 블록을 동시에 개발하는 것이 불가능한 까닭이 여기에 있다.

성공적인 기업들은 초기에 한두 개의 빌딩 블록을 개발하는 데 집중한다. 경영자들은 새로운 디지털 기능이 탑재되는 변화를 주도하기 위해 자원을 투자한다. 이 투자는 점점 더 회사를 민첩하게 만들고 디지털 제품의 설계와 공급에서 진전을 가능케 함으로써 결실을 본다. 하지만 여타의 빌딩 블록들에 대한 투자가 부족하면 주어진 빌딩 블록에 대한 진전은 결국 좌절되고 말 것이다. 어느 시점에서는 경영자들이 기업의 디지털 역량을 키우기 위해 각기 다른 빌딩 블록에 관심을 둘 필요가 있다.

빌딩 블록은 상호의존적이기 때문에 관심의 이동이 일반적으로 이전 빌딩 블록의 저하를 초래하지 않는다. 오히려, 주어진 빌딩 블록은 일단 견인력을 얻고 나면 다른 빌딩 블록과 상호작용하면서 더 강력해지는 경향이 있다. 예를 들어, 책임 프레임워크의 개선은 기업이 디지털 플랫폼에서 컴포넌트의 지속적인 개선과 재사용을 보장하는 데 도움이 된다. 디지털 플랫폼에 탑재된 기술 및 비즈니스 기능을 통해 의미 있는 고객 통찰로 이어질 수 있는 실험을 수행할 수 있다. 고객 통찰은 디지털 플랫폼과 외부 개발자 플랫폼, 나아가 운영 백본의 우선순위를 정하는 데 도움이 된다. 빌딩 블록의 소유자는 각 빌딩 블록의 지속적인 개선에 대한 책임을 져야 한다. 이런 식으로 기업은 빌딩 블록을 각각 그리고 전체적으로 성장시킬 수 있다.

모든 빌딩 블록을 항상 책임져야 한다는 부담에도 불구하고 우리는 기업들이 블록 한두 개를 구축하는 전략적 접근법을 취했을 때 더 많은 발전을 이루었음을 발견했다. 결과적으로 그들은 과도한 조직 변화를 일으키지 않으면서 의미 있는 진전을 이루는, 스스로 주도권을 갖는 자주적 로드맵을 따랐다. 우리가 연구한 기업들은 반드시 명확한 로드맵을 가지고 있지는 않았지만, 처음부터 모든 것을 손대기보다는 한두 개의 빌딩 블록에 투자하는 경향이 있었다. 이러한 초기의 제한적인 주도성은 긍정적이고 영향력 있는 조직 변화를 낳았다. 보통 그렇듯 집중적인 투자는 더 빠른 진전을 만들어냈다.

> 로드맵은 디지털 전환의 다음 두 가지 위험을 피할 수 있게 도울 수 있다.
> (1) 너무 많은 빌딩 블록에 자원을 분배하여 어느 것에서도 실질적인 진전을 이루지 못할 위험 (2) 한두 개의 빌딩 블록에 너무 오래 집중하는 바람에 마찬가지로 중요한 다른 빌딩 블록을 개발하지 못할 위험

여러분의 회사에 적합한 로드맵을 그리는 데 도움이 되도록 이 책 전반에 걸쳐 학습한 세 회사의 여정에 대한 우리의 분석을 제시하고자 한다. 슈나이더 일렉트릭, 로열 필립스, DBS 은행이 바로 그들이다. 이들의 각 여정은 기업들의 고유한 역량과 열망을 반영한다. 이 세 회사의 경영자들이 내린 전략적 선택을 이해함으로써 우리는 기업들이 직면하는 트레이드오프와 그에 따른 전략적 결정의 종류에 대한 통찰을 제공하고자 한다.

빌딩 블록의 모양은 로드맵에 따라 바뀔 수 있지만, 음영은 그대로 유지된다. 빌딩 블록의 모양은 그것을 개발하는 데 들인 회사의 초기 투자를 반영한다. 어떤 모양은 짧은 기간(1~2년)에 빌딩 블록을 만들기 위해 집중적인 노력을 기울였음을 보여주고, 다른 모양은 몇 년에 걸쳐 더 연장된 관심을 보여준다. 이 모양들은 각 빌딩 블록이 기업의

조직 설계 속에 어떻게 녹아들었는지 설명하기 위한 것이다. 이 다섯 가지 조직 역량을 구축하는 임무는 결코 완결되지 않는다. 빌딩 블록의 모양은 회사가 각 블록을 개발하는 데 헌신한 시기를 나타내지만, 모양이 완성되었다고 해서 투자가 중단된 것은 아니다.

개별 로드맵들은 각 기업이 전체 빌딩 블록을 어떻게 조립했는지에 대한 저자들의 해석을 보여준다. 각 기업의 로드맵은 어떤 빌딩 블록이 디지털 전환의 출발점 역할을 했고, 초기 노력이 주목을 얻으면서 경영진이 어떻게 새로운 빌딩 블록들로 초점을 옮겼는지 부각시킨다. 실험들과 실패한 출발, 또는 계속되는 투자를 모두 묘사하지는 않는다. 그보다는 기업의 디지털 전환 여정에서 경영자들이 각각의 빌딩 블록에 헌신한 시기와 방법에 대한 그림을 제공한다.

슈나이더 일렉트릭

슈나이더 일렉트릭의 디지털 여정은 사물인터넷, 애널리틱스, 클라우드 및 인공지능을 활용하여 통합 에너지 관리 솔루션을 제공하겠다는 슈나이더의 고유한 역사와 비전을 부각시킨다.[4] 오랜 역사를 거치는 동안 슈나이더의 사업은 매우 복잡해졌기 때문에 아마도 경영자들은 디지털 제품을 개발하기 전에 **운영 백본**에 투자할 수밖에 없었을 것이다. 2014년 슈나이더 일렉트릭의 경영자들은 고객 자산의 연결성에 의해 가능해진 비즈니스 모델에 대해 논의하기 시작했다. 아직도 개발 중이지만, 회사가 거의 5년 동안 구축해온 운영 백본은 핵심 프로세스와 시스템을 다른 빌딩 블록으로 이동할 수 있을 만큼 단순화되었다.

슈나이더 일렉트릭은 회사가 디지털 전략을 정하기 훨씬 전부터 사업부 내에서 관련 제품들로 실험을 시작했다. 처음에는 사업부가 새로운 제품에 대한 책임을 졌지만, 대다수 회사와 마찬가지로 슈나이더도 초기 디지털 제품의 가치로는 고객을 얻기 어렵다는 걸 알게 되었다. 슈나이더는 자사의 고유한 에너지 관리 요구에 맞는 새로운 솔루션을 찾는 데 기꺼이 참여하려는 소수의 대규모 글로벌 고객사와의 밀접한 관계를 활용했다. 이를 통해 회사는 **고객 통찰**을 축적하는 데 초기부터 집중할 수 있었다. 이후 슈나이더의 디지털 서비스 팩토리 팀은 고객에게 적극적으로 의견을 구하는 혁신 방식을 채택했다.

슈나이더 일렉트릭의 IT 리더들은 회사의 디지털 비전이 펼쳐짐에 따라 **디지털 플랫폼**의 필요성을 인식했다. 특히 그들은 회사가 언급하는 에코스트럭슈어 플랫폼을 정의했는데, 슈나이더의 디지털 제품들이 요구하는 연결성을 촉진하기 위한 것이었다. IT 리더들은 비즈니스적 요구보다 앞서 나가기를 원했기 때문에 에코스트럭슈어에 IoT 인프라 컴포넌트와 구독료 청구서와 같은 몇몇 초기 비즈니스 컴포넌트가 구축되었다. 회사는 인공지능을 포함한 데이터 분석 관련 컴포넌트와 경고에 대응하는 대시보드 및 자동 조치와 같은 공통 비즈니스 컴포넌트를 추가해왔다. 슈나이더는 이제 디지털 제품의 개발을 가속화하는 대형 디지털 컴포넌트 저장소를 보유하게 되었다.

제품 포트폴리오가 커짐에 따라 경영진은 제품을 정의하고 핵심 컴포넌트를 구축하는 것에서 책임 권한을 갖는 것으로 초점을 옮길 수 있게 되었다. 슈나이더 일렉트릭의 경영진은 회사에 필요한 조직의 변화를 완전히 파악하기도 전에 기술적 과제들을 인식하게 되었다. 심지어 디지털 전환 팀도 처음에는 자신의 과제를 기술적인 것으로 보았다. 최근에는 다양한 비즈니스에서 디지털 플랫폼을 활용하는 과제가 경영진의 관심을 책임 권한을 갖는 것으로 집중시켰다. 최고 디지털 책임자의 지도로 경영진 수준에서 설립되고 관리되는 주목을 끄는 새로운 디지털 사업부가 회사의 **책임 프레임워크**를 개발하는 과제에 착수하고 있다.

슈나이더 일렉트릭이 외부 개발자 파트너십에 진출한 것은 최근이지만, 경영자들은 자사의 새로운 개발자 플랫폼을 중요한 전략적 이니셔티브로 여긴다. 회사는 파트너가 에코스트럭슈어 컴포넌트에 연결할 수 있게 해주는 APIs를 구축하기 시작했다. 회사는 **외부 개발자 플랫폼**을 구축하고 자사의 시장이라 할 수 있는 슈나이더 일렉트릭 거래소를 확장하는 더 많은 기회를 찾기 위해 해커톤을 계속 유치하고 있다.

〈그림 7.3〉은 수년에 걸친 슈나이더 일렉트릭의 빌딩 블록 개발 과정을 보여준다.

슈나이더 일렉트릭은 운영 백본, 그리고 디지털 플랫폼의 핵심 인프라 컴포넌트 개발을 이끌어준 디지털 비전을 일찍부터 개발함으로써 이득을 보았다. 회사는 중요한 가치를 지닌 고객들로부터 체계적으로 고객 통찰을 뽑아냄으로써 폭넓은 대중에게 가치 있는 디지털 제품을 제공하게 되었다. 외부 개발자 플랫폼은 파트너십을 통해 자사의 제품과 서비스를 확대하고 있다.

슈나이더의 경영진은 여전히 운영 백본의 상태에 머물러 있는 것을 디지털 성공의 장애물로 보고 있다. 많은 오래된 복합 기업들이 이

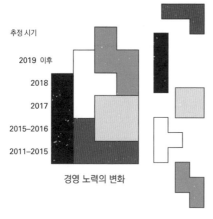

운영 백본 ERP 12개 세트와 글로벌 CRM 지원 코어 엔터프라이즈 프로세스 및 마스터 데이터

고객 통찰 공유
가치 있는 제품을 식별하고 때론 혁신에 협력하는 핵심 고객들과의 관계

디지털 플랫폼 에코스트럭슈어: IoT를 지원하는 인프라 콤포넌트와 지능형 에너지 솔루션을 가능케 하는 비즈니스 및 데이터 컴포넌트

책임 프레임워크
제품을 개발하여 상품화하고 이를 뒷받침할 인프라와 컴포넌트를 제공하는 디지털 비즈니스 사업부의 창설

외부 개발자 플랫폼 슈나이더 일렉트릭 교환소: 외부 개발자 및 파트너와 시장에서 협력할 수 있는 API 개발

추정 시기

2019 이후

2018

2017

2015–2016

2011–2015

경영 노력의 변화

〈그림 7.3〉 슈나이더 일렉트릭의 빌딩 블록 개발(저자의 해석)

런 고통을 느낄 것이다. 슈나이더 일렉트릭의 가장 큰 과제는 책임 프레임워크로, 슈나이더가 자사의 디지털 제품과 컴포넌트의 저장소를 구축함에 따라 그 중요성이 더욱 커지고 있다. 책임 프레임워크는 쉽지 않은 과제로 드러났는데, 이는 슈나이더가 애초부터 주요 사업부를 중심으로 설계되었고 회사가 디지털 기능을 자사의 물리적 제품(전기 장치)과 디지털 제품에 동시에 구축하고 있기 때문이다. 슈나이더는 책임을 할당하기에 복잡한 환경을 가지고 있다. 슈나이더의 디지털 사업부는 전체 기술 역량을 조정하고자 노력하고 있다. 디지털 컴포넌트를 끊임없이 개발하고 개선하며, 경영진이 디지털 컴포넌트를 자사의 제품에 확신을 품고 사용하게 만드는 디지털 사업부의 역량은 슈나이더의 디지털 비즈니스를 성장시키는 열쇠가 될 것이다.

로열 필립스

로열 필립스의 디지털 전환은 어려움을 겪고 있는 회사를 되살리기 위한 디지털화 노력의 막바지 단계에서 시작되었다.[5] 2014년 회사는 더 저렴한 비용으로 건강관리 결과를 개선하는 디지털 전략을 선언했다. 전환의 여정은 많은 부분 슈나이더 일렉트릭과 비슷했다.

필립스는 2011년부터 디지털화 노력을 시작했다. 2014년까지 회사는 3개의 프로세스 중 2개를 성공적으로 표준화했는데, 경영진이 사업의 핵심이라고 느낀 '아이디어-마켓' 프로세스와 '주문-현금화' 프로세스가 그것이다. 경영진의 관심이 **운영 백본**에서 새로운 헬스테크(HealthTech) 제품을 개발하여 사업화하는 방향으로 이동했을 때는 '주문 결제' 시스템 관련 작업이 진행 중이었다. 이러한 초점의 변화는 필립스가 디지털 제품 개발을 공격적으로 추진할 수 있게 해주었지만, 구독료 청구 서비스와 같은 일부 신규 비즈니스 프로세스를 지원하기 위한 해결 방법을 개발해야 했다. 운영 백본 관련 작업은 지속적으로 진행되었으며, 2018년부터 경영진은 표준화된 주문 결제 프로세스에 대한 회사 차원의 채택 필요성을 강조해 왔다.

필립스는 디지털 전환을 시작하기 전부터 자사의 제품 라인 내에 연계된 서비스를 만드는 디지털 기능들을 실험했다. 디지털 제품에 대한 아이디어를 얻기 위해 처음에는 개별 사업부와 디지털 촉진 연구소(Digital Accelerator Lab)[6]와 같은 중앙 연구소를 통해 **고객 통찰**을 축적했다. 2015년에 필립스는 HealthSuite Labs를 도입하여 의료 공급자, 환자 및 보호자를 집중 워크숍에 참여시켜 그들이 가장 크게 느끼는 문제들을 해결할 디지털 제품에 대한 아이디어를 도출했다.[7]

이후 필립스는 HealthSuite Labs의 활용을 늘려(자원이 많이 들기는 하지만) 잠재적 디지털 제품들이 고객의 문제를 어떻게 해결할 수 있는지에 대한 통찰을 얻는 데 도움을 받고 있다.

사물인터넷, 애널리틱스, 인공지능 및 기타 디지털 기술들이 필립스의 디지털 비전의 핵심이었기에 회사는 다양한 장치와 시스템 및 기타 입력으로부터 얻은 데이터를 통합할 수 있는 인프라 기능을 탑재한 **디지털 플랫폼**인 HSDP(HealthSuite Digital Platform)를 개발하기 시작했다. 또한 필립스는 CDP^2라 불리는 비즈니스 기능의 저장소를 구축하기 시작했다. HSDP와 CDP^2는 필립스가 디지털 제품으로 생성할 수 있는 재사용 가능한 컴포넌트를 제공했다. 2015년 필립스는 자사의 플랫폼에서 처음으로 네 가지 디지털 제품을 개발했다. 이 회사는 2017년까지 31개의 제품과 서비스를 개발했으며 그 이후로도 새로운 제품 개발에 박차를 가하고 있다.

개인 건강을 개선하는 데 필요한 방대한 수량의 서비스를 인식한 필립스는 전환 초기부터 파트너사의 제품을 포함함으로써 자사의 디지털 제품과 서비스를 확장할 필요가 있다고 생각했다. 앞서 6장에서 언급했듯 필립스는 2016년부터 이러한 목적으로 HSDP 컴포넌트가 **외부 개발자 플랫폼** 역할을 할 수 있게 만들기 시작했다. 그러나 2018년에 경영진은 회사 자체의 디지털 컴포넌트와 제품을 개발하는 데 집중하기 위해 이러한 노력을 줄이기로 했다. 회사는 소규모 파트너 그룹에 HSDP 액세스를 계속 제공하고 있으며, 헬스슈트인사이트(HealthSuite Insights)를 출시하여 의료 관련 AI 및 데이터 과학 솔루션을 구축, 유지, 배포 및 확장하는 의료 전문 도구를 제공하고 있

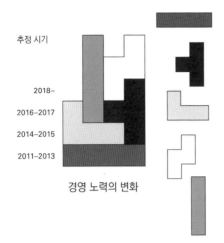

추정 시기

2018–
2016–2017
2014–2015
2011–2013

경영 노력의 변화

운영 백본 필립스 통합 랜드스케이프가 세 개의 핵심 프로세스를 표준화: 시장형 아이디어, 주문형 시장, 주문-결제 시스템

고객 통찰 공유 HealthSuite Labs는 필립스가 해결할 수 있는 고객 문제를 식별하기 위한 워크숍 수행

디지털 플랫폼 HealthSuite 디지털 플랫폼은 지능형 제품을 연결하고 건강 데이터를 분석하는 컴포넌트 제공; CDP^2는 비즈니스 컴포넌트 제공

책임 프레임워크 컴포넌트 개발자와 솔루션 개발자를 구분

외부 개발자 플랫폼 HealthSuite 디지털 플랫폼은 선별된 파트너에게 접근권 제공; HealthSuite Insights는 외부에 데이터 과학 및 AI 컴포넌트에 대한 접근권 제공

〈그림 7.4〉 로열 필립스의 빌딩 블록 개발(저자의 해석)

다.[8] ExDP의 축소는 일시적이었으며, 이는 필립스의 장기 전략에서 여전히 중요한 요소 중 하나로 자리매김하고 있다.

디지털화 과정에서 필립스의 IT 부서는 다양한 역할을 하는 애자일 팀들을 도입하여 자사의 운영 백본을 실행하는 IT와 사업부 간의 상호이해를 증진시켰다. 제품 판매에서 통합 솔루션 개발로 전환함에 따라 회사는 **책임 프레임워크**를 재고해야 했다. 2016년과 2017년에 필립스는 솔루션 팀을 별도로 두는 것에서부터 시장 공략 조직에 통합시키는 것까지 다양한 대안을 실험했다. 필립스는 컴포넌트를 공급하는 사업과 이를 솔루션에 통합하는 비즈니스를 검토하고 있다. 필립스는 어떤 기획이 가장 효과적인지 학습하면서 조직의 유동적 변화를 기대하고 있다.

〈그림 7.4〉에서 볼 수 있듯 필립스는 슈나이더 일렉트릭과 마찬가

지로 디지털 전환 전부터 운영 백본을 적극적으로 구축하고 있었다. 혁신을 시작할 때 경영자들은 디지털 플랫폼도 필요하다는 것을 인식했다. 고객 통찰을 위한 빌딩 블록은 의료 서비스와 같은 산업에서 특히 어려운 과제인데, 왜냐하면 이해 당사자(보호자, 의료 공급자, 환자 및 정책 결정자 등)가 많고 이들의 목표가 상충하기 때문이다. HealthSuite Labs는 이해 당사자 모두에 대한 깊이 있는 통찰을 제공하는 고객 솔루션 개발에 집중적으로 자원을 사용하는 접근 방식이다. 슈나이더와 마찬가지로 필립스도 자사 사업의 복잡성과 함께 대부분의 매출이 창출되는 기존 제품과 새로운 디지털 제품 모두에 디지털 기능을 도입하려는 요구로 인해 여전히 책임 프레임워크와 씨름하고 있다. 자사의 디지털 플랫폼에 대한 제3자의 접근을 확대하기 위해서는 책임 프레임워크에서 먼저 진전이 있어야 할 것으로 보인다. 그러는 동안 AI 중심의 외부 개발자 플랫폼이 제3자 관계에서 가치를 구축, 관리 및 창출하는 방법을 더 많이 학습할 수 있게 해줄 것이다.

DBS 은행

2장에서 언급한 바와 같이, DBS의 디지털 비전은 지난 10년 동안 발전해왔지만, 그 비전의 핵심은 디지털 기술을 더 많이 도입할수록 고객의 삶을 개선할 수 있다는 믿음이다.[9] DBS의 초기 시작은 운영 백본과 고객 통찰에 초점을 두었다. 〈그림 7.5〉는 DBS의 빌딩 블록에 대한 우리의 해석을 그린 것이다.

2009년부터 2014년까지 DBS는 파편적이고 이질적인 자사의 **운영 백본**을 표준화하고 합리화하는 이른바 "디지털을 핵심으로" 바꾸는 작업에 집중했다. 이러한 전환은 운영 효율성에 초점을 맞추고 다양한 기능을 하는 팀들을 핵심 비즈니스 프로세스를 재설계하는 데 참여시켰다. 프로세스 개선은 CEO가 고객의 낭비되는 1억 시간을 없애겠다는 목표를 세웠을 때 조직 전체의 열망이 되었다. 직원들은 2014년까지 2억 4천만 시간을 줄일 수 있었다. 최근 DBS는 속도를 획기적으로 개선하고 운영 백본의 비용을 절감하는 야심만만한 목표를 달성했다. 이러한 노력 덕분에 운영 데이터와 프로세스도 디지털 제품에 쉽게 접근할 수 있게 되었다.

DBS는 지난 10년 동안 **고객 통찰**을 개발하는 데 상당한 강조점을 두어왔다. 디지털 기술을 혁신적으로 도입하겠다(그리고 "22,000명 규모의 스타트업"이 되겠다)는 초창기의 바람은, 간단하고 편리한 금융 서비스를 제공하겠다는 고객과 고객 여정에 초점을 둔 목표로 빠르게 옮겨졌다. 2010년부터 DBS는 회사 전체에 이러한 개념을 주입하

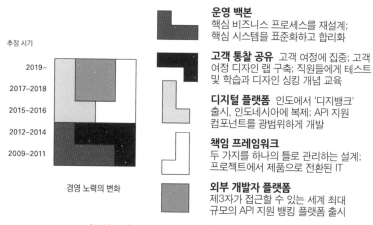

추정 시기

2019–
2017–2018
2015–2016
2012–2014
2009–2011

경영 노력의 변화

운영 백본
핵심 비즈니스 프로세스를 재설계;
핵심 시스템을 표준화하고 합리화

고객 통찰 공유 고객 여정에 집중; 고객
여정 디자인 랩 구축; 직원들에게 테스트
및 학습과 디자인 싱킹 개념 교육

디지털 플랫폼 인도에서 '디지뱅크'
출시, 인도네시아에 복제; API 지원
컴포넌트를 광범위하게 개발

책임 프레임워크
두 가지를 하나의 틀로 관리하는 설계;
프로젝트에서 제품으로 전환된 IT

외부 개발자 플랫폼
제3자가 접근할 수 있는 세계 최대
규모의 API 지원 뱅킹 플랫폼 출시

〈그림 7.5〉 DBS의 빌딩 블록 개발(저자의 해석)

기 위한 부서들을 설립함으로써 혁신과 고객 여정에 대한 약속을 공식화했다. 이 부서들은 대부분의 DBS 직원들에게 테스트와 학습 개념, 디자인 사고 및 고객 여정 분석을 가르쳤다. 2013년 회사는 그 과정에서 '고객 여정 디자인 연구소(Customer Journey Design Lab)'를 설립하여 디자인 사고를 가르쳤고 고객과 접하는 다양한 지점에서 수많은 데이터를 수집함으로써 직원들이 고객의 습관과 요구를 분석할 수 있게 했다. 오늘날, 고객 여정의 사고는 DBS에 널리 퍼져 있다.

2012년 DBS는 인터넷과 모바일 서비스 플랫폼을 자사의 핵심 뱅킹 플랫폼에 완벽하게 통합했다. 이 플랫폼은 전 세계 모든 DBS 비즈니스 고객에게 직접적인 처리와 데이터에 대한 손쉬운 접근을 제공했다. 디지털 기술의 잠재력을 인식한 개별 사업부 내의 플랫폼 소유자들은 추가적인 API 지원 컴포넌트의 개발에 착수했다. 독립 사업부에서는 때때로 노력이 중복되기도 했지만, 수백 개의 디지털 컴포넌트를 제작했다. 시간이 지남에 따라 사업부는 저장소를 구축하고 개별 **디지털 플랫폼**을 만들었다. 2016년 DBS는 인도에 '디지뱅크(digibank)'라고 불리는 완전한 디지털 은행을 출시했고, 1년 후 인도네시아에 새로운 디지털 은행을 설립하는 데 그 플랫폼을 재사용했다.

DBS는 2011년경 새로운 작업 공간의 도입과 함께 새로운 작업 방식을 실험하기 시작했다. 비슷한 시기에 회사는 개별 직원들에게 고객 여정에 대한 책임을 이양했다. 이후로 회사의 **책임 프레임워크**는 점진적으로 권한 부여와 증거에 기반한 의사결정 원칙에 따라 구축되었다. 2018년에 DBS는 프로젝트에서 IT 제품으로 옮겨감으로써 디지털 제품의 소유자가 전체 제품의 사이클을 책임지도록 했다. 동시에 디지털 플랫폼 개발에 대한 책임, 즉 의미 있는 제품과 서비스를 가능케 하는 모든 인력과 기술 자산 및 예산은 DBS의 개별 사업부로 이양되었다. 각 사업부의 디지털 플랫폼에는 기술 리더와 비즈니스 리더라는 이중의 소유자가 있었는데, 조직도에 두 사람의 명단이 올라 있는 까닭에 "한 상자 안의 둘"이라 불렸다. 이러한 관리 방식에는 제품에 대한 미션, 목표, 자원, 측정 기준 및 로드맵 등에 대한 공유가 포함된다. 플랫폼의 리더들은 그들의 새로운 사업 책임에 대해 어떻게 전략을 수립하고 관리할 것인지 지도받는다.

6장에서 언급했듯, DBS는 2017년 스타트업과 함께 조직한 해커톤이 대성공을 거두면서 **외부 개발자 플랫폼**을 개발하려는 동기부여를 얻었다. 같은 해 말, DBS는 제3자가 접근할 수 있는 세계에서 가장 큰 API가 작동하는 뱅킹 플랫폼을 출시했다. 외부 개발자 플랫폼은 DBS의 미래 성장 계획의 전략적 요소이다. ExDP의 전략적 중요성은 개별 사업부에 상주하는 여러 디지털 플랫폼을 합리화하도록 동기를 부여했다는 데 있다.

금융기관으로서 DBS는 슈나이더나 필립스처럼 물리적인 제품들로 디지털 사업을 연계하지 않는다. 이러한 차이로 인해 회사는 디지털 채널에 대한 고객 경험을 개선하고 직원들에게 데이터를 제공하는 데 운영 백본 노력을 집중할 수 있었다. 그러나 현재는 금융, 인사, 법률과 같은 엔터프라이즈 기능을 지원하는 플랫폼과 제품을 지원하는 플랫폼을 구분하고 있다. 우리는 전자를 운영 백본이라 말하고, 후자를 디지털 플랫폼이라 한다. 이 두 가지 유형의 플랫폼을 구별하는 것은 DBS가 디지털 제품 및 서비스, 그리고 플랫폼에 대한 책임을 명확히 하는 데 도움이 되었으며, 외부 개발자 플랫폼의 추가 개발을 촉진하게 할 것이다.

DBS 사례의 한 가지 주목할 만한 요소는 사람에 대한 비상한 투자이다. DBS는 직원 교육, 멘토링, 기술 개발에 많은 투자를 했고, 이는 증거 기반의 의사결정 문화를 심어주었다. 회사가 지속적으로 깊이 있는 고객 통찰을 구축 및 활용하고 이를 가치 있는 디지털 제품으로 전환함으로써, 이러한 투자는 이익을 거두고 있다.

디지털 로드맵에 대한 권장 사항

이 장에서 설명한 네 가지 로드맵은 기업들이 디지털 전환을 위해 취하고 있는 다양한 접근 방식을 강조한다. 경영자는 모든 것을 한 번에 채택할 수 없기에 성공적인 전환을 촉진할 가능성이 가장 높은 빌딩 블록으로 바늘을 점진적으로 움직여나간다.

이 장의 네 사례에서 단일한 패턴이 보이는 것은 아니지만, 디지털 로드맵에 대한 몇 가지 일반화 가능성을 발견할 수 있다. 이를 통해 여러분 회사의 로드맵을 위한 다음과 같은 권장 사항을 얻을 수 있다.

백본을 수정하라. 대부분의 기업들은 자사의 기존 **운영 백본**이 디지털 성공을 가로막고 있으며 디지털 제품 개발을 시작하기 전에 최악의 결함을 해결해야 한다는 사실을 알고 있다. 한편, 강력한 운영 백본을 보유한 기업은 다른 빌딩 블록으로 이동할 수 있다. 디지털 이행을 추진해야 한다는 절박감을 느끼는 기업들은 디지털 사업에 꼭 필요한 핵심 역량을 수정하는 데 전략적으로 집중할 필요가 있다.

디지털 플랫폼 개발을 오랫동안 미루지 말라. 기업들은 일반적으로 **디지털 플랫폼**의 필요성을 인식하기 전에 일부 초기 디지털 서비스나 제품을 구축한다. 그들은 자사의 운영 백본에 그저 디지털 컴포넌트를 부착할 수도 있고 단일체 형식의 디지털 제품을 구축할 수도 있다. 우리의 의견으로는, 디지털 전환 초기에는 이러한 접근이 신속한 지엽적 실험과 학습을 지원할 수 있다. 이는 디지털 가치 제안을 학습할 수 있는 좋은 방법일 수 있지만, 더 민첩한 기업들은 재사용 가능한 컴포넌트와 제품의 개발을 지원하는 아키텍처를 정의하기 시작해야 한다. 오래 기다릴수록 귀사의 제품과 서비스를 위한 지속 가능한 기술 기반을 구축하기는 더욱 어려워진다.

고객 통찰과 디지털 플랫폼 개발을 동기화하라. 일부 기업은 디지털 제품에 대한 자사의 가치 제안이 무엇인지 명확하게 파악하여 혁신을 시작한다. 이들은 **공유된 고객 통찰**을 축적하기 전부터 **디지털 플랫폼**을 구축하기 시작하는 경향이 있다. 다른 회사들은 디지털 제품을 개발하는 데 도움이 되는 고객의 요구를 알아내기 위해 노력한다. 우리의 의견으로는, 어떤 접근법이라도 성공할 수 있고 단기적으로 단일 빌딩 블록의 개발을 가속화할 수 있다. 유용한 컴포넌트로 구성된 플랫폼을 갖추면 고객 통찰을 위한 신속한 실험이 가능하다. 반대로 실험은 어떤 컴포넌트가 필요한지 명확히 하는 데 도움이 될 수 있다. 어느 것으로 시작하든 기업은 다른 보완 자산의 개발을 계획할 필요가 있다. 고객의 요구에 대한 명확한 이해 없이 디지털 플랫폼으로 나아가는 기업이 직면하는 위험은, 아무도 원하지 않는 컴포넌트와 제품에 투자하기 쉬우며 가치 있는 디지털 제품을 개발할 기회를 놓친다는 것이다. 고객 통찰에 대해 너무 좁게 초점을 맞추는 것의 위험은 재사용과 확장, 그리고 개선이 매우 힘든 단일체 제품을 빠르게 구축하고 싶은 유혹이 될 것이다.

책임 할당을 시작하라. 디지털에 대한 **책임 프레임워크**를 빨리 도입하면 할수록 좋다. 그러나 디지털 제품 및 컴포넌트에 대한 높은 수준의 명확성이 확보되기 전에는 책임을 설정하기가 어려울 것이다. 자율성과 통합성의 균형을 맞추는 것은 확실한 살아 있는 자산들의 경계를 인식하는 것에서 시작된다. 이것은 특히 견고하고 엄격하면서 다년간의 제품 개발 프로세스를 가진 엔지니어링 회사에게는 어려운 일이다. 이러한 기업에서 소프트웨어 개발은 회사 내 여러 곳에 자리 잡고 있어 자율성과 통합성이 모두 복잡해질 것으로 보인다. 혁신 연구소 또는 IT 부서 내의 실험, 특히 반복적이고 신속한 개발과 관련된 실험은 어느 정도 조기 학습을 촉진할 수 있다.

ExDP에 성급하게 뛰어들지 말라. 6장에서 언급한 바와 같이 **외부 개발자 플랫폼**은 다른 네 개의 디지털 자산의 성숙에서 큰 도움을 받는다. 귀사의 가치 제안이 처음부터 생태계를 구축하는 데 크게 의존하지 않는 한, 이 빌딩 블록은 다른 빌딩 블록이 견고한 토대를 구축할 때까지 기다려야 한다.

학습과 축적을 지속하라. 이것은 말할 필요도 없지만, 적어도 일부 빌딩 블록이 잘 구축되기 전까지는 다섯 개의 빌딩 블록에 동시에 집중하는 것은 불가능하다. 어떤 빌딩 블록에 대한 작업도 결코 동시에 완성되지 않는다. 가장 시급한 요구에 따라 빌딩 블록의 초기 개발 순서를 정하는 것이 아이디어다. 그리고 나서 전체뿐만 아니라 각각의 컴포넌트에서 학습과 지속적인 개선을 촉진하는 습관을 길러야 한다.

　귀사의 디지털 전환에 대하여 이 장에서 제시한 것보다 더 명확한 공세적 계획을 원할 수도 있다. 하지만 누군가가 당신에게 그런 템플릿을 제공한다면, 조심해야 할 것이다. 디지털 전환은 거대하며 여전히 꽤 새로운 것이다. 경영자는 무엇을 하고 무엇을 하지 않는지 배우고 진로를 조정할 준비가 되어 있어야 한다. 성공적인 디지털 비즈니스가 되는 방법을 정의하는 단일한 경로나 타깃 비즈니스 설계는 없다. 여러분은 여정을 시작할 필요가 있으며, 귀사의 디지털 비즈니스가 진화할 수 있게 해야 한다.

　여러분이 가장 하고 싶은 일은 디지털의 점증하는 중요성을 강조할 수 있도록 회사를 재구성하는 것이리라 생각한다. 실제로 이 책에서 언급하는 많은 주안점은 디지털 사업부 및 고객 경험 실험실과 같은 중요한 새로운 구조와 관련이 있다. 그러나 명심해야 한다. 디지털 전환은 대부분 구조와 상관이 **없다**. 디지털 이전의 접근 방식으로 디지털 경제에서 성공하려고 하면 안 된다!

　전환의 여정은 고객 통찰의 공유, 운영 백본, 디지털 플랫폼, 책임 프레임워크, 외부 개발자 플랫폼 등의 다섯 가지 디지털 빌딩 요소를 개발하는 것과 결부된다고 우리는 확신한다. 여정은 길고 목표는 명확하지 않을 수도 있다. 그럼에도 불구하고 우리의 제안은 이러한 자산들을 구축하는 걸 미루지 말라는 것이다. 냅킨을 꺼내서 당신의 로드맵을 그려야 한다. **당신의 로드맵은 어떤 모습인가?**

8
디지털 기업을 디자인하라

1장에서 우리는 SMACIT(소셜미디어, 모바일, 애널리틱스, 클라우드, 사물인터넷)을 비롯한 기타 디지털 기술이 경쟁 환경을 변화시키고 있음을 살펴보았다. 이러한 기술들은 기업이 고객 가치 제안을 재고하도록 요구하는 세 가지 역량, 즉 유비쿼터스 데이터, 무제한 연결, 대규모 자동화로 이어졌다.

디지털 경제에서 성공하기 위해서는 이러한 역량에서 영감을 받아야 한다는 것이 이 책의 메시지다. 고객을 위해 이전에는 불가능했으나 이제는 가능한 것이 무엇인지 상상해야 한다. 그런 다음 그 영감을 전달할 수 있도록 인력과 프로세스, 기술을 디자인해야 한다.

디지털 경제에는 반드시 승자와 패자가 있을 것이다. 승자들은 디지털 영감과 디지털 디자인에서 모두 성공할 것으로 우리는 예상한다. 영감이 디자인에 영향을 미친 것만큼이나 역으로 디자인이 영감에 영향을 미칠 수 있고 미쳐야 하는지는 분명하지 않을 수 있다. 가령, 고객의 의식에 몰입한 자율적인 팀은 당신이 꿈도 꾸지 못했던 제품에 대한 아이디어를 떠올릴 것이다. 이 장에서는 디지털 영감과 디자인을 어떻게 하면 제대로 확보할 것인가에 대해 살펴볼 것이다.

디지털 기술에 대해 환상을 품지 않는 방법

디지털 기술의 위험성의 하나는 경영자들이 특정 기술에 대한 과대광고에 휘말릴 수 있다는 점이다. 단기적으로 보면, 주어진 디지털 기술이 가능하게 하는 가치 제안은 일반적으로 어떤 기업이 성취할 수 있는 수준을 능가한다. 디지털 기술을 사용함으로써 실현되는 가치는 복잡한 환경에 놓인 사람들이 실제로 할 수 있는 것(그리고 할 것)에 의해 제한되기 때문이다.

디지털 (재)설계 없이도, 그 어떤 신기술이라도 최선을 다하면 기업이 항상 해오던 일을 향상시킬 것이다. 그러나 그것이 고객에게 새로운 가치 제안을 제공하지는 않을 것이다. 예를 들어, 빅데이터는 고객의 요구에 대한 통찰력을 제공할 수 있다. 그러나 이러한 통찰력을 사용하기 위해서는 누군가가 새로운 지식을 반영하는 제품이나 서비스를 채택할 수 있어야 한다. 만약 기업이 그 제품이나 서비스와 관련하여 적절한 책임 프레임워크를 가지고 있지 않다면, 누구도 그것을 소유하지 않을 것이고, 따라서 변경할 수도 없을 것이다. 빅데이터의 이점이 실현되지 않는 것이다!

이와 마찬가지로 블록체인은 데이터 투명성을 제공하여 강력한 비즈니스 지원 도구가 될 수 있다. 그러나 고객이 원하는 것이 무엇이고 기업 스스로가 이루려는 변화가 무엇인지 깊이 통찰하지 않으면 온갖 분야에서 시시한 응용 프로그램을 추구하는 데 머물고 말 것이다.

이것이 바로 빌딩 블록 개념이 중요한 이유이다. 경영진은 단순히 판도를 바꾸는 기술을 자사의 기술 포트폴리오에 삽입하여 가치 있는 신제품이 출시되기를 기다릴 수 없다. 기업은 퍼즐의 모든 조각을 배열하여 직원들이 디지털 기술의 능력을 새로운 가치 제안에 효과적으로 적용하는 법을 배울 수 있도록 해야 한다.

기업이 의식적으로 (a) 새로운 인프라, 데이터 및 비즈니스 컴포넌트를 구축하고 (b) 자사 고객들이 무엇에 가치를 부여하는지 테스트하고 배우며 (c) 개인이 노력하여 그 같은 역량을 제공할 수 있도록 학습하게 한다면, 경영자는 비즈니스를 한 단계 더 발전시킬 수 있다. 인공지능은 비즈니스를 변화시킬 수 있는 수많은 잠재력이 있는 기술의 완벽한 사례이다.

인공지능: 영감과 도전

아마도 인공지능만큼 당장 비즈니스를 변화시킬 수 있는 능력으로 흥분을 불러일으키는 디지털 기술은 없을 것이다. AI는 종종 다른 디지털 기술(특히 애널리틱스, IoT, 클라우드 컴퓨팅)과 결합하여 유비쿼터스 데이터, 무한한 연결성 및 대규모 자동화가 제공하는 가능성을 현실화한다. 그러나 가능성을 현실로 옮기는 일은 쉽지 않다.

자율주행 자동차는 AI 구현에 수반되는 약속과 불안을 모두 강조한다. 제안된 대부분의 AI 응용 프로그램과 마찬가지로, 자율주행은 차량을 한 장소에서 다른 장소로 이동시킨다는 오래된 아이디어를 보다 진전시킨다. 개선의 기회는 더 큰 안전성(인간적 실수를 제거함으로써), 비용 절감(운전자가 보상을 받는 경우) 또는 바람직하지 않은 수동 작업의 제거(예를 들어, 교통체증 속에서의 운전)와 관련된다. AI는 경험을 바꿀 뿐, 목표는 바꾸지 않는다는 얘기다.

생각건대, 자율주행차는 자동차 제조사의 가치 제안을 바꿀 것이다. 그들은 개인 교통수단과 심지어 생활 방식까지 새롭게 상상하도록 영감을 줄 수 있다. 그러나 자율주행차는 기존의 도로와 교통 시스템에 적응해야 한다. 자율주행차 발명자들이 자율주행을 위한 환경도 만들 수 있다면, 다른 도로와 교통통제 시스템을 구축하여 새로운 도로 규칙을 제안할 것이다. 하지만 그건 선택사항이 아니다.

어쨌든 지금은 자율주행차가 인간 운전자를 위해 설계된 도로와 시스템에서 성공해야 한다. 이 도로와 시스템은 때로 안전하지 않으며(잘못 설계되어), 때로는 불충분하거나(사용량의 증가로) 비효율적이다(여행 패턴의 변화로). 이러한 현실은 현재의 자율주행 기능이 새로운 가치 제안보다는 제품의 개선을 목표로 함을 의미한다.[1] AI 알고리듬이 자동차에 영향을 미치고 있으나—사실 영향력은 점점 더 커지고 있다—우리는 그 꿈을 실현하지는 못하고 있다.

자사의 기술 포트폴리오에 AI를 삽입하는 기업들도 비슷한 도전에 직면해 있다. 기존의 프로세스와 시스템, 역할뿐만 아니라 비즈니스 모델도 가지고 있다. 비록 인공지능 기술이 새로운 비즈니스 가치를 위한 기회를 창출한다고 하더라도, 이러한 시스템과 프로세스, 그리고 역할을 재설계하고 그것의 가치 제안을 새롭게 상상하지 않는다면, 회사는 그 가치를 실현하지 못할 것이다.

디지털화를 위한 AI 도입: 원뱅크어슈어의 사례

우리가 OneBankAssure(1BA)[2]라고 부르는 한 금융회사의 경영자들은 데이터 과학과 인공지능 기술에 영감을 받아 회사를 보다 데이터 중심적이고 고객 중심적인 기업으로 변화시켰다. 2014년에 CEO는 이러한 비전을 추구하기 위해 DSML(Decision Science and Machine Learning) 유닛을 창설하고 30명의 데이터 과학자와 머신러닝 전문가를 초빙했다. 3년 후 이 회사는 75명의 데이터 과학자가 연간 수백 개의 새로운 애플리케이션을 개발하는 기업으로 성장했다.(이 중 90%는 머신러닝 모델을 채택했다.)

우리가 연구한 대다수 기업과 비교해볼 때, 1BA가 채택한 인공지능은 매우 성공적이었다. AI 애플리케이션은 최종 수익에 의미 있는 영향을 미쳤고 리더들은 그 결과에 만족했다. 그러나 그들은 회사가 데이터 및 고객 중심으로 변화하겠다는 비전을 실현하는 데 더뎠다고 지적했다. 우리가 1BA를 연구하던 당시까지 AI는 아직 1BA의 고객 가치 제안에 의미 있는 영향을 미치지 못했다. 비록 몇몇 애플리케이션이 (폭풍이 다가오고 있다는 경고와 같은) 디지털 고객 서비스를 도입했지만, 대다수 애플리케이션은 내부 프로세스 및 의사결정에 개선을 가져오는 데 그쳤다.

1BA의 AI 주도 정책은 왜 비전에 못 미쳤을까? 그 이유는 1BA가 AI로부터 고객 가치를 끌어내기 위해 사업을 재설계하지 않았기 때문이다.

1BA는 우수한 운영 백본을 가지고 있었다.(어쨌든 AI 애플리케이션을 위해 매우 귀중한 데이터를 제공했다.) 대부분의 경우 DSML 유닛은 1BA가

AI 애플리케이션을 구현할 때 운영 백본을 구축하고 개선하는 데 사용되는 동일한 시스템과 프로세스에 의존하고 있었다.

AI 구현에 사용된 1BA의 프로세스는 다음과 같았다. 운영위원회는 데이터 과학에 주도권을 설정하고 중간 결과를 감독했다. AI 프로젝트 팀은 일반적인 IT 개발 팀보다 더 다양한 업무를 수행했지만(AI 팀은 비즈니스 소유자, 사용자, 데이터 과학자, 비즈니스 분석가, 그리고 경우에 따라 고객도 포함한다), 회사의 운영 백본을 생산하는 AI 애플리케이션을 설계하고 제공하는 데 기본적으로 동일한 방법을 사용했다. DSML에서 개발한 새로운 코드는 품질 보증 및 생산을 위한 IT 운영부서로 넘겨졌고, DSML 전문가는 다음 프로젝트로 이동했다. 비즈니스 소유자는 필요한 사업 프로세스 변경 사항이 채택되도록 책임졌다. 사업 소유자와 IT 운영진이 AI 모델의 행동 모니터링에 대한 책임을 공유했지만, DSML은 분기별로 모델을 업데이트하는 것 이상은 안 된다고 제안했다.

다시 말해, 1BA는 자사의 검증된 조직 설계에 의존하였고 1BA가 능숙하게 수행할 수 있는 곳에서 비즈니스 가치를 창출하고 있었다. 우리가 연구할 당시 이 회사는 디지털로 재설계되지 않았다. 고객이 원하는 것에 대한 통찰을 포착할 수 있는 프로세스를 개발하지도 않았다. 비즈니스, 데이터 및 인프라 컴포넌트의 재사용을 체계화하기 위한 디지털 플랫폼을 설계하지도 않았다. 살아 있는 자산에 대한 책임 프레임워크를 재설계하지도 않았으며, 외부 개발자 플랫폼의 필요성은 고려하지도 않았다. AI는 회사가 전통적인 효율성으로 혜택을 얻도록 돕고 있었지만, 1BA는 판도를 바꾸지 못했다!(적어도 아직은 아니었다. 회사의 운영 백본은 준비가 되면 유리한 출발을 가능하게 할 것이다.) 한마디로 AI와 같은 신기술이 판도를 **바꿀 수 있다**는 것을 인식하는 것이 새로운 게임의 환경을 창출하는 것과 같지는 않다.

AI에서 영감을 받은 고객 가치 제안

이와 대조적으로 디지털을 위해 실질적으로 설계된 두 회사인 슈나이더 일렉트릭과 로열 필립스에서 AI는 이미 디지털 제품의 필수적인 부분을 이루고 있다.

예를 들어, 필립스는 인텔리스페이스(IntelliSpace) 종양학 솔루션에 AI를 적용함으로써 종양학자들이 환자의 상태 변화(종양의 성장, 체중 변화, 실험실 테스트의 이상 징후)를 모니터링할 수 있게 돕는다. AI는 인간보다 데이터를 더 빨리 처리할 수 있기 때문에 이러한 AI 솔루션들은 종양학자들이 간과했을지 모르는 가능한 치료법을 추천할 수도 있다.[3]

이와 비슷하게, 슈나이더 일렉트릭은 유지보수 예측을 개선하기 위해 AI를 사용하고 있다.[4] 점점 더 많은 슈나이더의 고객들이 장비를 수리하거나 교체해야 할 때를 미리 알려주는 AI 기반 알림의 도움을 받을 수 있게 되었다. 이러한 개선을 통해 고장과 예정되지 않은 가동 중지, 그리고 불필요한 현장 방문 서비스를 줄일 수 있었다.

필립스와 슈나이더는 AI를 사용하여 고객의 가치 제안을 증대시키거나 고취할 수 있었는데, AI 컴포넌트를 제품에 탑재하는 책무는 이러한 제품을 지속적으로 개선할 수 있는 권한을 부여받은 팀에게 있었기 때문이다. 두 회사 모두 고객 통찰을 축적하기 위한 메커니즘을 가지고 있는데, 이를 통해 솔루션이 지능적일수록 가치가 커지는지 아니면 고객의 문제가 부적절한 통찰로 인해 발생한 것인지를 식별할 수 있었다. 그들은 다른 컴포넌트를 변경하지 않고도 지속적으로 개선 가능한 설계 플랫폼을 살아 있는 자산으로 가지고 있었다. 비록 원하는 만큼 훈련되어 있진 않아도 신뢰성을 갖고 거래를 완료하거나 영업 외 프로세스(back office process)를 완료할 수 있도록 지원하는 안정적인 운영 백본을 가지고 있다. 또한 상호 보완적인 컴포넌트와 제품을 개발하여 고객에게 그들의 가치를 확장하고 있는 파트너들도 있다.

DBS 은행은 내부 프로세스(예를 들어, 감사 지점 결정)와 신제품(예를 들어, AI가 지원하는 챗봇을 인도의 모바일 전용 은행 활성화 기능으로 활용하는 것) 모두에 AI를 적용한다. 회사의 AI 전문성은 내부와 외부의 집중 팀들을 지원하거나 컨설팅하는 AI 집중 팀뿐만 아니라 내부 프로세스와 외부 제품을 소유한 팀들도 가지고 있다. DBS는 AI 모델이 다른 컴포넌트와 분리될 수 있도록 애플리케이션과 제품을 컴포넌트화하는 방법을 연구하고 있다. 그렇게 할 수 있다면, AI 모델 컴포넌트들은 더 역동적일 수 있고 다른 컴포넌트를 변경하지 않고도 학습할 수 있다. 이것이 바로 디지털을 위해 설계된 기업이 AI로부터 혜택을 얻는 방식이다.

AI의 능력—또는 다른 모든 디지털 기술이나 기술들의 조합—은 기업이 새로운 가치 제안을 제공할 수 있는 혁신 여정에 착수하도록 독려해야 한다. 이를 통해 더 큰 통찰이 고객에게 어떻게 혜택을 줄 수 있는지에 대한 구체적인 아이디어를 얻을 수 있다. 하지만 그러한 영감이 — 적어도 처음에는 — 여정이 끝난 후에 그들을 어디로 데려갈지에 대한 명확한 비전을 줄 수 없을지도 모른다. 이 전환 여정의 일부는 귀사가 고객을 위해 무엇을 달성할 수 있는지 알아보고 비전을 명확히 하는 것이다. 따라서 처음에 회사는 디지털 기술을 통해 고객 솔루션과 참여를 근본적으로 강화할 수 있다는 사실을 인지하는 것 이상의 영감을 얻을 필요는 없다고 우리는 생각한다. 어떤 회사든 이 여정을 시작할 수 있다.

시작해야 할 시간: 디지털 전환에 착수하기 위해 할 일들

놀랄 만큼 많은 기업이 디지털을 숭배하게 된 순간으로 고위 경영진의 실리콘밸리 방문을 꼽는다. 그런 여행이 깨달음을 얻는 유일하거나 혹은 최선의 수단인지는 잘 모르겠다. 그러나 성공적인 혁신 여정을 위해서는 영감을 받은 고위 리더들이 필수 조건임은 분명하다. 실리콘밸리로의 여행이 여러분에게 영감을 준다면, 여행을 떠나라.

그러나 실리콘 밸리로의 여행이 긴박감 이상의 것을 제공할 거라고는 기대하지는 마시라. 디지털을 체화하는 것이 필수 경쟁력이라는 것이 분명해질 때 비로소 떨림이 시작될 것이다. 대부분의 경영진은 당면한 과제를 과소평가한다. 따라서 순례 여행을 떠나거나 책(기왕이면 이 책!)을 읽거나 회의를 열거나 영감을 주는 연설자를 초빙하는 등 귀사의 경영진이 디지털 전환을 추진할 준비가 되었다는 확신을 줄 무언가를 해야 한다. 그런 다음 디지털 전환을 위해 꼭 해야 할 작업 목록에서 다음 6개 항목을 점검하기 시작하라.

1. 사람들에게 영감을 불러일으키는 지표를 선택하라.
2. 빌딩 블록들을 평가하라.

3. 디지털 여정의 로드맵을 그려라.

4. 각 빌딩 블록에 대한 소유권을 설정하라.

5. 비전과 여정을 사람들과 소통하라.

6. 긴 여정을 위해 헌신하라.

사람들에게 영감을 불러일으키는 지표를 선택하라. 분기별 성과 지표와 비즈니스 라인의 재무적 성과가 디지털 전환을 향한 열정을 불러일으킬 거라는 생각에 만족하는가? 아니길 바란다. 기존의 지표는 귀사의 기존 사업에만 관련이 있다는 사실을 깨닫기 전까지 당신은 디지털에 대해 진지하지 않은 것이다. 디지털 비즈니스에 유용한 지표는 성과가 아닌 고객에 대한 가치 평가다. PI 칠레는 고객의 은퇴 준비 상황을 개선하고자 노력한다. 필립스는 더 낮은 비용으로 의료 결과를 개선하는 것을 목표로 삼는다. 슈나이더 일렉트릭은 고객들이 최대한 저렴한 비용으로 필요한 에너지를 모두 확보할 수 있도록 할 계획이다. USAA는 회원들이 재정적으로 안정될 때까지 평안하지 않을 것이다. 이러한 목표는 기업을 변화시킨다. 직원들을 신나게 하려면, 측정 가능한 목표가 필요할 것이다. DBS는 고객의 대기 시간을 공략했다. 필립스는 2025년까지 매년 30억 명의 삶을 바꾸려고 한다. 이러한 지표는 행동을 변화시킨다. 단기적으로 기업은 이러한 지표를 설정하여 전환의 진전이 보이도록 측정치를 설정하기도 하지만, 전통적인 지표를 포기하지 못해 긴장을 조성하기도 한다.

빌딩 블록들을 평가하라. 여러분 회사의 고객 통찰력, 운영 백본, 책임 프레임워크, 디지털 플랫폼 및 외부 개발자 플랫폼은 얼마나 강력한가? 여러분이 현재 보유한 역량을 인식함으로써(부록2는 평가 도구를 제공한다) 이를 기반으로 구축할 수 있다. 자신의 한계도 알아야 한다. 그 한계가 앞으로의 여정을 안내할 것이기 때문이다. 이 같은 평가는 우선순위를 정하는 데 도움을 줄 것이다. 또한 회사 직원들이 자신의 목표를 빌딩 블록과 연결하도록 도와줄 것이다. 전략 수립과 관련하여 변하지 않은 것 중 하나는 바로 무엇을 할 것인가뿐만 아니라 무엇을 하지 않을 것인가를 결정해야 한다는 것이다. 귀사의 빌딩 블록을 평가하는 것은 가장 높은 우선순위를 파악하는 데도 도움이 될 것이다.

디지털 여정의 로드맵을 그려라. 고객에게 어떤 것이 작동하고 어떤 것이 작동하지 않는지를 학습하게 됨에 따라 바뀐다 하더라도, 계획은 세워야 한다. 지금 가장 중요한 투자가 무엇이고 향후 주의가 필요한 것이 무엇인지 결정하라. 예기치 않은 일이 있어도, 계획은 이를 인식하고 조정하는 데 도움이 된다. 빌딩 블록을 재평가하고 핵심 지표들을 모니터링함으로써 귀사의 로드맵을 정기적으로 재평가하라. 7장에서는 기업의 관심과 자원을 다섯 가지 빌딩 블록에 어떻게 할당할 것인지를 시각화하는 방법을 간략히 설명하였다. 컬러 스티커 메모지를 들고 귀사의 로드맵을 그려보라.

각 빌딩 블록에 대한 소유권을 설정하라. 때때로 회사의 전 직원이 주어진 빌딩 블록(DBS의 고객 통찰과 같이)에 대한 소유권을 공유한다. 또 다른 경우에는 각 빌딩 블록의 소유자(외부 개발자 플랫폼의 총 책임자, 디지털 플랫폼의 최고 설계자 또는 CIO)가 권한을 갖고 운영해야 한다. 디지털 회사에서는 경영자가 문제 해결사로 하여금 권한을 가지고 문제를 해결할 수 있도록 힘을 실어줄 때 비로소 일이 이루어진다. 빌딩 블록은 거대한 위임이다. 각 선임 리더에게 책임을 할당하여 그들이 목표를 정하고 로드맵을 그리도록 독려하라. 그런 다음 다양한 빌딩 블록들에 맞게 로드맵을 조율하여, 앞으로 나아가면 된다.

비전과 여정을 사람들과 소통하라. 새로운 지표들에 관해 설명하고, 당신의 빌딩 블록에 대한 평가와 로드맵을 공개하며, 누가 어떤 권한을 갖는지 분명히 하라. 당신의 의도를 사람들과 소통하면 직원들이 이 여정에 탑승하는 데 도움이 될 뿐만 아니라, 열차가 궤도를 벗어나기 시작할 때 그 의도를 더욱 명확히 해줄 것이다. 널리 퍼진 관심은 고장 난 부분을 어떻게 고칠지에 대한 더 많은 아이디어와 이를 위한 더 많은 헌신을 이끌어낼 것이다.

긴 여정을 위해 헌신하라. 여러분은 이사회와 투자자, 그리고 대다수의 시장 분석가들이 디지털 전환의 의미를 대체로 잘 모른다는 것을 이해해야 한다. 때때로 훌륭한 아이디어의 작은 징후와 같은 것에도 막대한 자금을 투자하는 스타트업과 달리, 여러분에게 투자한 사람들은 여러분이 추진한 디지털 이니셔티브에 대한 분기별 결과를 보지 못하면 불안해할 것이다. 지금은 숨을 때가 아니다. 여러분의 의도를 피력해야 한다. 아이디어를 팔아야 한다. 진행 상황을 알리는 중간 상태의 지표들을 가지고 소통해야 한다. 기대치를 관리하라. 기존 사업을 유지해야 할 뿐만 아니라 조직의 안팎에서 여러분의 비전에 대한 흥미를 유발해야 한다. 새로운 정보를 얻거나 로드맵이 변경되면 그것도 공유하라. 아마도 여러분은 사람들에게 이것은 수익이 아닌 장기적인 성장에 관한 것이라고 말한 제프 베조스처럼 행동할 처지에 있지는 않겠지만, 그의 책에서 한 페이지를 슬쩍 가져올 수는 있다.(1997년 주주에게 보낸 편지에서 "이것은 모두 장기적인 것에 관한 것"이라고 그는 말했다. 그 후 매년 그는 이 편지를 새로운 편지에 덧붙였다.)[5] 투자자, 이사회, 직원, 그리고 시장 분석가들에게 디지털이 된다는 게 무슨 의미인지, 여러분이 어떻게 성공할 것인지, 그리고 그들이 왜 여러분을 믿어야 하는지에 대해 가르쳐야 한다. 하지만 역시 작은 것부터 시작하라. 관심을 끌 수도 있고 끌지 못할 수도 있는 아이디어에 너무 많은 자원을 투자하지 마라. 스타트업처럼 행동하라!

무엇을 망설이는가? 당신의 디지털 비즈니스를 설계하라!

1장에서 우리는 기업을 재구조화함으로써 전략적 변화에 접근하려는 유혹에 대해 언급했다. 우리는 구조가 부적절한 도구라고 주장하였다. 필립스의 CEO인 프란스 판 하우텐도 구조의 한계를 다음과 같이 설명했다.

역사적으로 우리는 항상 조직 구조에만 집중함으로써 변신을 해왔다. 예를 들어, 우리는 보고 라인을 바꿈으로써 성공할 거라고 생각했다. 물론, 이것은 말도 안 되는 소리고, 과거에 필립스가 여러 차례 다시 태어나는 과정을 겪었다지만 이런 편협한 접근이 우리의 발목을 잡았다고 나는 믿는다. 의료 기술 회사를 향한 근본적인 전환을 위해 우리는 총체적이고 매우 포괄적인 접근 방식을 취했다. 우리는 공유된 비전, 문화와 행동, 역량,

프로세스와 시스템, 인센티브 등을 포함하여 성공으로 이끄는 모든 변수를 통합적으로 다루었다.

그가 언급하는 "성공으로 이끄는 변수"가 바로 1장에서 우리가 정의한 **디지털 비즈니스 디자인**이다. 즉, 디지털 기술로 인해 가능해진 가치 제안을 정의하고 제품을 제공하기 위한 인력(역할, 책임, 구조, 기술)과 프로세스(워크플로, 루틴, 절차), 그리고 기술(인프라, 애플리케이션)의 총체적인 조직 설계 말이다. 이 책에서 설명한 다섯 가지 빌딩 블록은 이러한 요소들을 패키지로 구성하여 총체적인 디자인을 제공한다.

이 책이 여러분에게 영감과 자신감을 주었기를 바란다. 그리하여 고객이 기꺼이 비용을 치르려고 하는 디지털 제품을 신속하게 제공할 수 있게끔 귀사를 재설계하기를 바란다. 이제 이 책을 접어두고 디지털 디자인을 시작할 때다!

운영 백본 구축을 위한 운영 모델의 활용

3장에서 우리는 효율적이고 신뢰성 있는 운영 기반을 확보하기 위해 비즈니스 프로세스를 디지털화할 때 기업이 조립하는 빌딩 블록으로서 운영 백본을 소개했다. 다섯 개의 빌딩 블록 중, 대부분의 기업에서 디지털 전환에 가장 심각한 장애물로 운영 백본을 꼽는다.[1] 그래서 이 부록에서는 효과적으로 운영 백본을 구축하는 선행 조건을 기술한다. 그것은 바로 운영 모델의 적극적인 활용이다.[2]

운영 모델이란 무엇인가?

운영 모델이란 고객에게 제품과 서비스를 제공하는 데 적용되는 비즈니스 프로세스 통합과 표준화의 바람직한 수준을 말한다.[3] 운영 모넬은 현재 상태가 아니라, 기업의 비즈니스 프로세스가 얼마나 표준화되고 통합되어야 하는지 그 목표 상태를 의미한다.

표준화된 비즈니스 프로세스는 실행되는 장소나 주체와 관계없이 동일하게 수행된다. 예를 들면, 맥도널드는 전 세계적으로 표준화된 운영 프로세스로 잘 알려져 있다. 이와 유사하게, 시멕스는 글로벌 기업으로 성장하면서 리더들이 자재 조달, 재무, 물류, 인적 자원 관리 등과 같은 프로세스를 정의하였고, 이를 '시멕스 웨이'라 불렀다. 시멕스는 조직이 위치해 있는 국가와 관계없이 시멕스 웨이 표준화 업무 프로세스를 채택하고 있다.

이와 반대로 통합은 서로 다른 프로세스 간 데이터 공유를 의미하는데, 프로세스들은 상호의존적이기 때문이다. 하나의 비즈니스 프로세스에서 발생하는 이벤트는 다른 비즈니스 프로세스에서 발생한 이벤트에 의존한다. 이 책의 저자 중 한 사람이 미국으로 이주했을 때, 아메리칸 익스프레스(American Express)는 그가 미국에서 신용카드를 사용한 내역이 없음에도 신용카드 발급을 허용했다. 그 저자가 이전에 네덜란드에서 아메리칸 익스프레스 카드를 소유하고 있었기 때문에, 회사의 의사결정은 과거 네덜란드에서 그가 사용한 거래 데이터에 근거를 두고 이루어졌다. 분명 아메리칸 익스프레스는 어떤 글로벌 비즈니스 프로세스로부터 데이터를 통합했을 것이다.

비즈니스 프로세스의 표준화와 통합을 두 개의 다른 차원으로 인식할 때, 기업은 네 개의 운영 모델 중 하나를 선택할 수 있다.(〈표 A 1.1〉 참고)

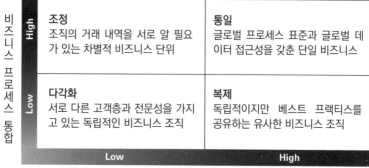

		조정 조직의 거래 내역을 서로 알 필요가 있는 차별적 비즈니스 단위	통일 글로벌 프로세스 표준과 글로벌 데이터 접근성을 갖춘 단일 비즈니스
비즈니스 프로세스 통합	High		
	Low	다각화 서로 다른 고객층과 전문성을 가지고 있는 독립적인 비즈니스 조직	복제 독립적이지만 베스트 프랙티스를 공유하는 유사한 비즈니스 조직
		Low	High

비즈니스 프로세스 표준화

〈표 A 1.1〉 네 가지 운영 모델

- **복제(Replication):** 표준화에 대한 높은 수준의 욕구가 있지만, 통합 요구는 별로 없는 것이 특징임.
- **조정(Coordination):** 복제와는 정반대의 사항을 요구함. 즉 통합 요구는 높으나, 표준화에 대해서는 별로 그렇지 않음.
- **통일(Unification):** 표준화와 통합 모두에 대해 높은 수준의 요구가 있음.
- **다각화(Diversification):** 표준화와 통합 모두에 대해 낮은 수준의 요구가 있다는 것이 특징임.

다음은 각각의 운영 모델을 이용하여 서로 다른 요구를 해결한 사례들이다.

ING 다이렉트 스페인은 각 나라에 은행 영업망을 보유하고 있는 ING 다이렉트 그룹 중 최초로 당좌계좌를 도입한 은행이었다.[4] 다른 나라에 있는 ING 은행들이 당좌계좌 영업에 착수하기로 결정했을 때, 그들은 어떻게 당좌계좌 상품을 판매하고 관리하는지(예를 들면 신규 고객을 어떻게 모집하는지) 이해하여 프로세스를 모방하기 위해 제일 먼저 스페인의 은행으로 갔다. 이런 방법으로 각 나라의 은행들은 다른 은행으로부터 배울 수 있었고, 베스트 프랙티스를 공유할 수 있었다. 그러나 만약 당신이 ING 다이렉트 스페인과 ING 다이렉트 독일 두 군데와 동시에 거래하는 고객일지라도, 두 은행은 서로 데이터를 공유하지 않기 때문에 이런 사실을 모를 것이다. 두 군데 중 어느 곳의 프로세스도 당신이 두 은행의 고객이라는 사실 때문에 영향을 받지 않는다. 다시 말해, ING 다이렉트 그룹은 **복제** 운영 모델을 따르고 있는 것이다. 즉, 국가 간에는 높은 수준으로 표준화된 프로세스를 갖고 있지만 은행 간 프로세스는 통합되지 않는다.

USAA가 오토써클과 같은 통합 솔루션을 도입했을 때, USAA는 서로 다른 프로세스 간에 데이터의 공유가 필요했다.[5] 우리가 1장에서 기술한 바와 같이 오토써클은 자동차 관련 보험, 대출, 구매 서비스 등의 다양한 금융 상품을 연결하여 자동차 구매 중심의 매끄러운 경험으로 만들었다. 그렇다 보니 USAA는 보험과 은행 업무 같은 서로 다른 비즈니스 라인 간에 데이터를 상호 교환할 필요가 있었다. 그러나 한편으로는 서로 다른 규제 요건 때문에, 다른 한편으로는 서로 다른 상품 특성 때문에 USAA는 비즈니스 라인 간에 표준화된 프로세스를 요구하지 않았다. USAA는 **조정** 운영 모델을 채택하였다.

DHL 익스프레스가 미국 내의 국제해상운송 비즈니스를 대폭 수정하는 작업에 착수했을 때, DHL 익스프레스는 프로세스 통합과 표준화가 모두 필요하다는 결정을 내렸다.[6] 예를 들어, 회사는 국제화물 고객이 싱가포르에 있는 고객 서비스 센터에 전화를 해도 미국에서 브라질로 가는 선적물의 상태를 추적할 수 있게 하고 싶었다. 그러려면 데이터 공유가 필요했다. 데이터의 무결성과 업무 프로세스의 예측성을 보장하기 위해, DHL은 다른 국가에서 이미 채택한 인바운드와 아웃바운드 패키지 처리와 같은 물류 프로세스를 미국 내에 도입하기를 원했다. 그래서 DHL 익스프레스는 **통일** 운영 모델을 채택하였다.

버크셔 해서웨이(Berkshire Hathaway)와 같은 포트폴리오 기업은 포트폴리오 내의 서로 다른 기업들 간에 통합을 필요로 하지 않는다. (사실, 통합은 포트폴리오 내의 한 기업을 신속히 매각하려 할 때 방해 요인이 될 수 있다.) 이런 기업은 또한 핵심 비즈니스 프로세스를 표준화할 필요가 별로 없다. 따라서 이런 기업은 **다각화** 운영 모델을 추구한다.

운영 모델의 선택 방법

어떤 운영 모델도 타당한 선택일 수 있다. 특별히 우월한 모델은 없기 때문이다. 대신에, 기업들은 각 운영 모델에서 어떤 혜택은 기대할 수 있는 반면 다른 혜택은 포기해야 한다. 표준화를 통한 복제는 서로 다른 국가나 조직에 걸쳐서 동일한 거래 처리 품질을 보장하는 일관성을 제공한다. 복제는 차별화를 포기하는 대신 효율성을 증진시킨다. 또한 복제는 규모의 경제를 제공한다. 동일한 프로세스(그리고 그것을 지원하는 시스템)를 몇 번이고 재사용하기 때문이다. 연관된 장점으로, 직원들이 조직의 다른 지역으로 수월하게 이전 근무를 할 수 있다.

통합이 아닌 표준화에 초점을 두기 때문에, 복제 운영 모델은 조직을 아우르는 (이를테면 고객에 관한) 단일한 관점을 제공하지 못한다. 대신 이것은 조정 운영 모델의 주요 장점이다. 기업은 여러 비즈니스 사일로의 고객들에게 서비스를 제공하는 동시에 기업 내 서로 다른 조직의 제품과 서비스를 차별화하기 위해 조정 운영 모델을 채택한다. 그러나 조정 운영 모델을 선택한 기업은 프로세스를 표준화하지 않기 때문에, 이 모델을 유지하는 데 많은 비용이 들 수 있다. 조정 운영 모델은 고객 친밀도를 높이지만 효율성을 희생시킨다.

통일 운영 모델은 당연히 복제와 조정의 장점을 조합한 것이다. 즉, 효율성과 주요 데이터에 대한 전사적 관점을 제공한다. 하지만 이 모델은 로컬 대응성(local responsiveness, 역주: 로컬은 고객과 직접 상호작용하는 비즈니스 조직을 지칭하고, 대응성은 고객과 비즈니스 조직 간의 의사소통과 문제 해결 속도를 말한다) 및 개별 세그먼트와 비즈니스 라인, 지역 등의 차별성을 위한 커스터마이징 역량을 낮춘다. 커머디티 제품(commodity product, 역주: 흔히 사용하는 제품으로, 제품 간 기능에 큰 차이가 없는 일상용품)을 판매하는 기업의 경우, 통일 모델은 운영 효율성을 증진할 수 있다. 그러나 커머디타이제이션(commoditization, 역주: 초기에는 혁신적인 제품이었을지라도 유사 제품의 등장으로 점차 차별성을 잃고 흔한 제품으로 전락하는 것)을 피하고 싶은 기업이라면 통일 운영 모델은 나쁜 선택이다.

다각화 운영 모델은 로컬 혁신을 극대화시킨다. 즉, 이 모델은 각 비즈니스 조직이 독립적으로 성장할 수 있도록 해준다. 더 적은 제약 하에서, 다각화 운영 모델을 채택하는 기업의 비즈니스 조직들은 독립적으로 실험을 할 수 있고 고객의 요구에 대응하는 혁신을 빠르게 구현할 수 있다. 다각화 운영 모델을 채택하는 기업 중 일부는 규모의 경제를 실현하기 위해 기업 전반에 걸친 공유 서비스를 도입하기도 하지만, 리더들은 자율에 익숙해졌기 때문에 이런 시스템과 프로세스를 받아들이기 어렵다. 특이성 없는 프로세스들에 걸친 공유 서비스 중 일부는 비즈니스적으로는 타당성이 있을 수 있지만, 이를 구현하는 것은 어려울 수 있다.

독자 여러분은 복잡한 기업에서의 운영 모델 결정은 조직의 여러 수준에서 이루어져야 한다는 것을 기억해야 한다. 예를 들어, 기업 수준에서의 운영 모델(다양한 비즈니스 단위 조직에 걸친 통합과 표준화의 정도와 같은)은 비즈니스 단위 조직 수준에서의 운영 모델(하나의 비즈니스 단위 조직 내의 여러 지역에 걸친 통합과 표준화의 정도와 같은)과는 다를 수 있다.

운영 모델은 운영 백본 구축과 어떤 관련이 있는가?

운영 백본을 구축하려면 운영 모델에 기업을 내맡겨야 한다. 만약 기업이 운영 모델을 선택하지 않으면, 모든 IT 투자 사이클은 그 기업이 장기적인 역량을 증진시키기보다는 눈앞의 문제를 해결하는 데 힘을 쏟고 있다고 판단할 것이다. IT 및 변화 관리에 관한 의사결정은 일관성을 결여하게 될 것이다. 그러므로 조직 단위의 빠른 대응을 원하는 기업이 표준화된 프로세스를 갖춘 글로벌 ERP 시스템 구축을 고집한다면, 그 결과는 참담할 것이다. 반면에 고객에 대한 단일한 관점을 생성하고자 하는 기업이 다각화 모델을 채택한다면, 그 기업은 결코 그 단일한 관점을 얻을 수 없을 것이다.

하나의 순수한 운영 모델을 채택할 필요는 없지만(예를 들어 고객 데이터는 통합되어야 하지만 제품 데이터는 그럴 필요가 없다는 결정을 내릴 수 있다), 선택한 운영 모델에는 전적으로 의존해야 한다. 여러분은 이익을 창출하고 회사를 성장시킬 계획을 어떻게 세우고 있는가? 여러분의 회사는 규모의 이점보다는 조직 단위의 대응성이 더 필요한가? 고객에 대한 통합된 관점이 필요한가? 여러 비즈니스 라인에 걸쳐 일관성 보장이 필요한가?

운영 모델의 선택은 기업이 운영 백본의 가장 중요한 측면에 시스템과 프로세스 변화를 위한 투자를 집중할 수 있도록 도와준다. 예를 들어 복제 운영 모델의 경우, ERP와 제품수명주기관리 시스템 같은 전사적 시스템은 표준화된 프로세스를 위한 시스템 측면의 지원을 제공할 수 있다. 복제 운영 모델은 데이터 공유를 요구하지 않으므로, 이러한 전사적 시스템은 비즈니스 조직 단위에서 정의되고 구현될 수 있다.

이와는 대조적으로 통일 운영 모델은 그러한 시스템을 글로벌하게 채택할 것을 요구한다. 조정 운영 모델은 중앙 데이터에 대한 접근 공유를 요구한다. 많은 경우에 기업들은 데이터 획득과 사용자 인터페이스를 표준화하기 위해 CRM 시스템을 도입한다. 다각화 운영 모델을 채택한 기업들은 개별 비즈니스에 가장 적합한 시스템을 실현한다.(차별성 없는 공유 서비스들을 표준화하여 효율성을 높이고자 하는 기업들은 예외이다.)

운영 모델의 가치는, 표준화와 통합의 문제들에 대한 기본적인 선택을 정의한다는 것이다. 예를 들어 복제 운영 모델에서 표준화된 프로세스를 따를 것인지 로컬 대응성의 여지를 둘 것인지에 대한 의사결정에 직면한다면 기본적인 답은 표준을 따르는 것이지만, 일정한 프로세스에서는 표준을 벗어나야 할 타당한 이유가 있을 수 있다. 이렇게 합의된 기본 결정이 없다면, 모든 IT 투자 결정에 조직 차원의 정당한 이유를 요구할 것이다. 하지만 기본 운영 모델을 가진 기업에서는 예외 사항에 대한 토론 요청만 필요할 뿐이다.

어떤 기업들은, 자체적인 비일관적 데이터를 축적하고 매우 다양한 형태의 비즈니스 프로세스를 지원하는 사일로 형태의 비즈니스 단위를 가지고 있음에도 고객에게 통합 솔루션을 제공하려고 애쓰기도 한다. 거꾸로, 다른 기업들은 로컬 혁신을 위한 거버넌스와 인센티브를 설계해놓은 상황에서 전사적 시스템을 구축하려고 돈을 낭비하고 있다. 운영 모델을 확실히 결정하고 그것을 따라가면 투자와 역량 사이의 일관성을 얻을 수 있다.

운영 모델을 결정하는 것은 쉽게 바꿀 수 없는 전략적 약속이다. 또 다른 형태의 운영 모델로 전환하는 것(또는 애초에 어떤 운영 모델을 수립하는 것)은 직원들의 업무 방식과 시스템의 상호작용의 변화를 수반한다. 운영 모델은 역할과 인센티브 체계, 기량에 영향을 미친다. 예를 들어 로열 필립스가 글로벌 비즈니스 프로세스를 표준화할 때, 리더들은 이러한 표준을 시행하기 위해 최고 비즈니스 프로세스 오너 체제를 (집행위원회 차원에서) 도입했다. IT 조직은 이전처럼 필요한 것들을 비즈니스 조직 리더들에게 요청하는 대신, 여러 조직으로부터 필요사항을 취합하는 책임을 맡은 비즈니스 프로세스 오너들과 주로 상호작용을 했다.[7] 필립스는 운영 모델을 바꾼 이후 비즈니스를 다른 방식으로 했다. 바로 이것이, 운영 백본으로 기업의 프로세스를 디지털화하는 것을 비즈니스 전환이라고 부르는 이유이다. 또한 이것은 비즈니스 전환이 어려운 이유이기도 하다.

운영 모델을 전폭적으로 활용하는 것은 운영 백본 구축의 첫걸음이다. 우리는 기업들이 어떻게 디지털 플랫폼 빌딩 블록에 접근할지를 명확히 정하는 데도 운영 모델이 도움을 줄 것이라고 기대한다. 구체적으로, 다각화된 기업은 각각의 자율적 비즈니스에 하나씩, 다시 말해 다수의 디지털 플랫폼을 구축할 것이다. 반면 통일 운영 모델을 채택한 기업은 단연코 하나의 디지털 플랫폼만을 원할 것이다. 복제와 조정 운영 모델을 택한 기업들은 어떻게 디지털 플랫폼을 설계할 것인가에 관해 여러 가지의 선택권이 있을 확률이 큰데, 특히 견고한 운영 백본을 갖고 있을 때 그러할 것이다. 〈표 A1.1〉은 어떤 운영 모델이 여러분의 기업에 가장 적합할지에 대한 논의를 시작하는 데 도움을 줄 것이다.

부록 2 빌딩 블록별 디지털 전환 진행 정도 평가

부록 2는 기업이 디지털 전환 진행 상황을 가늠하는 데 사용할 수 있는 평가 도구를 제공한다. 이 평가 도구는 2018년 5월부터 8월까지 우리가 실시했던 설문 조사에서 차용했다. 조사 결과는 cisr.mit.edu.에서 온라인으로 제공된다.[1] 이 평가의 가치를 극대화하려면 리더들은 개별적으로 설문 조사를 완료한 다음, 평가가 다른 이유에 대해 토론해야 한다.

우선 〈그림 1.1〉의 빌딩 블록 정의를 사용하여 여러분 회사의 **디지털 빌딩 블록들**의 현재 상태를 평가하라.

	없음	제한적 투자와 실험	확장적 투자와 실험	본격적 개입과 제품 출시	광범위한 도입과 가치화
a. 고객 통찰 공유	○	○	○	○	○
b. 운영 백본	○	○	○	○	○
c. 디지털 플랫폼	○	○	○	○	○
d. 책임 프레임워크	○	○	○	○	○
e. 외부 개발자 플랫폼	○	○	○	○	○

이제 다음 질문들을 활용하여 각 빌딩 블록에 대해 조사해 보라.
- **고객 관련 디지털의 가치에 대한 현재 귀사의 지식은 어떠한가?**

	강한 부정	부정	약한 부정	중립	약한 긍정	긍정	강한 긍정
a. 고객이 무엇을 중요하게 여기는지 파악하는 데 도움이 되는 지속적인 실험이나 소규모 발의로부터 얻은 것인가?	○	○	○	○	○	○	○
b. 디지털 기술로 무엇을 할 수 있는지 탐구하는 실험이나 소규모 발의를 통해 구축되었는가?	○	○	○	○	○	○	○
c. 새로운 고객 가치 제안을 겨냥한 비전에 의해 유도되었는가?	○	○	○	○	○	○	○
d. 긴밀하게 통합된 영업, 서비스 및 제품 개발 프로세스를 통해 확장되었는가?	○	○	○	○	○	○	○
e. 고객과 함께하는 디지털 제품 개발 과정으로 확장되었는가?	○	○	○	○	○	○	○
f. 실험이나 소규모 발의에서 얻은 학습 내용을 공유 메커니즘을 통해 회사 전체에 확장하였는가?	○	○	○	○	○	○	○

- **귀사의 기본 운영 백본—핵심 트랜잭션을 지원하는 시스템(ERP, CRM 등)과 프로세스 및 데이터—은 현재 어떠한가?**

	강한 부정	부정	약한 부정	중립	약한 긍정	긍정	강한 긍정
a. 처음부터 끝까지 원활한 트랜잭션 프로세스 지원	○	○	○	○	○	○	○
b. 트랜잭션의 가시성 제공 (트랜잭션이 적은 경우 핵심 운영에 대한 가시성)	○	○	○	○	○	○	○
c. 반복적인 비즈니스 프로세스의 자동화	○	○	○	○	○	○	○
d. 사실의 단일한 원천 제공	○	○	○	○	○	○	○

• **귀사의 디지털 플랫폼**—신속한 혁신과 디지털 제품의 개선을 촉진하는 비즈니스, 데이터 및 인프라 컴포넌트—**은 현재 어떠한가?**

	강한 부정	부정	약한 부정	중립	약한 긍정	긍정	강한 긍정
a. 재사용 가능한 기술 컴포넌트의 저장소 제공	○	○	○	○	○	○	○
b. 재활용 가능한 비즈니스 컴포넌트의 저장소 제공	○	○	○	○	○	○	○
c. 데이터 저장소와 분석을 지원하는 도구들 포함	○	○	○	○	○	○	○
d. 운영 백본의 핵심 데이터 및 프로세스에 대한 연결 제공	○	○	○	○	○	○	○
e. 새로운 컴포넌트의 지속적인 출시 촉진	○	○	○	○	○	○	○
f. 재사용 가능한 컴포넌트를 식별하기 위해 도입한 메커니즘으로 인해 개선되었는가?	○	○	○	○	○	○	○

• **귀사의 외부 개발자 플랫폼**—디지털 컴포넌트의 사용자이자 기여자인 파트너들을 위한 생태계 플랫폼—**은 현재 어떠한가?**

	강한 부정	부정	약한 부정	중립	약한 긍정	긍정	강한 긍정
a. 외부 협력자가 컴포넌트를 사용할 수 있음	○	○	○	○	○	○	○
b. 자사 디지털 제품에 외부 협력사의 컴포넌트가 포함되도록 지원	○	○	○	○	○	○	○
c. 파트너 사용 가능 디지털 서비스 카탈로그 게시	○	○	○	○	○	○	○
d. 외부 협력사의 플랫폼 온보딩 절차 자동화	○	○	○	○	○	○	○

• **귀사의 책임 프레임워크**—즉, 디지털 컴포넌트와 제품에 대해 책임을 지는 개인과 팀들—**는 현재 어떠한가?**

	강한 부정	부정	약한 부정	중립	약한 긍정	긍정	강한 긍정
a.사업부, 분야 또는 기능이 아닌 디지털 컴포넌트와 제품을 중심으로 구성	○	○	○	○	○	○	○
b. 높은 수준의 자율성을 지원하는 명확한 책임성 구현	○	○	○	○	○	○	○
c. 명시된 목표나 임무를 달성하기 위한 자체 측정 기준 설정	○	○	○	○	○	○	○
d. 적절하다고 판단될 경우 자체 코드를 실제 운영 환경에 도입	○	○	○	○	○	○	○
e. 목표를 달성하는 데 필요한 리소스에 대한 접근 권한	○	○	○	○	○	○	○
f. 데이터와 증거에 기반한 자체 의사 결정	○	○	○	○	○	○	○

4차 산업혁명과 디지털 전환

2016년 클라우스 슈밥(Klaus Schwab) 회장이 다보스 포럼에서 4차 산업혁명의 도래를 선언한 지 벌써 6년이 지났다. 그해 3월 알파고가 이세돌 기사를 상대로 바둑대회에서 4대 1로 압승하면서 디지털 기술의 실체가 충격적으로 드러났다. 그러나 4차 산업혁명을 위한 근본적인 변화나 디지털 기술의 확산은 빠르게 이루어지지 않았다. 떨치기 힘든 기득권의 유혹과 과거 성공에 대한 집착, 불확실한 미래에의 투자와 변화에 대한 막연한 두려움 등 성큼성큼 다가오는 혁명적 변화를 애써 외면하게 만드는 여러 장애요소 때문이었다. 서서히 뜨거워지는 냄비 속의 개구리처럼 말이다.

그런데 코로나 19의 출현으로 상황은 급변하게 된다. 지구촌 모두에게 재앙을 가져다준 코로나 팬데믹이 4차 산업혁명을 가속화하는 계기로 작용한 것이다. 코로나 방역으로 도입된 비대면 규칙은 경제와 사회 전 부문으로 확산되었다. 모든 경제 주체는 가능한 한 비대면으로 일을 처리해야만 했다. 그러면 어떻게? 그 답은 디지털 기술이 가지고 있다. 디지털 기술로 무장하지 않은 기업들은 도태되고 마는 상황을 맞게 된 것이다. 많은 기업이 허둥대며 디지털 기술을 가져다 접목하기 시작했다.

물론 일찌감치 DX(Digital Transformation, 디지털 전환)을 추진한 기업들은 이러한 환경을 새로운 기회로 삼았다. 하지만 대다수 중견기업과 중소기업은 인력, 예산, 방법, 기술 등 어느 것 하나 제대로 갖추어진 것이 없었다. 소상공인이나 자영업자들 역시 전통적인 대면 사회 비즈니스에서 벗어날 대안을 마련하지 못했다. 그때 구원투수가 나타났다. 다름 아닌 한국판 뉴딜, 그중에서도 디지털 뉴딜이었다. 코로나로 위축된 경제 회생을 명분으로 정부가 디지털 기술을 접목한 뉴딜 정책을 펼친 것이다. 이에 일부 중소기업과 소상공인들은 정부의 지원에 자체적인 노력을 더해 디지털 기술을 활용하여 비대면으로 비즈니스를 회생시키기도 하였다.

하지만 다급하게 도입한 DX 추진은 체계적이라 할 수 없다. 디지털 뉴딜 역시 디지털 기술의 시험적 접목에만 머물고 있다. 체계적인 설계와 면밀한 도입이라 하기 어려운 임기응변적 대응 수준인 것이다. 디지털 기술을 접목하여 나름대로 4차 산업혁명에 잘 적응해가는 대기업들조차 전통적인 시스템에 최신의 기술들을 접목하는 수준을 크게 벗어났다고 보기 어렵다.

그런 의미에서 이 책은 의미가 매우 크다. 이 책은 5년간에 걸쳐

200여 개의 기업을 심층 분석하여, 디지털 기술을 체계적으로 접목하여 회사를 디지털화하고 새로운 디지털 가치 제안을 추구하도록 돕는 전략적 대안을 제시하고 있다.

디지털 전환의 유용한 지침서

저자들은 디지털 기술이 엄청난 데이터, 무제한적 연결, 방대한 데이터 처리 능력을 바탕으로 비즈니스 방식을 바꾸고 종국에는 산업과 시장의 판도를 바꿔버리고 있다고 본다. 특히 디지털 기술은 기존 제품이나 서비스에 대한 고객 경험을 향상시키고 새롭고 개선된 제품 기능을 만들도록 도와준다고 정리했다. 그리고 이러한 지원은 결국 기업에게 고객 만족도 향상과 매출 증대 효과를 가져다준다는 것을 강조했다. 그렇지만 디지털 기술이 기업의 사업 목표나 가치 제안을 바꾸지는 않는다.

디지털 기술은 신생 기업(이른바 디지털 스타트업)만을 위한 것이 아니다. 기존 시장을 장악해온 기업에게도 의미가 있는데, 이미 가지고 있는 경쟁력을 향상시키거나 변화된 경쟁 상황에서 낙오되지 않도록 지원하기 때문이다. 심지어 기존의 대기업에게 혁신적인 디지털 제품이나 서비스를 제공함으로써 새로운 가치 제안을 가능하게 하기도 한다. 그럼에도 저자들은 이 책을 집필하기 위해 심층적으로 조사한 200여 기업의 상당수가 디지털 제품이나 서비스의 가능성에 대해 부정적이거나 간과하고 있다고 분석했다.

앞에서 얘기한 바와 같이, 코로나 팬데믹으로 인해 기업들은 생존을 위해 디지털 기술을 기반으로 변화하지 않으면 안 되는 상황에 직면하게 되었다. 대표적인 것은 '비대면으로 고객에게 어떻게 물건을 팔고 서비스하느냐?' 하는 문제에 대한 대응이다. 많은 기업이 이러한 환경 변화에 적극적으로 대응하기 위해 서둘러 DX를 추진하였다. 그런데 이 책은 2014년부터 5년이라는 장기간에 걸친 조사, 인터뷰 등을 통한 연구를 정리한 것이기 때문에 코로나 팬데믹 이전에 기업이 처한 상황에서의 기업의 전략 및 디지털 기술과 관련된 내용을 바탕으로 하고 있다. 그렇다 보니 코로나 팬데믹 상황과 코로나 이후의 변화 상황에 대해서는 다루지 못하는 한계가 있다. 하지만 이 책에서 제시한 대안이 수정되어야 한다는 뜻이 아니다. 대외적 환경 변화로 인해 기업들이 적극적으로 디지털 기술을 도입하려는 의지를 갖게 되었고, 따라서 더욱 회사에 적합한 디지털 디자인 모델을 필요로 할 것이라는 의미이다.

이 책은 기업이 추진해야 할 DX 추진 모델로서 매우 유용하고 전략적인 아이디어를 제공하고 있다. 저자들이 소개하는 디지털 전환에 필요한 다섯 가지 빌딩 블록이 그것이다. 고객 통찰의 공유(Shared Customer Insights), 운영 백본(Operational Backbone), 디지털 플랫폼(Digital Platform), 책임 프레임워크(Accountability Framework), 외부 개발자 플랫폼(External Developer Platform)과 함께 인력, 프로세스 및 기술 등 조직 구성의 세 가지 요소를 중심으로 하는 디지털 비즈니스 디자인은 그간 많은 기업들이 채택해온 ISP(Information System Planning) 방법론과 비교할 때 신선하면서도 더 체계적인 설계방법론으로 평가하고 싶다.

다만, 지면의 한계 등으로 비즈니스 전략과 디지털 기술 전략의 관련성, 디지털 기술 도입 및 개발 방법의 선택, 외부 프로젝트 관리, DX를 위한 조직 문화, DX 성공을 위한 변화 관리, 중견·중소기업을 위한 대안 등에 대해 구체적으로 제시하지 못한 것 같다. 여기에서는 이러한 내용에 대해 간략히 보완함으로써 저자들이 강조한 비즈니스 전략을 뒷받침하는 디지털 기술 활용이 제대로 이루어지는 데 일조하고자 한다.

디지털화와 디지털의 설계 대상

이 책은 전체적으로 디지털 설계를 위한 응용(application) 대상으로 고객 경험 공유를 중요하게 다룬다. 그리고 디지털화와 디지털을 혼용해서는 안 된다고 하였다. 이 책에서 정의한 디지털화는 기업의 혁신을 확장하고 가속화하는 기술적 접근인 반면, 디지털은 고객 가치 제안의 수준을 획기적으로 높이는 것을 말한다. 디지털은 제품과 서비스를, 디지털화는 프로세스와 운영을 설계 대상으로 하고 있다. 그럼 이 둘을 적용하여야 할 대상이 어떤 것들인지에 대해 번역 작업에 참여한 노규성 교수가 소개한 디지털 혁신 영역을 참고하여 정리해 보기로 한다.(『디지털 스몰 자이언츠: 디지털 강소기업을 향한 위대한 도전』, 한국생산성본부, 2019)

디지털화는 디지털 기술로 프로세스와 운영을 혁신하는 것으로서 다음과 같은 것이 포함된다. 첫째, 비즈니스 프로세스의 표준화 및 통합화이다. 프로세스 통합이란 조직 내 데이터의 통합을 통해 구매, 생산, 재고, 판매(수주), 회계 등의 주요 프로세스가 연계되어 업무 흐름을 관통하는 것을 말한다.

둘째, 특정 프로세스의 차별화 및 고도화이다. 이것의 사례로는 스마트 팩토리 등을 통한 생산 프로세스의 디지털화를 들 수 있다. 셋째는 업무 프로세스 자동화인데, 그것의 사례로는 일정한 로직과 법칙에 의해 자동으로 업무를 처리하는 소프트웨어 로봇인 RPA(Robot Process Automation)를 들 수 있다. 이외에도 디지털 기술에 의한 대체 및 협업, 정보 공유 역시 프로세스 및 운영 혁신의 디지털화 영역에 포함된다고 할 수 있다.

한편, 디지털은 디지털 기술을 활용하여 고객 가치 제안의 수준을 획기적으로 높이는 것으로서 다음과 같은 것들이 포함된다. 첫째, 플랫폼 기반 비즈니스 모델 혁신이다. 여기에서의 플랫폼은 비즈니스 플랫폼으로서 수요자와 공급자가 공정하게 거래를 할 수 있도록 하는 장을 말하는 것으로 아마존, 우버, 에어비앤비 등의 비즈니스 모델이 이에 해당한다. 따라서 이 책에서 소개한 디지털 플랫폼과는 다른 개념이다.

둘째, 디지털 기술을 접목한 신규 비즈니스 창출, 디지털 기술에 의한 기준 제품과 서비스 대체 및 가치 전달 프로세스 재편, 디지털 기술 기반 가격 정책(대표적인 사례로 클라우드 서비스 기업들의 사용료 기반 구독 모델을 들 수 있다)과 같은 비즈니스 모델 혁신이 이에 해당한다고 볼 수 있다. 셋째, 고객 싱글 뷰(single view), 디지털 마케팅, O2O(Online to Offline/Offline to Online) 서비스 등에 의한 고객 접점 효율화와 고객 경험 증대도 고객 가치 제안 수준 제고에 기여하는 디지털 기술 활용 분야라 할 수 있다. 여기서 '고객 싱글 뷰'란 한 자리에서 고객 데이터를 일괄적으로 보면서 고객과 관련된 데이터를 360도로 조회하는 것으로서 한 고객에 대한 '통합적 접근'을 말한다. 또한 O2O는 온라인과 오프라인 서비스를 연결해 소비자의 구매 활동을 도와주는 새로운 서비스 플랫폼을 말한다.

외부 프로젝트 관리 이슈

최근 내부 자원, 아이디어 등의 한계로 외부에서 자원과 아이디어를 적극적으로 구하는 개방형 혁신(open innovation)이 크게 부각되고 있다. 이러한 개방은 적극적인 차원의 고급 정보와 아이디어 공유를 요구한다. 그런 의미에서 내부 플랫폼을 외부에 적극적으로 개방하고 외부의 자원과 아이디어를 수혈하는 외부 개발자 플랫폼은 매우 유용한 개방형 혁신 방안이다.

다만 외부의 협력을 통해 프로젝트를 추진할 경우의 문제점도 고려할 필요가 있다. 기업들은 외부 전문가 집단의 도움을 받아 시스템을 개발할 경우 외부 프로젝트 관리(PM, Project Management) 문제로 오랫동안 골머리를 앓아왔다. 아무리 소통을 잘해보아도 사용자(기업)와 개발자(외부) 집단 간의 언어상 프로토콜의 차이로 인해 여러 가지 문제를 야기했기 때문이다. 물론 회사 내부에서 시스템을 설계하거나 개발하는 경우에도 양자 간의 소통 문제는 늘 있기 마련이다. 외부에 의뢰하는 경우에는 더욱 그렇기 때문에 결과물의 기능이나 품질 문제가 생기곤 한다. 그래서 PM이 중요하다.

그간 개발업체의 과다한 수주 경쟁, 개발 비용의 타당성을 이해하지 못하는 시장 현실 등으로 인해 개발업체가 사용자(의뢰 기업)에게 문제 해결책을 제시하고도 정당한 비용을 청구하지 못하는 경우도 많았다. 따라서 사용자의 문제를 분석하는 과정에서 계약 당시 알지 못했던 어려움이 새롭게 파악되면, 이로 인해 손해를 감소시키고자 수립했던 계획과 목표가 무시되는 사례가 빈번했다. 또한 사용자 측은 시스템화에 대한 요구를 분명히 하지 못하거나 외주업체 선정과 용역 발주에서 비용상의 무리를 범하는 등의 문제가 있기도 했다. 여기에 외부 PM 이슈가 있다.

PM이란 근본적으로 실행이 계획과 일치되도록 하는 조정 작업이다. 즉 사용자와 개발자가 프로젝트를 계획(계약)대로 이루어지게 하는 개발 과정의 통제인 것이다. 따라서 관리의 대상은 개발 계획서의 주요 내용을 골자로 하여 계획과 어긋나지 않도록 함은 물론, 문제가 발생했을 때 즉시 분석하여 시정 조치를 취해야 한다. 일반적으로 사용자와 개발자가 합의하는 개발 계획의 내용에는 개발 절차, 산출물, 개발 인원, 비용, 개발 환경 등과 같은 사항이 포함된다.

첫째, 개발 절차는 개발의 각 단계를 정의하고 단계별 계획을 수립하는 것이다. 각 산출물의 검토 심의방법과 일정계획도 포함된다. 둘째, 진행 단계별 산출물을 구체적으로 정의하고, 보고 및 결재 절차 등을 제시한다. 각종 서류를 어떻게 관리할 것인가도 중요하다. 셋째, 개발 인력(개발자와 관리자)의 투입 계획과 각자의 역할을 명확히 한다. 개발조직 체계는 물론 사용자 측과의 관계도 정립하여야 한다. 넷째, 비용 이슈로서 개발에 필요한 자금을 경비, 간접경비 등 항목별로 어떻게 투입할 것인가를 계획한다. 주별, 월별 자금계획도 포함된다. 다섯째, 개발 환경 이슈로서 개발 장비, 도구, 자료들을 어떻게 도입하여 활용할 것인가를 계획한다.

개발 과정에서 발생하는 문제들을 해결하는 기본 원칙은 개발자와 사용자가 공동 책임을 완수하도록 노력하는 것이다. 개발자는 약속된 시간 내에 개발을 완료하기 위해 노력해야 하며, 사용자 측도 외주관리의 특성을 이해하고 이에 해당하는 절차를 따라야 한다. 프로젝트를 성공적으로 개발하기 위한 실행 원칙은 다음과 같다.

첫째, 개발조직과 소속 인원의 변경은 원칙적으로 허용하지 않는다. 프로젝트 실패의 가장 중요한 원인이 개발자 측의 무절제한 개발 인원의 교체에 있기 때문이다. 둘째, 개발은 철저하게 계획에 따르도록 해야 한다. 단계별 진행 결과를 확인하고 미비점은 진행 과정상 보완하는 것이 중요하다. 셋째, 개발 과정에서 산출되는 결과를 사용자에게 설명하고 그 타당성을 인정받을 수 있는 공동평가 제도와 장치를 강구하여야 한다. 넷째, 각 산출물에 대한 심의 및 검토는 공식적인 회의 석상에서 이루어지도록 한다. 이 밖에도 사용자와 개발자의 품질에 대한 인식 강화, 계획에 준하는 자금 집행, 쌍방이 체결한 비용 집행의 약속 이행, 공동체적인 책임의식의 강화, 추가적 계약 처리에 대한 공정성의 확보 등이 마련되어야 한다. 이와 같은 원칙들은 이해와 공감만으로는 분명하지 않은 부분이 많기에 가능한 한 계약서, 표준적인 절차와 제도, 조직적인 대화 채널, 정기적인 공식회의 등의 체제로 정착시켜야 할 것이다.

한편 외주업체와 사용자 간의 가장 큰 불신은 최종 산출물(대표적으로 소프트웨어)의 품질에서 비롯되는데, 개발 과정의 문제점들은 최종 결과물의 품질 하자로 나타난다. 품질에 결함이 많으면 사용자는 인수하기 힘들고, 개발자는 막바지에 품질 향상을 위해 추가적인 노력을 기울여야 하므로 개발은 지연된다. 이것은 개발자, 사용자 모두에게 큰 부담이 된다. 따라서 품질보증은 개발의 시작부터 완료 시점까지 품질을 고려한 사용자와 개발자 양자 간의 공동작업으로 이루어져야 한다. 소프트웨어의 품질이란 그 성격상 많은 요소를 포함하기 때문에 품질 목표들을 달성하려면 사전에 품질의 기준을 설정하여야 한다. 그 기준으로는 소프트웨어의 성능, 개발 기술, 문서 작성원칙 등이 있다. 이러한 품질 기준의 준수 여부를 평가하기 위한 점검목록표를 준비하여 각 단계마다, 그리고 전 개발 과정을 대상으로 분석, 평가하는 자세를 지속적으로 유지해야 한다.

아울러 산출물에 대한 유지보수 이슈도 미리 대비해야 한다. 유지보수란 오류의 수정 외에도 새로운 기능을 추가하거나 새로운 환경에 적용시키는 등 시스템의 변형과 개선에 필요한 모든 업무를 지칭한다. 입출력 양식을 보다 편리하게 변경하고 성능을 강화하는 업무도 포함된다. 개발자와 사용자는 유지보수의 의무와 비용 지불 범위를 가능한 한 계약서에 명시해야 한다. 하드웨어와 소프트웨어를 통합한 시스템 납품의 경우 하드웨어의 보수정비는 비교적 간단하지만, 소프트웨어 유지보수 계약은 개념 자체가 포괄적이고 광범위하기에 많은 혼란과 어려움이 따른다. 유지보수에 관한 고려사항을 정리하면 다음과 같다.

첫째, 유지보수의 개념을 구체화해야 한다. 개발업체의 무료서비스 영역과 새로운 계약이 필요한 영역을 구분해야 한다. 둘째, 유지보수에 대한 책임의식을 사전에 확고히 해둘 필요가 있다. 셋째, 유지보수 방법론에 대한 인식을 공유해야 한다. 급박한 상황의 해결, 해결 기간, 유지보수 조직, 새로운 계약 조건 등에 대한 협의가 개발계약 이전에 이루어져야 한다. 넷째, 유지보수에 따른 모든 합의는 개발계약서에 우선적으로 명시되어야 한다.

DX의 변화 관리

DX는 기업이 디지털 기술로 무장하여 프로세스와 운영을 혁신하고 고객에게 새로운 가치를 제공하기 위한 대대적인 변화를 추진하는 것이라고 할 수 있다. 따라서 이 책에서는 이의 성공적 실행을 위한 조직과 그 조직에 대한 책무를 정리하였다. 그리고 자율과 정렬을 강조하였다. 그렇지만 어느 곳 누구에게나 변화는 두려운 것이고 불안함을 수반한다. 혁신을 리드하는 당사자들을 제외하고는 변화에 대한 저항 내지 장애물이 돌출하기도 한다. 그래서 혁신의 실패율은 70% 정도에 이른다고 한다.

그 실패의 상당 부분은 변화 관리(Change Management)의 부재 내지는 실패에 기인한다고 볼 수 있다. 시스템의 기능이나 업무 프로세스의 불합리성이 문제가 아니라 조직 구성원들이 조기에 받아들이고 안정화할 수 있는 과정에서 어려움이 더 많이 겪는다는 것이다. 혁신이 실패하는 요인들을 분석해보면, 조직원들의 변화에 대한 저항이나 부적절한 스폰서십 혹은 비현실적 기대나 커뮤니케이션 부족, 변화의 당위성에 대한 이해 부족 등 기본적인 변화 관리 활동이 부족하여 발생하는 경우를 쉽게 볼 수 있다. 그래서 많은 전문가들은 변화 관리의 중요성을 늘 강조한다. DX 역시 조직에 적지 않은 변화를 야기한다. 디지털 제품이나 서비스, 처리 프로세스, 일, 고객 등 수없이 많은 것들이 변화한다. 심지어는 일자리를 없애기도 한다. 그래서 변화 관리는 필수이다.

변화 관리는 일종의 리스크 관리로 볼 수도 있다. 프로젝트의 성공은 프로젝트 자체의 이슈보다 외부 이슈에 달려 있다는 것도 인정해야 할 부분이다. 변화 관리 활동은 단순한 홍보·교육의 측면 이전에 막대한 투자에 대한 성공의 확률, 그리고 조직의 생산성을 높이는 중요한 도구라는 점을 인식해야 한다.

결국 변화 관리란 기업이 직면한 중대한 변화를 성과가 향상되는 방향으로 관리하는 것이다. 실무적으로는 조직이 어떤 목표를 달성하기 위해 채택한 변화에 조직 구성원이 영향을 받아 조직의 성과 저하가 예상될 때 취하는 조직 대상 관리 프로그램을 말한다. 그렇다면 변화 과정을 잘 관리하기 위해서는 구체적으로 어떠한 노력이 필요할까?

변화의 과정은 크게 변화 준비 및 계획, 변화 수행, 안정화의 단계로 이루어진다. 먼저 변화 준비 및 계획 단계에서는 변화의 필요성을 인식하고, 변화의 방향을 공유하며, 추진을 위한 계획을 세워야 한다. 변화 수행 단계에서는 저항을 줄이면서 변화가 안정적으로 실행될 수 있도록 모니터링한다. 마지막 안정화 단계에서는 변화를 평가하고 정착시키는 노력을 해야 한다.

변화 과정에서 활용할 수 있는 변화 관리 도구로는 크게 두 가지를 고려할 수 있다. 하나는 의사소통과 교육 프로그램, 지지와 지원, 설득 등 가볍게 접근할 수 있는 방안이다. 다른 하나는 보상, 조직 변화, 제도 변화 등 구조적으로 접근하는 방안이다. 전자를 꾸준히 활용하면서 후자를 과감하게 도입하는 것도 필요하다.

가장 다루기 어려운 것 중의 하나가 변화를 둘러싼 저항이다. 사람들은 변화에 대한 두려움, 업무 과부하, 이질감 등을 이유로 변화에 저항한다. 특히 보수적인 조직 문화는 저항을 이끄는 외부 요인으로 작용한다. 이를 잘 관리해야만 프로젝트를 성공적으로 추진할 수 있다. 변화는 누구에게나 두려운 일이다. 투자가 많이 요구된다는 이유로, 디지털 기술에 의한 성과의 규모가 작다는 이유로, 자칫 디지털에 익숙하지 않은 이들을 위협할 수 있다는 이유로 말이다. 하지만 DX를 외면하는 것이야말로 회사와 구성원들의 미래에 더 큰 위험을 초래한다는 사실을 잊지 말아야 한다. 디지털 기술이 만들어내는 새로운 흐름을 제대로 경험하고 이를 성공의 발판으로 삼고자 한다면, 리더와 조직 구성원들은 이러한 두려움과 공포에 맞서야 한다.

중견·중소기업의 DX 추진

이 책은 대기업의 DX 추진 현장 조사와 분석을 기반으로 DX 방법론을 정리한 것이기에 매우 유용한 지침서가 될 것이다. 그러나 디지털/디지털화가 매우 열악한 중견·중소기업의 현장에서는 아직 이를 그대로 적용하기 어려울 것이다. 이에 중견·중소기업에 대한 보조적인 가이드가 필요하다. 먼저 DX를 고려해야 할 중견·중소기업이 가져야 할 DX 추진 시의 고려사항을 정리하면 다음과 같다.

첫째, 강력한 리더십이 필요하다. 앞서 언급한 바와 같이, 'DX'라는 변화의 출발점은 경영자이다. 경영자는 디지털 기술에 대한 이해와 디지털 혁신이 가져올 변화상에 대한 비전을 갖고 있어야 하며, 이를 실행할 때 하향식 방식을 잘 구사해야 한다. 특히 조직 내에서 각종 변화를 어떻게 실현할 수 있을 것인지를 염두에 두고 비전과 전략, 방향성을 분명하게 다져야 한다. 여기에 강인한 '기업가 정신'이 결부되어야 한다. 기업가 정신이야말로 디지털 혁신을 이끄는데 필요한 매우 중요한 요소 중 하나이다.

둘째, 지금 당장, 디지털 혁신을 시작해야 한다. 머리로만 이해하는 데 그쳐서는 안 된다. 반드시 도전하고 실행해야 한다. 이러한 시도는 전적으로 경영진의 몫이다. 실행을 방해하는 모든 심리적 장벽을 무너뜨려야 한다. 경영진이 먼저 디지털 비전과 리더십을 보이지 않는다면 시작할 수가 없다. 지금 이 순간, 새로운 도약을 위한 DX를 가장 중요한 안건으로 올려야 한다. 큰 그림은 그리되, 작게 시작할 것을 권한다. 작지만 지금 바로 시작하고 검증할 수 있는 시도가 필요하다. 너무 큰 과제를 추진하려고 하면 재원과 자원 등 자체적인 역량을 넘어 지지부진해지거나 포기해버릴 수 있다. 자체 역량을 고려해 적정한 규모의 프로젝트를 구상하는 것이 필요하다. 꼭 해야 할 과제인데 역량 부족으로 망설여진다면 외부의 전문가 집단과 협력할 것을 권한다. 작지만 의지와 믿음을 보인 시도가 성공하게 되면 구성원들 역시 자신감과 도전의식을 가질 것이다.

셋째, 함께 가는 문화를 구축해야 한다. 디지털 트랜스포메이션 과정은 하나의 여정(journey)이다. 시간도 걸리고 힘든 과정이기에 혁신에 대한 피로감을 느낄 수 있다. 그러나 함께 간다면 더욱 멀리 갈 수 있다는 사실을 기억하자. 조직 구성원의 적극적인 참여를 유도하는 다양한 방안을 모색할 필요가 있다. 해커톤 등을 통해 참여를 독려하고, 이 과정에서 구성원 모두가 '하나'라는 공동체 의식을 갖도록 노력해야 한다.

과감한 동기부여 방법에 대해서도 함께 고민하는 것이 바람직하다. DX는 조직 문화를 변화시키는 기회가 될 수 있기 때문이다. 기술 만능주의는 위험하지만, 잘만 사용한다면 '기술'은 조직 문화를 바꾸고 조직의 역량을 키울 것이다. 이렇듯 모두가 함께하는 DX는 구성원들의 도전 의식과 혁신 의지를 끌어 올릴 수 있다. 내적 동기가 충만하다면, 그 누구도 의지와 열정을 막지 못한다.

넷째, 오픈 이노베이션 조직으로 변신해야 한다. 이 책에서도 강조한 바와 같이, DX는 오픈 이노베이션을 필요로 하기에 (플랫폼을 직접 개발 및 운영하지는 못하더라도) 외부 파트너 네트워크를 지속적으로 만들어야 한다. 네트워크가 곧 힘으로 인정받는 시대다. 모든 것을 내부 자원과 노력으로 스스로 해결하려는 함정에 빠져서는 안 된다. 디지털 기술과 관련된 인력이나 기술력을 객관적으로 평가해보면 자체적인 역량을 파악할 수 있을 것이다. 특히 디지털 기술의 급격한 진화 발전 상황을 감안할 때 외부와의 협력은 필수불가결하다. 외부에는 우리가 필요로 하는 아이디어와 자원이 무궁무진하고, 협력하면 시너지 효과를 낼 수 있는 기회도 많다. 디지털 기술에 기반한 비즈니스 모델이나 신제품 개발 시 전문 기관, 연구소, 대학, 전문가 집단과 적극적으로 협력할 것을 권한다.

다섯째, 기술은 도구일 뿐 중요한 것은 '가치'라는 사실을 잊지 말아야 한다. 아무리 화려하고 강력한 최신의 디지털 기술이 존재해도 회사의 사업과 고객 가치 제공과 거리가 먼 것이라면 과감히 논의에서 제외할 필요가 있다. 업무적으로 성과를 얻을 수 있는 DX 추진 분야가 정해지면 그에 적합한 디지털 기술을 선정해야 한다. 결국 디지털 기술에 관해서는 비즈니스 가치 측면에서 검토하는 일이 우선이다.

중견·중소기업의 경우 사용료 기반의 클라우드 활용을 권한다. 초기 투자 비용과 총비용이 적으며 전문 운영 인력의 부담을 줄일 수 있기 때문이다. 고객이나 파트너 등 외부와의 의사소통, 협업과 정보 공유, 결재 등을 위한 그룹웨어부터 ERP, CRM, 로지스틱스, SCM까지 클라우드의 활용 범위는 매우 넓다. 인공지능, 사물인터넷, 빅데이터 분석에도 클라우드를 활용할 수 있으며, 노후화된 디지털 인프라도 클라우드 환경에서 활용할 수 있다.

여섯째, 혁신을 지속적으로 추진하면서 성공과 성장 경험을 축적해야 한다. 어떠한 비즈니스 모델도 영원할 수 없다. 지속적인 혁신의 DNA를 조직에 심지 않는다면, 조직은 단기간의 생존 위협에서는 벗어날 수 있어도 꾸준한 발전과 성장을 하기는 어렵다. DX를 통해 조직에 혁신 DNA가 뿌리내리기를 바란다. 비즈니스 모델과 제품, 서비스, 고객의 성향은 변할 수 있다. 그러나 혁신 DNA는 어떠한 상황에서도 기업의 생존과 번영을 위한 가장 강력한 무기가 될 것이다.

코로나 팬데믹은 4차 산업혁명에 가속 페달을 밟도록 하였고, 기업들의 DX는 생존을 위한 필수적인 전략적 대안이 되기에 이르렀다. 허둥지둥 성급하게 DX를 추진하던 기업들에게 보다 효과적·효율적으로 추진할 대안이 이 책에 수록되었기에 기업들의 DX가 본 궤도에 오르는 것은 지혜와 시간문제일 것 같다.

모쪼록 기업의 성장을 위해 고군분투하고 있는 모든 기업 경영자와 관리자 분들에게 경의를 표하며, DX에 대한 도전을 통해 새로운 희망과 꿈이 알찬 결실로 이어지기를 간절히 기원한다.

후주(Notes)

1장 디지털 비즈니스 설계

1. J. C. Anderson, J. A. Narus, and W. van Rossum, "Customer Value Propositions in Business Markets," *Harvard Business Review* 84, no. 3 (March 2006): 90‒99.

2. M. Mocker, J. W. Ross, and C. Hopkins, "How USAA Architected its Business for Life Event Integration," *MIS Quarterly Executive* 14, no. 4 (2015).

3. AUDI's experiments are described in more detail in M. Mocker and N. O. Fonstad, "How AUDI AG is Driving Toward the Sharing Economy," *MIS Quarterly Executive* 16, no. 4 (2017).

4. C. F. Gibson, "Turnaround at Aetna: The IT Factor," MIT Sloan Center for Information Systems Research(hereafter MIT CISR), Working Paper No. 362, August 2006; J. W. Ross and C. M. Beath, "Campbell Soup Company: Harmonizing Processes and Empowering Workers," MIT CISR, Working Paper No. 374, June 2008; R. Chung, D. Marchand, and W. Kettinger, "The CEMEX Way: The Right Balance Between Local Business Flexibility and Global Standardization," IMD Case 3‒1341, 2005, and also R. Chung, K. Paddack, and D. Marchand, "CEMEX: Global Growth Through Superior Information Capabilities," IMD Case 3‒0953, 2003; M. Mocker, J. W. Ross, and P. Ciano, "DHL Express: Implementing and Maintaining a Global Process Standard," MIT CISR, Working Paper No. 393, January 2014; P. Andersen and J. W. Ross, "Transforming the LEGO Group for the Digital Economy," MIT CISR, Working Paper No. 407, March 2016; J. W. Ross and C. M. Beath, "USAA: Organizing for Innovation and Superior Customer Service," MIT CISR, Working Paper No. 382, December 2010.

5. For research on the relationship between business transformations and business performance, see E. Brynjolfsson and L. M. Hitt, "Beyond Notes

Computation: Information Technology, Organizational Transformation and Business Performance," *Journal of Economic Perspectives* 14, no. 4 (Fall 2000): 23–48.

6. J. W. Ross, P. Weill, and D. Robertson, *Enterprise Architecture as Strategy: Creating a Foundation for Business Execution* (Harvard Business School Press, 2006).

7. Our discussion of Amazon draws on Brad Stone, *The Everything Store: Jeff Bezos and the Age of Amazon* (Little, Brown and Co, 2013); Robert Spector, *Amazon.com: Get Big Fast* (Harper Collins, 2009); Frank Rothaermel, "Amazon. com, Inc., McGraw Hill Case, MH0053," May 25, 2017; and H. Sender, L. Stevens, and Y. Serkez, "Amazon: The Making of a Giant," *The Wall Street Journal*, March 14, 2018. Available at: http://www.wsj.com/graphics/amazon-the-making-of-a-giant/(accessed August 2, 2018)

8. R. Borison, "Here Are 10 of Amazon's Biggest Failures," thestreet.com, November 15, 2015. Available at: https://www.thestreet.com/story/13364106 /1/here-are-10-of-amazon-s-biggest-failures.html (accessed August 25, 2018).

9. The description of Philips's transformation is based on M. Mocker and J. W. Ross, "Transforming Royal Philips to Reinvent Healthcare in the Digital Age," MIT CISR, Working Paper No. 425, December 2017; and J. W. Ross, M. Mocker, and E. Van Zoelen, "Architecting a Digital Transformation at Royal Philips," MIT CISR, Research Briefing, January 2018.

10. Philips's method for counting how many lives they are improving each year can be found here: "Sustainability: Today We Are Improving the Lives of Every 4th Person on Earth," philips.com, (no date). Available at: https://www. philips.com/a-w/about/sustainability/lives-improved.html (accessed October 25, 2018).

2장 고객에 대한 통찰 공유하기

1. Wikipedia contributors, "Christopher Columbus," *Wikipedia, The Free Encyclopedia*. Available at: https://en.wikipedia.org/w/index.php?title=Christopher_Columbus &oldid=865606389(accessed October 25, 2018).

2. Biz Carson, "How 3 Guys Turned Renting an Air Mattress in Their

Apartment into a $25 Billion Company," business insider.dot com, Feb 23, 2016. Available at: https://www.businessinsider.com/how-airbnb-was-founded-a-visual history-2016-2 (accessed October 15, 2018).

3. Megan Garber, "Instagram Was First Called "Burbn," theatlantic.com, July 2, 2014. Available at: ttps://www.theatlantic.com/technology/archive/2014 /07/instagram-used-to-be-called-brbn/373815/(accessed October 15, 2018).

4. Nicholas Carlson, "The Real History of Twitter," businessinsider.com, April 13, 2011. Available at: https://www.businessinsider.com/how-twitter-was-founded-2011-4 (accessed October 15, 2018).

5. "Audi closes down its Stockholm-based pilot project for car sharing," nordic9.com, February 10, 2017. Available at: https://nordic9.com/news/audi-closes-down-its-stockholm-based-pilot-project-for-carpooling-news5528109642/ (accessed October 15, 2018; and Andrew Krok, "Audi On Demand car sharing program launches in UK," cnet.com, August 20, 2018. Available at: https://www.cnet.com/roadshow/news/audi-on-demand-car-sharing-uk/(accessed October 15, 2018).

6. N. O. Fonstad and J. W. Ross, "Learning How to Test and Learn," MIT CISR, Research Briefing Vol. XVI, No. 2, February 2018.

7. J. W. Ross, C. M. Beath, and K. Moloney, "Schneider Electric: Connectivity Inspires a Digital Transformation," MIT CISR, Working Paper No. 417, May 2017.

8. R. C. McGrath and I. C. MacMillan, *Discovery-Driven Growth: A Break- through Process to Reduce Risk and Seize Opportunity* (Harvard Business Review Press, 2009).

9. M. Mocker, J. W. Ross, and C. M. Beath, "How Companies Use Digital Technologies to Enhance Customer Offerings—Summary of Survey Findings," MIT CISR, Working Paper No. 434, February 2019.

10. "CEMEX Delivers the Future: CEMEX Go," press release, November 6, 2017. Available at: https://www.cemexusa.com/-/cemex-delivers-the-future-cemex-go (accessed October 8, 2018).

11. See P. Gupta, "Our Digital Strategy," dbs.com, November 17, 2017. Available at: https://www.dbs.com/investorday/presentations/Our_digital_

strategy.pdf (accessed August 25, 2018).

12. S. K. Sia, C. Soh, and P. Weill, "How DBS Bank Pursued a Digital Business Strategy," *MIS Quarterly Executive* 15, no. 2 (June 2016): 105–121.

13. Ibid.

14. Gordon Platt, "World's Best Bank Awards 2018: DBS Named Best Bank in the World," *Global Finance Magazine*, October 1, 2018. Available at: http://www. gfmag.com/magazine/october-2018/worlds-best-banks-2018 (accessed October 18, 2018).

15. P. Betancourt, J. Mooney, and J. W. Ross, "Digital Innovation at Toyota Motor North America: Revamping the Role of IT," MIT CISR, Working Paper No. 403, September 2015.

16. M. Mocker and J. W. Ross, "ING Direct Spain: Managing Increasing Complexity while Offering Simplicity," MIT CISR, Working Paper No. 390, June 2013.

17. See M. Mocker and J. W. Ross, "The Problem with Product Proliferation," *Harvard Business Review* 95, no. 3 (2017): 104–110; and M. Mocker, J. W. Ross, and K. Kosgi, "Mastering Business Complexity: MIT CISR Survey Results," MIT CISR, Technical Research Report, Working Paper No. 405, February 2016.

18. N.O. Fonstad and J. W. Ross, "Ferrovial: Leveraging Internal and External Resources to Innovate Competitively," MIT CISR, Working Paper No. 409, March 2016.

3장 운영 백본 구축하기

1. J. W. Ross, I. Sebastian, C. M. Beath, and L. Jha, "Designing Digital Organizations—Summary of Survey Findings," MIT CISR Working Paper No. 415, February 2017; and M. Mocker, J. W. Ross, and C. M. Beath, "How Companies Use Digital Technologies to Enhance Customer Offerings—Summary of Survey Findings," MIT CISR, Working Paper No. 434, February 2019.

2. J. W. Ross, I. Sebastian, C. M. Beath, and L.Jha, "Designing Digital Organizations—Summary of Survey Findings."

3. J. W. Ross, C. Beath, and I Sebastian, "Why Nordstrom's Digital Strategy Works (and Yours Probably Doesn't)," hbr.org, January 14, 2015. Available at: https://hbr.org/2015/01/why-nordstroms-digital-strategy-works-and-yours-probably-doesnt (accessed August 26, 2018).

4. The case of CEMEX is described in more detail in J. W. Ross, P. Weill, and D. C. Robertson, Enterprise Architecture as Strategy (Harvard Business School Press, 2006), 177–179.

5. M. Kagan, I. Sebastian, and J. W. Ross, "Kaiser Permanente: Executing a Consumer Digital Strategy," MIT CISR, Working Paper No. 408, March 2016.

6. See "Kaiser Permanente Again Tops Annual Consumer Loyalty Study," kaiserpermanente.com, press release, June 12, 2018. Available at: https://share.kaiserpermanente.org/article/kaiser-permanente-again-tops-annual-consumer -loyalty-study/ (accessed July 24, 2018).

7. M. Mocker, J. W. Ross, and C. M. Beath, "How Companies Use Digital Technologies."

8. P. Andersen and J. W. Ross, "Transforming the LEGO Group for the Digital Economy," MIT CISR, Working Paper No. 407, March 2016.

9. K. Oliver, E. Samakh, and P. Heckmann, "Rebuilding Lego, Brick by Brick," strategy+business, August 29, 2007. Available at: https://www.strategy-business. com/article/07306 (accessed May 3, 2018).

10. D. Robertson and B. Breen, Brick by Brick: How LEGO Rewrote the Rules of Innovation and Conquered the Global Toy Industry (Crown Business, 2014).

11. D. Hannon, "LEGO Builds a Broader Product Line with SAP PLM," SAPinsider, April 1, 2012. Available at: https://sapinsider.wispubs.com/Assets/Case-Studies/2012/April/LEGO-Builds-A-Broader-Product-Line-With-SAP-PLM (accessed October 8, 2018).

12. J. W. Ross and C. Beath, "Campbell Soup Company: Harmonizing Processes and Empowering Workers," MIT CISR, Case Study, Working

Paper No. 374, June 2008.

13. M. Mocker, J. W. Ross, and P. Ciano, "DHL Express: Implementing and Maintaining a Global Process Standard," MIT CISR, Case Study, Working Paper No. 393, January 2014.

14. M. Kagan, I. M. Sebastian, and J. W. Ross, "Kaiser Permanente: Executing a Consumer Digital Strategy," MIT Sloan Center for Information Systems, Working Paper No. 408, March 2016.

15. B. Wixom and J. W. Ross, "The US Securities and Exchange Commission: Working Smarter to Protect Investors and Ensure Efficient Markets," MIT CISR, Working Paper No. 388, November 2012.

16. M. Mocker, J. W. Ross, and E. Van Heck, "Transforming Royal Philips: Seeking Local Relevance While Leveraging Global Scale," MIT CISR, Case Study, Working Paper No. 394, February 2014; and M. Mocker and J.W. Ross, "Transforming Royal Philips to Reinvent Healthcare in the Digital Age," MIT CISR, Working Paper No. 425, December 2017.

17. For a detailed discussion of how to define and implement an operating model, please refer to J. W. Ross, P. Weill, and D. C. Robertson, Enterprise Architecture as Strategy (Harvard Business School Press, 2006).

18. M. Mocker, J. W. Ross, and C. M. Beath, "How Companies Use Digital Technologies."

19. M. Mocker and J. W. Ross, "The Problem with Product Proliferation," Harvard Business Review 95, no. 3 (2017): 104–110.

20. Ibid.

21. M. Mocker and J. W. Ross, "ING Direct Spain: Managing Increasing Complexity while Offering Simplicity," MIT CISR, Working Paper No. 390, June 2013.

22. J. W. Ross, "United Parcel Service: Delivering Packages and e-Commerce Solutions," MIT CISR, Working Paper No. 318, August 2001.

23. A. Karunakaran, J. Mooney, and J. W. Ross, "Accelerating Global Digital Platform Deployment Using the Cloud: A Case Study of Schneider Electric's 'bridge Front Office' Program," MIT CISR, Working Paper No.

399, January 2015.

24. N. O. Fonstad and J. W. Ross, "Building Business Agility: Cloud-Based Services and Digitized Platform Maturity," MIT CISR, Research Briefing Vol. XV, No. 2, February 2015.

4장 디지털 플랫폼 구축하기

1. P. Andersen and J. W. Ross, "Transforming the LEGO Group for the Digital Economy," MIT CISR, Working Paper No. 407, March 2016.

2. Based on A. Marshall, "Lyft Redesigns its App—and Strategy—for the Age of Sharing," Wired, June 7, 2018. Available at: https://www.wired.com/story/ lyft‒app-redesign-sharing/(accessed August 3, 2018); and Wikipedia contributors, Lyft, Wikipedia, The Free Encyclopedia. Available at: https://en. wikipedia. org/w/index.php?title=Lyft&oldid=851918209 (accessed August 3, 2018).

3. "Toyota Launches Car Share Service in Honolulu through Servco Pacific Inc.," toyota.com, press release, July 10, 2018. Available at: https://press room.toyota.com/releases/toyota+launches+car+share+service+in+honolul u+through+servco+pacific.htm (accessed October 8, 2018).

4. This comparison is based on I. Sebastian, J. W. Ross, C. M. Beath et al., "How Big Old Companies Navigate Digital Transformation," *MIS Quarterly Executive* (2017).

5. J. W. Ross, I. Sebastian, C. M. Beath et al., "Designing Digital Organizations—Summary of Survey Findings," MIT CISR, Working Paper No. 415, February 2017.

6. M. Mocker, J. W. Ross, and C. M. Beath, "How Companies Use Digital Technologies to Enhance Customer Offerings—Summary of Survey Findings," MIT CISR, Working Paper No. 434, February 2019.

7. J.W. Ross, I. Sebastian, C.M. Beath et al, "Designing Digital Organizations—Summary of Survey Findings," and M. Mocker, J.W. Ross, and C.M. Beath, "How Companies Use Digital Technologies to Enhance Customer Offerings—Summary of Survey Findings."

8. J. W. Ross, C. M. Beath, and K. Moloney, "Schneider Electric: Connectivity Inspires a Digital Transformation," MIT CISR, Working Paper No. 471, May 2017.

9. This quote is from M. Mocker and J. W. Ross, "Transforming Royal Philips to Reinvent Healthcare in the Digital Age," MIT CISR, Working Paper No. 425, December 2017.

10. M. Mocker, J. W. Ross, and C. M. Beath, "How Companies Use Digital Technologies."

11. J. W. Ross, I. M. Sebastian, and C. M. Beath, "BNY Mellon: Redesigning IT for Digital Transformation," MIT CISR, Working Paper No. 416, April 2017.

12. C. M. Beath, I. M. Sebastian, and J. W. Ross, "Northwestern Mutual's Digital Transformation: Redesigning IT," MIT CISR, Working Paper No. 423, October 2017.

13. M. Raskino, "Techquisitions: An Uncommon Approach Some CEOs Use for Digital Business Acceleration," Gartner White Paper G00292866, October 27, 2015.

5장 책임 프레임워크 구축

1. J. W. Ross, C. M. Beath, and I. M. Sebastian, "BNY Mellon: Redesigning IT for Digital Transformation," MIT CISR, Working Paper No. 416, April 2017.

2. Christopher Null, "10 Companies Killing It at DevOps," Techbeacon, (no date). Available at: https://techbeacon.com/10-companies-killing-it-devops (accessed on August 13, 2018).

3. L. Bass, I. Weber, and L. Zhu, *DevOps: A Software Architect's Perspective* (Addison Wesley Professional, 2015), 4.

4. Steve Urban, "Netflix's 'Context, Not Control': How Does It Work?" linkedin.com, August 20, 2015. Available at: https://www.linkedin.com/pulse/netflixs-context-control-how-does-work-steve-urban/(accessed October 8, 2018).

5. A. Baiyere, J. W. Ross, and I. M. Sebastian, "Designing for Digital: Lessons from Spotify," MIT CISR, Research Briefing, Vol. XVII, No. 12, Dec. 2017.

6. Henrik Kniberg, "Spotify Engineering Culture (Part 1)," spotify.com, March 27, 2014. Available at https://labs.spotify.com/2014/03/27/spotify-engineering -culture-part-1/ (accessed October 8, 2018).

7. For an overview of the key concepts associated with microservices architectures and how they differ from monolithic architectures, see M. Fowler, "Microservices," martinfowler.com, posted March 25, 2014. Available at: martinfowler.com/articles/microservices.html (accessed August 22, 2018).

8. Kevin Goldsmith, "Thoughts on Emulating Spotify's Matrix Organization in Other Companies," kevingoldsmith.com, March 14, 2014. Available at: https://blog.kevingoldsmith.com/2014/03/14/thoughts-on-emulating-spotifys-matrix-organization-in-other-companies/comment-page-1/(accessed October 8, 2018).

9. Ibid.

10. G. Hamel and M. Zanini, "The End of Bureaucracy: How a Chinese Appliance Maker is Reinventing Management for a Digital Age," Harvard Business Review (November-December 2018): 51-59.

11. C. M. Beath, I. Sebastian, and J. W. Ross, "Northwestern Mutual's Digital Transformation: Redesigning IT," MIT CISR, Working Paper No. 423, October 2017.

12. M. Mocker and N. O. Fonstad, "How AUDI AG is Driving Toward the Sharin Economy," MIS Quarterly Executive 16, no. 4 (2017).

13. Richard Feloni, "LinkedIn Founder Reid Hoffman Shares the Management Epiphany That Took His Company to the Next Level," Business Insider Deutschland, March 3, 2016. Available at: https://www.businessinsider.de/reid -hoffman-explains-why-corporate-culture-needs-to-be-codified-2016-3?r=US &IR=T (accessed October 8, 2018).

14. Sarah K. White, "What is an Agile Coach? A Valuable Role for Organizational Change," CIO.com, August 8, 2018. Available at: https://www.cio.com/ article/

3294700/project-management/agile-coach-role-defined.html(accessed October 8, 2018).

15. P. Weill and J. W. Ross. IT Governance: How Top Performers Manage IT Decision Rights for Superior Results (Harvard Business Press, 2004).

6장 외부 개발자 플랫폼 구축

1. "Predix Platform," ge.com, no date. Available at: https://www.ge.com/digital/iiot-platform (accessed 10/9/2018).

2. D. Cimilluca, D. Mattioli, and T. Gryta, "GE Puts Digital Assets on the Block," wsj.com, July 30, 2018. Available at: https://www.wsj.com/articles/ge-puts-digital-assets-on-the-block-1532972822 (accessed October 9, 2018).

3. For a thorough discussion of ecosystems, see P. Weill and S. Woerner, *What's Your Digital Business Model? Six Questions to Help You Build the Next Generation Enterprise* (Harvard Business Review Press, 2018).

4. 9to5 Staff, "Job's Original Vision for the iPhone: No Third-Party Native Apps," 9to5mac.com, October 21, 2011. Available at: https://9to5mac.com/2011/10/21/jobs-original-vision-for-the-iphone-no-third-party-native-apps/ (accessed October 9, 2018).

5. For more on ecosystems and multisided platforms, see Andrei Hagiu, "Strategic Decisions for Multisided Platforms," *Sloan Management Review* 55, no. 2 (2014): 92–93; and Marshall W. Van Alstyne, G. G. Parker, and S. P. Choudary, "Pipelines, Platforms, and the New Rules of Strategy," *Harvard Business Review* 94, no. 4 (2016): 54–62.

6. "Google Maps Platform," google.com, (no date). Available at: https://cloud.google.com/maps-platform/ (accessed October 9, 2018).

7. "Kabbage Developers," kabbage.com, (no date). Available at: https://developer.kabbage.com/ (accessed October 9, 2018).

8. Google's software development kit (SDK) for their Assistant can be viewed at: "Google Assistant SDK for Devices," google.com, (no date). Available at: https://developers.google.com/assistant/sdk/ (accessed October 9, 2018).

9. M. Mocker, J. W. Ross, and C. M. Beath, "How Companies Use Digital Technologies to Enhance Customer Offerings—Summary of Survey Findings," MIT CISR, Working Paper No. 434, February 2019.

10. Ibid.

11. "Our Mission Is to Solve Cash Management for Banks," socash.io, (no date). Available at: https://www.socash.io/about/mission/ (accessed October 9, 2018).

12. "Get a Connected Bank Experience with Your ERP," dbs.com (no date). Available at: https://www.dbs.com/in/sme/cash/payment/dbs-tally-connected-banking.html (accessed October 9, 2018); in addition, DBS Bank India provides a video that demonstrates how the connection between the Tally ERP and the DBS APIs benefits users: "DBS Bank India, Demo of the Integrated e-Payments Solution by DBS and TALLY," 5/3/2017. Available at: https://www.youtube.com/watch?v=Q6JzkB5SqbA(accessed October 9, 2018).

13. For a current list of available external digital services at DBS, see "Discover APIs," dbs.com, (no date). Available at: https://www.dbs.com/dbsdevelopers/discover/index.html (accessed October 9, 2018).

14. "How It Works," dbs.com, (no date). Available at: https://www.dbs.com/dbsdevelopers/howitworks.html (accessed October 9, 2018).

15. "Meet Uber Engineering's Developer Platform Team, Building Moving Experiences with Uber's API," April 7, 2016. Available at: https://eng.uber.com/developer-platform/ (accessed October 9, 2018).

16. "Riders," "Drivers," and "Uber for Business," uber.com (no date). These three webpages are available (respectively) at: https://developer.uber.com/docs/riders/affiliate-program/introduction; https://developer.uber.com/docs/drivers; and https://developer.uber.com/docs/businesses (accessed 10/9/2018).

17. Megan Rose Dickey, "UberRush Is Shutting Down," techcrunch.com, April 2018. Available at: https://techcrunch.com/2018/03/30/uberrush-is-shutting-down/?guccounter=1 (accessed October 9, 2018); Adam Price, "The Real Reason UberRush Shut Down," medium.com, March 31, 2018. Available at: https://medium.com/@adampricenyc/the-real-reason-uberrush-shut-down-fcb67f166b66 (accessed October 9, 2018).

18. C. Umbach and J. W. Ross, "Your Newest Governance Challenge: Protecting and Exploiting your Digital Services," MIT CISR, Research Briefing, Vol. 17, No. 2, February 2017.

19. Philips's ExDP portal is accessible at www.HSDP.io (accessed October 9, 2018).

20. "Schneider Electric Exchange," https://exchange.se.com (no date). Available at: https://exchange.se.com (accessed October 29, 2018).

21. P. Weill and S. Woerner, *What's Your Digital Business Model? Six Questions to Help You Build the Next Generation Enterprise* (Harvard Business Review Press, 2018).

22. M. Mocker, J. W. Ross, and C. M. Beath, "How Companies Use Digital Technologies."

23. Ibid.

7장 디지털 전환을 위한 로드맵

1. M. Mocker, J. W. Ross, and C. M. Beath, "How Companies Use Digital Technologies to Enhance Customer Offerings—Summary of Survey Findings," MIT CISR, Working Paper No. 434, February 2019.

2. Ibid.

3. M. Mocker and C. M. Beath, "The First Year of Digital Transformation at Principal International Chile," MIT CISR, Working Paper No. 432, December 2018.

4. Our interpretation is based on personal interviews, public information, and two case studies: J. W. Ross, C. M. Beath, and K. Moloney, "Schneider Electric: Connectivity Inspires a Digital Transformation," MIT CISR, Working Paper No. 471, May 2017; and S. Scantlebury and J. W. Ross, "Schneider Electric: Redesigning Schneider Electric's Operating Model," MIT CISR, Working Paper No. 412, April 2016.

5. Our interpretation is based on two case studies and public information; see M. Mocker and J. W. Ross, "Transforming Royal Philips to Reinvent

Healthcare in the Digital Age," MIT CISR, Working Paper No. 425, December 2017; and M. Mocker, J. W. Ross, and E. Van Heck, "Transforming Royal Philips: Seeking Local Relevance While Leveraging Global Scale," MIT CISR, Case Study, Working Paper No. 394, February 2014.

6. Leah Hunter, "How Philips Digital Accelerator Lab is Hacking Google Glass for Surgeons," Fast Company, January 7, 2014. Available at https://www. fastcompany.com/3024202/how-philips-digital-accelerator-lab-is-hacking-goo gle-glass-for-surgeons (accessed October 9, 2018); and Sean Carney, "What Innovation Means to Me," philips.com, (no date). Available at https://www. philips.com/a-w/about/news/archive/blogs/innovation-matters/what-innov ation-means-to-me.html (accessed October 9, 2018).

7. "Philips Opens Its First Co-creation Center to Support Care Organizations with the Transformation to New Models for Connected Health Enabled by Digital Technologies," philips.com, September 10, 2015. Available at: https:// www.philips.com/a-w/about/news/archive/standard/news/press/2015/20150910 -Philips-opens-its-first-co-creation-center-to-support-care-organizations-with-the-t ransformation-to-new-models-for-connected-health.html(accessed October 9, 2018).

8. See "Philips Launches AI Platform for Healthcare," philips.com, March 1, 2018. Available at: https://www.philips.com/a-w/about/news/archive/standard /news/press/2018/20180301-philips-launches-ai-platform-for-healthcare.ht ml(accessed October 9, 2018). See also "HealthSuite Insights Overview," philips.com, (no date). Available at: https://www.healthsuiteinsights.philips. com/ pages /overview/ (accessed October 9, 2018).

9. Our interpretation is based on personal interviews with DBS leaders, as well as three other sources: S. K. Sia, C. Soh, and P. Weill, "How DBS Bank Pursued a Digital Business Strategy," MISQ Executive (June 2016): 105–121; K. Dery, I. Sebastian, and N. van der Meulen, "Building Business Value from the Digital Workplace," MIT CISR, Research Briefing, XVI:9, September 2016; and D. Gledhill, "Executing the Digital Strategy, DBS Investor Presen-tation," dbs.com, November 17, 2017. Available at: https://www.dbs.com/ investorday/index.html (accessed October 9, 2018).

8장 디지털 기업을 디자인하라

1. "A More Realistic Route to Autonomous Driving," economist.com, August, 2018. Available at: https://www.economist.com/business/2018/08/02/a-more -realistic-route-to-autonomous-driving (accessed September 1, 2018).

2. C. M. Beath, M. Tarafdar, and J. W. Ross, "OneBankAssure: Customer Intimacy Through Machine Learning," MIT CISR, Working Paper No. 427, March 2018.

3. M. Mocker and J. W. Ross, "Transforming Royal Philips to Reinvent Healthcare in the Digital Age," MIT CISR, Working Paper No. 425, December 2017.

4. Cyril Perducat, "Artificial Intelligence: Is the Honeymoon Over?," blog post, schneider-electric.com, July 16, 2018. Available at: https://blog. schneider-electric.com/building-management/2018/07/16/artificial-intellige nce-is-the-honeymoon-over/ (accessed October 9, 2018).

5. Jeff Bezos, "1997 Letter to Shareholders, in 2016 Amazon.com Annual Report," pp. 5–7. Available at: http://www.annualreports.com/HostedData/Annual ReportArchive/a/NASDAQ_AMZN_2016.pdf (accessed October 9, 2018).

부록1 운영 백본 구축을 위한 운영 모델의 활용

1. M. Mocker, J. W. Ross, and C. M. Beath, "How Companies Use Digital Technologies to Enhance Customer Offerings—Summary of Survey Findings," MIT CISR, Working Paper No. 434, February 2019.

2. This appendix summarizes content from the book by J. W. Ross, P. Weill, and D. C. Robertson, *Enterprise Architecture as Strategy* (Harvard Business School Press, 2006), especially from chapter 2 "Define Your Operating Model."

3. J. W. Ross, P. Weill, and D. C. Robertson, *Enterprise Architecture as Strategy*.

4. M. Mocker and J. W. Ross, "ING Direct Spain: Managing Increasing Complexity While Offering Simplicity," MIT CISR Working Paper No. 390, June 2013.

5. M. Mocker and J. W. Ross, "USAA: Capturing Value from Complexity," MIT Sloan Center for Information Systems Research, Case Study, Working Paper No. 389, March 2013.

6. M. Mocker, J. W. Ross, and P. Ciano, "DHL Express: Implementing and Maintaining a Global Process Standard," MIT Sloan Center for Information Systems Research, Case Study, Working Paper No. 393, January 2014.

7. M. Mocker, J. W. Ross, and E. Van Heck, "Transforming Royal Philips: Seeking Local Relevance While Leveraging Global Scale," MIT Sloan Center for Information Systems Research, Case Study, Working Paper No. 394, February 2014.

부록2 디지털 전환을 위한 빌딩 블록 평가지표

1. M. Mocker, J. W. Ross, and C. M. Beath, "How Companies Use Digital Technologies to Enhance Customer Offerings—Summary of Survey Findings," MIT CISR, Working Paper No. 434, February 2019.